진리의 탐구 4

방법에 대하여

나남
nanam

한국연구재단 학술명저번역총서
서양편 472

진리의 탐구 4

방법에 대하여

2026년 2월 10일 초판 발행
2026년 2월 10일 초판 1쇄

지은이 니콜라 말브랑슈
옮긴이 이충훈
발행자 趙相浩
발행처 (주) 나남
주소 10881 경기도 파주시 회동길 193
전화 (031) 955-4601 (代)
FAX (031) 955-4555
등록 제 1-71호 (1979.5.12.)
홈페이지 http://www.nanam.net
전자우편 post@nanam.net

ISBN 978-89-300-4223-9
ISBN 978-89-300-8215-0(세트)

책값은 뒤표지에 있습니다.

이 책은 2021년 대한민국 교육부와 한국연구재단이 우리 시대 기초학문의 부흥을 위해 펼치는 학술명저번역사업의 지원을 받은 책입니다(2021S1A5A7079632).

한국연구재단
학술명저번역총서
서양편 472

진리의 탐구 4

방법에 대하여

니콜라 말브랑슈 지음
이충훈 옮김

De la recherche de la vérité

by

Nicolas Malebranche

일러두기

1. 이 책은 니콜라 말브랑슈(Nicolas Malebranche, 1638~1715)의 첫 번째 책《진리의 탐구》와 이 책에 대한 저자의 주해가 담긴《진리의 탐구의 주해》를 모두 번역한 것이며, 번역의 저본으로는 플레이아드 판(Nicolas Malebranche, Œuvres, t. I, éd. Geneviève Rodis-Lewis, Paris, Gallimard, Bibliothèque de la Pléiade, 1979)을 사용했다.
2. 원문에는 성 아우구스티누스와 성경 등의 문장들이 라틴어로 그대로 삽입되었다. 가독성을 위해 반드시 필요한 경우를 제외하고 원문의 라틴어 인용을 가급적 줄이거나 생략했다.

6권

방법에 대하여

1부

2부

진리의 탐구 5
주해

차례

6권

방법에 대하여

1부

1장

제 6권의 주제인 진리의 탐구에서 이 논저의 주제가 될 명백성을 유지하기 위한 일반적인 두 가지 방법

앞의 다섯 권에서 인간 정신은 극단적으로 오류에 빠지기 쉬우며, 감각의 착각,[1] 상상력의 환시,[2] 정신의 추상화[3]로 인해 매순간 잘못 생각하게 되며, 의지의 성향[4]과 마음에 일어나는 정념[5]으로 인해 거의 항상 진리를 찾지 못하며, 진리가 사욕이나 만족시키는 거짓 색채를 띠고 있을 때나 정신에 나타나게 된다는 점을 살펴보았다. 한마디로 말해 정신이 범하는 오류와 그 오류의 원인들을 부분적으로 인정했던 것이다. 이제는 진리의 지식으로 난 길을 보여 주고, 기울일 수 있는 모든 힘과 솜씨를 발휘하여 정신이 불필요한 노력을 기울이지 않고 방향을 잃지 않고 그 길을 걸어갈 수 있게끔 할 때이다.

---

1 제 1권.
2 제 2권.
3 제 3권.
4 제 4권.
5 제 5권.

그런데 이 마지막 권을 읽으면서 불필요한 수고를 들이지 않기 위해서, 이 책은 오직 진리를 그들 스스로 진지하게 연구하고, 이를 위해 그들의 정신에 고유한 힘만을 사용하고자 하는 사람들을 위해 쓴 것임을 알려야 한다고 생각한다. 내가 그들에게 하는 부탁은 당분간 사실임직한 모든 의견들을 무시해 달라는 것이다. 가장 강력한 추측이라도 그대로 넘어가고, 모든 철학자들의 권위도 무시하고, 가능한 선입견도, 이해관계도, 정념도 갖지 말아야 하고, 감각과 상상력을 극단적으로 불신해야 하고, 결국 한마디로 말해서 우리가 앞의 다섯 권에서 말했던 대부분의 내용을 똑똑히 기억하셔야 한다.

이 마지막 권의 의도는 정신이 자연적으로 이를 수 있는 완전함을 갖추도록 노력하는 데 있다. 그러면서 정신이 더 집중하고 더 확장되는 데 없어서는 안 될 도움을 마련하고, 진리를 탐구할 때 반드시 지켜야 하는 규칙들을 정신에게 갖추게 하여 결코 잘못 생각하지 않고 시간이 흐름에 따라 알 수 있는 모든 것을 배우도록 하는 것이다.

본 의도를 최대한의 완전성의 정도까지 수행해 본다면 어떨까? 이는 그저 한 가지 시도일 뿐이므로 우리가 주장하는 바는 아니지만 말이다. 그렇게 되면 보편 학문을 제시하고, 이 학문을 이용할 줄 알게 될 사람들을 진정한 학자라고 말할 수 있을 것이다. 그들은 모든 개별 학문들의 단단한 기초를 갖춘 사람들일 테고 그 보편 학문을 이용하게 됨에 따라 개별 학문들을 갖출 수 있을 테니 말이다. 우리가 이 책을 통해 정신의 능력에 비례하는 모든 문제들에 기초하여 확실하고 진정한 판단을 내릴 수 있도록 노력하는 까닭이다.

훌륭한 기하학자가 되기 위해서 유클리드, 파포스, 아르키메데스,

아폴로니우스 및 기하학 책을 쓴 모든 사람들의 증명들을 하나도 빼놓지 않고 외우는 것으로는 충분하지 않다. 이는 박학한 철학자가 되기 위해서 플라톤, 아리스토텔레스, 데카르트를 읽고, 그들이 제시한 철학의 문제들에 대한 생각을 모조리 외우는 것으로 충분하지 않은 것과 같다. 다른 사람들이 제시하는 모든 의견과 모든 판단을 아는 것은 역사가 아닌 것처럼 학문도 아니다. 진정한 학문이란 인간 정신이 현재 갖출 수 있는 완전성을 부여할 수 있는 유일한 것으로, 인간 정신의 정도에 비례하여 모든 사물들을 견고하게 판단할 수 있는 어떤 능력을 말하는 것이기 때문이다. 그렇지만 시간을 절약하고 성급한 판단으로써 누구에게라도 선입견을 갖게끔 하지 않기 위해 한 가지 대단히 중요한 주제를 다루는 것으로 시작해보자.

우선 제 1권을 시작할 때부터 확립하고 입증한 규칙을 다시 한번 기억해 보아야 한다.6 그 규칙이야말로 나중에 언급할 모든 내용의 토대이자 제일 원리이니 말이다. 반복하건대, '대단히 명백한 진실로 보이므로 내적 수고와 이성이 가하는 내면의 비판을 느끼지 않고서는, 그러니까 동의하고자 하지 않는 것은 자유를 오용하는 일임을 뚜렷이 깨닫지 않고서는 이를 거부할 수 없는 명제들이 아니라면 결코 전적으로 동의해서는 안 된다.' 사실임 직한 것에 동의할 때마다 여지없이 잘못 생각할 위험에 빠지게 되고, 십중팔구 실제로 잘못 생각하게 된다. 설령 잘못 생각하지 않았다고 해도 그것은 우연이나 행운 때문이다. 그래서 다양한 주제의 무수히 많은 수의 사실임 직한 내용들을 혼란스러

---

6 [옮긴이] 제 1권 2장 §4.

운 눈으로 바라보게 되면 우리의 이성은 더 완전해질 수 없으며, 진리를 명확하게 바라보는 것이 아니고서는 이성은 완전해질 수 없고 확실히 충족될 수도 없다.

그러므로 우리가 제시한 첫 번째 규칙에 따라 우리가 결코 잘못 생각하는 일이 없음을 확신시켜 주는 명백성만 갖췄다면 무엇보다 우리가 지각할 때마다 그 명백성을 보존하도록 주의를 기울여야 한다는 결론을 끌어내기란 쉬운 일이다. 그래야 우리 이성을 따르는 모든 일들을 확실하게 판단할 수 있고, 우리의 능력으로 가능한 모든 진리를 발견할 수 있다.

이런 명백성을 산출하고 보존할 수 있는 두 가지가 있는데, 우리 내부에 존재하거나 말하자면 우리에게 의존하는 것이 한 가지고, 우리에게 의존하지 않는 것이 다른 한 가지이다. 가시적 대상을 뚜렷하게 보기 위해서는 좋은 눈이 필요하고 그 대상에 시선을 고정시켜야 하는 것과 마찬가지이다. 이 두 가지는 우리 내부에 존재하거나 말하자면 우리에게 의존하는 것이다. 또한 양식을 갖추어야 하고 이를 지성으로 알 수 있는 진리들의 근본을 간파하도록 강력히 적용시켜야 한다. 이 두 가지 역시 우리 내부에 존재하거나 말하자면 우리에게 의존하는 것이다.

그러나 눈으로 보기 위해서는 빛이 필요하고, 이 빛은 외부 원인에 의존하는 것처럼 정신은 관념이 있어야 이해할 수 있다. 그리고 다른 곳에서 이미 증명했듯이[7] 이 관념들은 우리에게 의존하지 않고 우리

---

7 [옮긴이] 제 3권 2부 6장.

가 주의를 집중한 결과 우리가 그 관념을 얻게 된 외부 원인에 의존한다. 그러므로 우리가 사물들의 관념들을 갖고자 할 때마다 그 관념들이 우리 정신에 제시되지 않았고, 세상을 밝히는 자가 그 관념들을 우리에게 감추고자 했다면 우리는 그 관념들을 개선할 수도 없고 어떤 것도 알 수 없을 것이다. 그러니 이는 빛이 없을 때 가시적 대상을 볼 수 없는 것과 마찬가지이다.

그런데 이 점은 두려워할 필요가 없는 일인 것이, 우리 정신에 관념들이 자연스럽게 제시되고 이것이 항상 변함없고 불변하는 신의 일반 의지에 의존하는 것이므로, 우리는 그 관념들을 반드시 갖게 되어 이성을 자연스럽게 따르는 사물들을 발견하게 되는 까닭이다. 정신을 비추는 태양은 신체들을 비추는 태양과 같지 않은 데다, 정신을 비추는 태양은 식蝕을 일으키는 법이 없고 빛이 분할되는 일 없이 모든 것 안으로 파고든다.

그러므로 모든 사물의 관념은 주의를 집중해서 이를 고려하지 않는 동안에도 우리에게 계속적으로 현전하는 것이어서, 명백성을 보존하기 위해 우리에게 남은 할 일이란 우리 정신의 주의를 더욱 집중시키고 더욱 확장할 수 있는 방법을 찾는 것뿐이다. 우리 앞에 현전하는 가시적 대상들을 올바로 구분하기 위해 우리에게 남은 일이라고는 좋은 눈을 갖고 그것으로 대상들을 뚫어지게 바라보는 것뿐인 것과 같다.

그런데 우리가 고려하는 대상들은 종종 그저 정신의 노력으로써 한 번에 발견할 수 있는 것보다 더 많은 관계들을 갖기 때문에 우리에게는 몇 가지 규칙들이 더 필요하다. 그 규칙들을 지킬 때 우리는 모든 어려움들을 올바로 풀어 나갈 수 있는 능력을 갖추게 되므로 여기에 정신을 더욱 집중시키고 확장시킬 수 있는 도움이 더해진다면 검토하는 사물들의 모든 관계들을 온전히 명백하게 발견할 수 있을 것이다.

그래서 제 6권을 두 부분으로 나누고자 한다. 첫 부분에는 정신을 더욱 집중시키고 더욱 확장시키는 데 필요한 도움을 다루고, 두 번째 부분에는 진리를 탐구할 때 확고한 판단을 내리고 잘못 생각하지 않을까 걱정하지 않도록 따라야 할 규칙들을 제시하겠다.

2장

우리의 지식에서 명백성을 유지하기 위해서는 주의 집중이 필요하다

우리는 이 책을 시작할 때부터 지성은 계속 지각만 할 뿐이고 그것이 그저 판단일 때 지성의 편에서는 단순지각, 판단, 추론을 전혀 구분할 수 없음을 살펴보았다. 추론은 단순지각보다 훨씬 복합적 지각인 것이, 여러 사물들뿐 아니라 여러 사물들 사이의 관계들 역시 재현하기 때문이다. 단순지각은 정신에 사물들만을 재현하지만, 판단은 사물들 사이의 관계를 재현한다.

단순 추론의 경우 사물들이 맺는 관계들의 관계를 재현하고, 복합 추론의 경우 관계들의 관계, 혹은 사물들의 관계 사이의 복합 관계를 재현하고, 이런 식으로 무한히 계속된다. 관계들의 수가 늘어남에 따라 정신에 이런 관계들을 재현하는 추론들은 더욱 복합적이게 된다. 그렇기는 하지만 판단, 단순 추론, 복합 추론은 지성의 편에서 본다면 단지 순수 지각에 불과한데, 지성은 그저 계속 지각만 할 뿐이기 때문이다. 우리는 제 1권 첫 부분부터 이미 그렇게 말했다.

지성의 편에서 본다면 판단과 추론은 그저 순수 지각일 뿐이므로 지성은 결코 오류에 빠지는 일이 없음이 분명하다. 오류는 지각에 있지 않고, 심지어는 지성적인 것도 아니니 말이다. 결국 오류나 허위는 실제로는 존재하지 않으며, 존재하지 않는 것은 가시적이지도 지성적이지도 않다.

2 곱하기 2가 4라거나, 2 곱하기 2가 5가 아니라는 점은 알 수 있다. 실제로 2 곱하기 2는 4와 등식이 성립하지만 2 곱하기 2와 5는 등식이 성립하지 않는다. 그래서 이 진리는 지성적인 것이다. 그러나 2 곱하기 2가 5라는 점은 결코 알 수 없을 텐데, 등식이 성립하지 않기 때문이며, 존재하지 않는 것은 지각될 수 없기 때문이다.

우리가 이미 여러 차례 언급했지만 오류는 어떤 가짜 빛에 눈이 부셔 앞을 제대로 보지 못하는 의지가 성급하게 동의한 것에 불과하다. 의지가 할 수 있는 만큼 자유를 보존하는 대신 소홀히 진리의 외관에 머물러 있는 것이다.

그럼에도 보통 지성은 사물들을 모호하고 불완전하게만 지각할 뿐이므로 이것이 사실상 우리가 범하는 오류의 한 가지 원인이며, 이 원인을 기회원인, 혹은 간접 원인이라고 부른다. 이는 신체의 시선이 외부 대상을 우리에게 모호하고 불완전하게 제시하므로 종종 우리가 오류에 빠지는 것과 마찬가지이다.

여기서 모호하다는 말은 대상들이 우리와 지나치게 멀리 떨어져 있거나 빛이 없을 때를 말하는 것이고, 불완전하다는 말은 우리는 그 대상에서 우리를 향한 쪽만 볼 수 있다는 말이다. 그래서 지성은 종종 사물들이 충분히 그 앞에 나타나지 않고 그 모든 부분들을 볼 수는 없으므로 사물들을 모호하고 불완전하게 지각할 뿐이니, 이것이 의지가 이런 모호하고 불완전한 지각에 지나치게 쉽게 굴복하면서 수많은 오류에 빠지는 원인이다.

그러므로 우리의 지각을 모호하고 불완전하지 않게끔 하는 수단을 찾을 필요가 있다. 그리고 모든 사람이 납득하듯이 주의를 집중하는 것보다 우리의 지각을 더욱 명석하고 더욱 판명하게 하는 것이 없으므로 지금의 우리보다 더 집중을 기울일 수 있도록 사용할 수 있는 수단을 찾도록 노력해야 한다. 그렇게 되면 추론에 명확성을 계속 기할 수 있고 심지어 단 한 번 바라보는 것으로 길고 긴 추론들을 구성하는 모든 부분들 사이의 필연적 관계를 알 수 있을 것이다.

이 수단을 찾으려면 정신은 지각하는 모든 사물에 똑같은 정도의 집중력을 기울일 수 없다는 점을 올바로 납득할 필요가 있다. 이는 우리가 이미 다른 곳에서 말했던 내용이다. 정신은 자기 앞에 현전하지만 정신을 자극하지는 않고 정신에 속하지도 않는 사물들보다는 자극하고 변화시키고 침투하는 사물들에 훨씬 더 집착한다. 한마디로 말해서 정신은 자신과는 다른 어떤 관념으로서 대상의 단순 관념들 훨씬 이상으로 자기 고유의 변화들에 관심을 갖는 것이다.

바로 이런 까닭에 순수 지성의 추상적 관념들을 고려할 때 우리는 진저리를 내고 큰 집중을 하지 못하게 된다. 특히 우리가 강한 상상력을 갖고 두뇌에 큼직한 자취가 그려질 때 우리가 상상하는 사물들에 훨씬 더 집착한다. 한마디로 말해서 바로 이런 이유로 우리는 대단히 유쾌하거나 대단히 고된 어떤 것을 느끼는 동안 정신의 순수 관념들에 집착하지 않은 채 감각자질에 전적으로 관심을 갖는 것이다.

고통, 즐거움, 그리고 다른 감각작용들은 정신의 존재 방식에 불과하므로, 이를 알아차리지 않고는 우리가 존재하는 것이 가능하지 않으며, 우리의 모든 감각작용은 그저 지각일 뿐, 다른 것이 전혀 아니므로 우리 정신 능력이 감각작용에 관심을 갖지 않기란 불가능하다.

그런데 정신의 순수 관념들은 이와 같지 않아서 그 관념들을 조금도 집중하지 않고 고려한다고 해도 그 관념들과 우리의 정신이 긴밀히 결합되었을 수 있다. 신이 우리와 내적으로 결합되어 있을지라도, 또 우리가 보고 있는 모든 것의 관념이 신 내부에 있을지라도 이 관념들은 정기의 움직임으로도 그 흔적이 일깨워지지 않거나 우리 의지가 정신을 그 흔적에 그 관념들을 결부시키지 않을 때, 그러니까 이 관념들을 재현한 것과 조물주에 의해 결부된 행위들이 전혀 이루어지지 않을 때, 비록 우리 앞에 현전해 있고 우리 내부 한가운데 있을지라도 우리에게는 여전히 감춰져 있는 것이다.

이 사실들은 우리 정신을 더욱 집중시킬 수 있는 도움의 토대가 되며, 이 점에 대해서는 곧 이야기할 것이다. 그래서 이런 도움은 정신의 본성 자체에 근거를 둔 것이다. 그런 도움들이 많은 다른 것들처럼 도움보다는 방해가 되는 공상적이고 불필요한 것이 아니기를 바라는 것도 당연하다. 그러나 이런 도움이 우리가 바라는 용례를 갖추지 못한다면 이 주제로 언급하게 될 내용을 읽느라 시간을 낭비하는 것은 아닐 것이다. 그것으로 정신의 본성을 더 잘 알게 될 것이니 말이다.

영혼은 감각, 상상력, 정념의 세 가지 원인에 의해 변형된다. 즐거움, 고통, 그리고 일반적으로 좀 지나치게 강한 감각작용들이며, 강렬한 상상력, 강력한 정념이 정신을 강력히 사로잡아, 이들 사물로 지나치게 강렬한 자극을 받게 될 때 주의를 집중할 수 없게 된다는 점은 누구나 자기 경험으로 알고 있다. 그때 정신의 능력, 혹은 지각 기능은 온통 그 사물들로 채워지기 때문이다. 그러나 영혼의 이런 변형이 둔화될지라도, 적어도 어떻게 본다면 변형이 가해질 때 정신의 능력은 분할될 것이고, 조금 추상적인 진리를 고려하고자 한대도 정신이 가진 전부를 사용할 수는 없을 것이다.

그러므로 다음과 같은 중대한 결론을 내려야 한다. 진지하게 진리의 탐구에 전념하고자 하는 모든 사람은 큰 소음이며, 지나치게 강렬한 빛이며, 즐거움이며, 고통 등처럼 지나치게 강력한 모든 감각작용을 가능한 피하기 위해 주의를 기울여야 하고, 상상력을 순수한 상태로 유지하기 위해 끊임없이 살펴야 하고, 두뇌에 끊임없이 정신을 불안케 하고 낭비하는 저 깊은 자취들이 두뇌에 새겨지지 않도록 해야 하고, 마지막으로 무엇보다 신체와 영혼에 강력한 자극을 마련하는 정념의 움직임을 멈춰 세워야 한다.

그 자극이 너무도 강력할 때 보통 정신은 신체와 영혼을 자극하는 대상들과는 다른 대상들을 생각하는 일이 불가능하니, 진리의 순수 관념들이 항상 우리 앞에 현전하더라도 우리의 사유 능력이 우리를 파고드는 저 변형들로 채워지게 될 때 우리는 그 관념들을 고려할 수 없는 까닭이다. 그러나 영혼이 정념이며, 감정이며, 어떤 다른 특별한 변형 없이 존재하기란 불가능하므로 해야 할 일을 자진해서 하고 이런 변형들에서조차 더욱 집중할 수 있게 해 주는 도움을 끌어내야 한다. 그러나 어떤 이득을 얻고자 이 도움을 사용할 때에는 많은 기술과 조심성이 필요하다. 도움이 필요할 때를 올바로 검토하고, 도움을 사용하는 경우는 어쩔 수 없이 집중해야 할 필요가 있을 때로만 한정해야 한다.

3장

정신 집중을 유지하기 위한 정념과 감각의 사용법

진리 탐구에 열중하도록 유용하게 사용할 수 있는 정념들은 정신을 집중해야 할 때 맞부딪히게 되는 수고를 극복하는 힘과 용기를 준다.[1] 정념에는 좋은 정념이 있고 나쁜 정념이 있는데, 진리를 찾고자 하고, 자기를 이끌 정도로 충분한 빛을 얻고자 하고, 이웃이며 다른 사람들에게 도움이 되고자 하는 욕망 같은 것이 좋은 정념이다. 명성을 얻고, 입신하고, 자기와 같은 사람들보다 우월하고자 하는 욕망과 여기서 말할 필요도 없는 훨씬 더 과도한 어떤 다른 욕망들이 나쁜 정념이고 위험한 정념이다.

우리가 처한 불행한 상태에서 우리는 종종 가장 합리적이지 못한 정념으로 인해 더욱 강렬히 진리를 탐구하는 경향이 있고, 가장 정의롭

---

1 [옮긴이] 데카르트는 《정념론》에서 "정념이 그 본성에서 모두 좋은 것이고 잘못 사용하거나 지나치게 사용하는 것 외에는 아무것도 피할 게 없"(211절)다고 말했지만 말브랑슈는 이점에 동의하지 않는다. 말브랑슈는 정념을 부득이한 수단으로 보고 있고 정념 없이 살아가는 것이 더 낫다고 본다.

고 합리적인 정념보다 진리를 탐구할 때 마주치게 되는 수고에서 더욱 기분 좋은 위안을 받는다.

예를 들어 허영은 진리의 사랑 이상으로 우리에게 자극을 준다. 자기가 공부한 것을 들어줄 사람을 찾았을 때 계속 연구에 전념하고, 들어줄 사람을 더 이상 찾을 수 없을 때 연구를 아예 팽개치는 것이 일상다반사이다. 자기 의견을 늘어놓고 있을 때 자기 주변에서 어렴풋이 영광 같은 것이 보이면 그보다 더 소득이 없고 그보다 더 지루할 수 없는 연구라고 할지라도 용기백배하게 된다.

그러나 우연히, 혹은 자기들 일에 바빠 갈채를 보내는 저 작은 무리에서 멀어지면 그들의 열정도 금세 식고 만다. 가장 굳건한 연구들조차 그들은 더 이상 흥미를 갖지 못한다. 그들은 혐오, 권태, 슬픔에 사로잡혀 전부 손을 놓아 버린다.

허영은 그들이 자연적으로 가진 나태에 승리를 거두었지만 이번에는 나태가 진리의 사랑에 승리를 거두게 된다. 허영은 간혹 나태에 저항하지만 나태는 거의 항상 진리의 사랑에 승리를 거두는 까닭이다.

그러나 영광에 대한 정념은 신의 영광과 다른 사람들의 유용성을 위해 명성을 사용할 수 있으므로 올바른 목적에 관계될 수 있지만 어떤 이들은 정신의 주의를 더욱 집중하게 만드는 도움으로서 경우에 따라 이 정념을 사용할 수 있는 것 같다. 그러나 이 정념을 사용하는 경우는 우리가 방금 말했듯이 합리적 정념으로 충분하지 않고, 우리가 반감을 갖게 되는 주제들에 의무감 때문에 전념하지 않을 수 없을 때로만 국한하도록 조심해야 한다.

그 이유는 첫째, 이 정념은 양심에 대단히 위험하고, 둘째, 이 정념에 사로잡힐 때 유용성과 진리보다는 화려하게 빛나지만 형편없는 연구에 들어서게 하고, 셋째, 이 정념을 절제하기란 대단히 어렵고, 그 정념에 종종 속으며, 정신을 밝힌다고 주장하면서 오만의 사욕을 계속 강화시키게 될 것이기 때문이다. 이 사욕은 마음을 타락시킬 뿐 아니라 정신을 어둠으로 가득 채운다. 이렇게 채워진 어둠을 정신의 힘으로 날려 보내기란 불가능하다.

이 정념이 증가하고 강화되고 부지불식간에 인간의 마음속에 자리잡으며, 그 정념이 지나치게 강해지면 정신이 진리를 탐구하는 데 도움이 되기는커녕 기이하게도 정신을 맹목적으로 만들어서 정신이 사물들이 존재하기를 바라듯이 존재한다고 믿게 한다는 점을 고려해야 한다.

사람들이 창안創案에 큰 재주가 있는 것처럼 보이려는 욕망에 뜨겁게 도취만 되지 않았어도 그 수많은 거짓 창안이며 수많은 허구의 발견들은 존재하지 않았으리라는 점이 분명하다. 여러 사람들이 단호하고 고집스럽게 빠졌던 확신이 있었다. 예를 들어 영구운동이며, 원과 같은 면적의 정사각형 작도법이며, 보통의 기하학으로 입방체를 두 배로 만드는 법을 발견했다는 확신 말인데, 그것은 여러 사람들이 이전에 아무 보람 없이 헛되이 시도했던 것을 실행해 보이고자 했던 거창한 욕망에서 비롯한 것임에 틀림없다.

그러므로 정념들이 강할수록 진리 탐구에 그만큼 더 유용한 정념들에 전념하는 것이 더 좋은 일이다. 그런 정념들은 과도하더라도 걱정할 필요가 없다. 정신을 올바르게 사용하고, 편견들과 오류들에서 벗어나고, 우리의 현재 상태에서 처신할 만큼 충분한 빛을 얻고자 하는 욕망들이 있는 것처럼, 불필요한 연구에 들어서지 않도록 하고 지나치게 성급한 판단을 내리지 않도록 해주는 다른 유사한 정념들이 있다.

정신을 사용하면서 생기는 즐거움을 맛보기 시작했을 때, 그 즐거움이 가실 때 보이는 유용성을 인정하게 되었을 때, 엄청난 정념들을 버리고, 감각적 즐거움에 경솔히 탐닉하게 되면 언제나 이성의 주인이자, 더 정확히 말하자면 이성의 폭군이 되는 그 감각적 즐거움에 싫증이 났을 때는, 성찰하고자 하는 주제에 주의를 집중하는 데 방금 언급한 정념들이 아닌 다른 정념들은 필요 없다.

그러나 대부분의 사람들은 이런 상태에 놓여 있지 않다. 그들은 감각을 자극하는 것에 대해서만 취향이 끌리고, 지성을 갖고, 세심해지는 것이다. 대부분의 사람들의 상상력은 그저 거짓 관념이나 일깨울 뿐인 거의 무한에 가까운 깊이 새겨진 흔적들로 인해 타락했다. 그들은 감각과 상상력에 걸려드는 모든 것에 집착하고, 그것에서 받은 자극에 따라, 즉 자기들과의 관계에 따라 판단을 내린다.

세상 모든 사람들이 공통으로 가진 교만, 방탕, 계약, 출세하고자 하는 불안한 욕망이 그들 내부에서 신앙심을 덮어 끄듯이 진리의 빛을 가리고 만다. 그런 것들을 신과 분리하기 때문이다. 오직 신만이 우리를 통어統御할 수 있듯 우리를 환히 밝힐 수 있는 유일한 존재이다. 우리와 감각적 사물들의 결합이 증가하면 관념적 진리와 맺는 결합은 감소하게 된다. 우리는 동시에 대단히 상이하고 대단히 상반되는 사물들과 긴밀히 결합될 수 없으니 말이다.

그러므로 흠 없고 순수한 상상력의 소유자들, 그러니까 내 말은 가시적 사물들에 결부된 깊은 흔적들로 두뇌가 가득 차지 않은 사람들은 쉽게 신과 결합할 수 있고 그들이 듣는 진리의 말에 정신을 집중할 수 있다. 반면 사교계 사람들같이 지나치게 많은 사물들에 집착하고, 감각대상들이 그들 내부에서 자극한 거짓되고 모호한 관념들로 상상력이 온통 더럽혀진 사람들은, 그들을 인도하는 대상의 무게를 상쇄하고, 두뇌에 동물정기를 뒤집어엎게 할 수 있는 흔적을 두뇌에 만드는데 충분히 강력한 어떤 정념으로 뒷받침되지 않는다면 진리에 전력할 수 없다. 그러나 어떤 정념이든 그 자체로는 관념들을 혼동할 뿐이므로, 그들은 어쩔 수 없을 경우가 아니라면 이를 사용해서는 안 된다. 모든 사람들은 스스로 배우고자 하여 정념과 나약함이 균형을 맞추게끔 해야 한다.

자기 내부에서 원하는 정념을 자극하는 수단을 찾는 일은 어렵지 않다. 앞에서 신체의 결합에 대해 지식을 제시했으니 이것으로 이 점에 대한 이해의 길이 활짝 열렸다. 한마디로 말해서 자연의 설정에 따라 정념을 자극할 수 있는 대상들을 주의를 집중해서 사유하는 것으로 충분하다. 그런 식으로 거의 항상 필요로 하는 정념들을 자기 가슴에 태어나도록 할 수 있다. 그러나 거의 항상 정념들을 태어나도록 할 수는 있어도 그 정념들을 사라지게 할 수는 없으며, 그 정념이 상상력에 일으킨 혼란을 수습할 수 없다. 그러므로 정념을 사용해야 한다면 정말 적당히 사용해야 한다.

특히 정념으로써 사물들을 판단하지 않도록 조심해야 한다. 사물들의 판단은 진리의 명확한 시선으로 바라봄으로써 이루어져야 한다. 정념들이 다소 강렬하기만 해도 이 원칙을 지키는 일은 거의 불가능하다. 정념은 정신의 집중력을 일깨우기 위해서만 사용되어야 한다. 그렇지만 정념은 항상 자기만의 관념들을 산출하고, 정념은 의지를 강렬히 부추겨, 그 의지를 자극하지 않는 진리의 순수하고 추상적인 관념을 통해서라기보다는 그 의지를 자극하는 관념들을 통해 사물들을 판단한다. 그래서 종종 정념이 지속되는 만큼만 판단을 내리게 되는데 그렇게 판단내리게 하는 것은 불변하는 진리의 명확한 시선이 아니라 그 판단을 내리게 만드는 피의 순환 때문이다.

사람들이 오류를 범했으면서도 이상한 고집을 부리고, 평생 동안 그 대부분의 오류를 주장한다는 점은 사실이다. 그런데 그 오류들은 종종 정념과는 다른 원인에서 생기거나, 신체의 구조, 이해관계, 혹은 오랫동안 남아 있는 어떤 다른 원인에서 비롯한 지속적 정념들을 따른다. 예를 들어 이해관계는 항상 지속하면서 결코 사라지지 않는 정념을 산출하고, 이 정념이 내린 판단은 대단히 오래 지속될 수 있다. 그러나 개별 정념들에 좌우되는 인간의 다른 모든 감정들은 체액의 발효만큼이나 유동적이다.

사람들은 때로는 이런 방식으로, 때로는 저런 방식으로 말한다. 또 그들의 말은 종종 그들의 생각을 그대로 따른다. 사람들이 정념의 움직임에 따라 이 거짓 선을 찾다가 다른 거짓 선을 찾고, 정념의 움직임이 멈추면 이에 싫증을 내듯이, 이 거짓 체계를 찾다가 다른 거짓 체계를 찾기도 하는 것이다. 사람들은 거짓 감정이라도 정념을 통해 사실임직하게 보이면 열렬히 신봉한다. 그러나 이 정념이 꺼지고 나면 그 거짓 감정은 버려진다.

정념을 통해 모든 선을 맛보면서도 좋다고는 전혀 생각하지 않는다. 정념을 통해 모든 진리를 보면서도 진실하다고는 전혀 생각하지 않는 것이다. 정념이 지속되는 동안 사람들이 맛보는 것이 지고至高의 선으로 보이고, 사람들이 보는 것이 반박할 수 없는 진리일지라도 말이다.

정신을 집중하기 위해 도움을 끌어낼 수 있는 두 번째 원천은 감각이다. 감각작용은 영혼의 고유한 변형이고, 정신의 순수 관념은 상이한 어떤 것이다. 그러므로 감각작용은 순수 관념보다 훨씬 더 강렬한 방식으로 주의를 끌게 된다. 그래서 정신에 자극이 되지 않는 진리들에 집중하지 못할 경우 정신을 자극하는 감각적 사물들을 통해 그 진리들을 표현하면서 개선할 수 있다.

기하학자들이 고려하고자 하는 크기들 간의 비율을 가시적 선線을 통해 표현하는 것이 바로 이런 이유에서이다. 기하학자들은 종이에 이들 선을 그릴 때 말하자면 그들의 정신에 선에 해당하는 관념들을 그리는 것이다. 그렇게 하면서 그들은 이들 관념에 익숙해지는데, 이해하는 동시에 감각할 수 있게 되기 때문이다. 바로 이런 방식으로 아이들은 추상적 진리를 이해할 수는 없으나 섬세한 두뇌섬유를 가지고 있으므로 아이들에게 꽤나 어려운 몇 가지 문제들에 익숙하게 할 수 있다. 아이들은 눈으로 색, 그림, 이미지만을 볼 뿐이지만 정신을 통해서 이 감각대상들에 대응하는 관념들을 고려하게 된다.

무엇보다 우리가 고려하고자 하거나 다른 사람들에게 보여 주고자 하는 대상들을 강한 '감수성'으로 덮어 버리지 않도록 조심해야 한다. 정신은 진리 자체보다 감수성에 더 전념하기 마련인데 이것이 가장 중대하고 일상적인 결함이다. 감각을 자극하는 것에나 열중하고, 대단히 감각적 방식으로 자기 생각을 표현하는 이들을 일상다반사로 본다. 그때 진리는 이들의 거짓 웅변을 가득 채운 헛된 장식의 무게에 짓눌려 버리는 것이다. 그래서 그들의 말을 듣는 사람들은 자기들이 이해하는 근거들보다 기나긴 총합문을 이루는 박자며, 생동감이 넘치는 비유들에 훨씬 더 자극되므로 그들을 설득하는 사람이 누구인지도, 그들이 무엇을 설득당하고 있는지도 모르고 그만 설득되고 마는 것이다.

그러므로 정신을 계속 집중할 수 있도록 표현의 감수성을 완화하도록 노력해야 한다. 진리만큼 아름다운 것은 아무것도 없으며, 견고하지도 않고 그저 한순간 강력하게 매혹할 뿐인 감각적 색채를 진리에 잔뜩 짊어지우면서 이를 통해 진리가 더욱 아름다워진다고 주장해서는 안 된다. 이를 두고 진리에 섬세함을 부여한다고 하겠지만 이는 진리의 힘을 줄이는 일이 될 것이다.

진리를 화려한 광채와 찬란한 빛으로 장식해서 정신이 진리 자체보다 장식에 더욱 주의를 기울이게 해서는 안 된다. 이는 금과 보석을 주렁주렁 매단 사람들처럼 진리를 다루는 일일 것이다. 그 사람들이 의복과 함께 이루는 전체 중에서 가장 보잘것없는 부분으로 보이게 하는 것이 그것이다. 진리를 차려 입히려면 베네치아 행정관들처럼 차려 입혀야 한다. 그들은 아주 단순한 법관모와 긴 법복을 입는 것[2]으로 보통 사람들과 구분되는데, 그랬을 때 사람들은 그저 행정관의 구두나 쳐다보는 것이 아니라 존경하는 마음으로 유심히 그들의 얼굴을 바라보게 된다.

---

2 [옮긴이] 베네치아의 행정관은 관을 쓰지는 않았지만 특별한 모자를 썼다. 보댕은 그들이 "(성직자들이 쓰는 것 같은) 화려한 모자"를 썼고 "금이 수놓여진 법의"를 입었다고 했다.(《공화국에 대하여》(*De la République*), 1538, liv. II, p. 262)

일련의 쾌적한 것들을 지나치게 무수히 늘려서 정신 집중을 방해하고, 그가 받아 마땅한 영예가 어떤 다른 사람에게 가면 어쩌나 하면서 이를 알아보지 못하게 만들지 않도록 주의해야 한다. 군주들만이 가지는 위대하고 화려한 풍채를 과시하는 궁정인들이 주변에 하도 둘러서 있어서 간혹 군주를 알아보지 못하는 경우가 생기는 것처럼 말이다.

그러나 더 훌륭한 예를 들어보자. 나는 다른 사람들에게 진리를 제시할 때 진리 자체가 드러나도록 해야 한다고 주장하는 것이다.[3] 원죄 이후 사람들은 너무도 시력이 약해져서 진리를 그 자체로 고려할 수 없으므로 이 지고한 진리는 우리의 겸허함에 덮일 때에야 우리의 시선을 끌고, 우리를 환히 밝히고, 우리 눈에 더욱 사랑스러워 보이게 된다. 그래서 그 예를 따라 우리가 이해하고자 하고 다른 이들에게 가르치고자 하는 진리에 어떤 감각적인 것을 씌울 수 있다. 그렇게 되면 감각적인 것을 좋아하고, 감각을 부추기는 어떤 것을 통해서만 쉽게 이해되는 정신은 그만 멈춰 서게 된다.

영원한 지혜는 분명해졌지만 화려한 광채 속에서 그리된 것은 아니다. 그 지혜가 분명히 드러난 것은 우리를 감각적인 것에 머물게끔 하려는 것이 아니라 지성적인 것으로 드높이기 위한 것이다. 그 지혜는 분명히 드러남으로써 자기 안의 감각적인 모든 것을 단죄하고 포기하는 것이다.

---

3 [옮긴이] 예수 그리스도는 자신이 "진리"라고 말했다(〈요한복음〉, 14장 6절). 그러나 말브랑슈에 따르면 이 표현은 진정한 지성의 빛과 그 빛의 광채 없는 흐릿한 현시 사이의 거리를 표현하는 방식으로 이해할 수 있다.

그러므로 우리는 진리를 알 때 지나치게 광채로 빛나지 않고, 우리를 감각적인 것에 잡아두지 않고, 그저 순전히 지성적인 진리들을 응시하도록 우리의 시선을 유지할 수 있는 어떤 감각적 사실을 사용해야 한다. 그것이 우리를 이끌어 나가게 될 진리를 바라보기 위해 기꺼이 버리고 소멸시키고 포기할 수 있을 어떤 감각적 사실을 사용해야 하는 것이다. 영원한 지혜가 감각적인 방식으로 우리 외부에 제시되었던 것은 우리를 우리 외부에 붙잡아 두기 위해서가 아니라, 우리를 우리 자신 속으로 들여보내고, 인간 내면에 따라 우리가 그 지혜를 지성적 방식으로 고려할 수 있기 위해서이다. 또한 우리는 진리를 탐구할 때 광채를 발하여 우리를 우리 외부에 붙잡아 두지 않고 우리 내부로 들어갈 수 있게끔 하여, 영원한 진리에 집중하고 그 진리와 하나가 될 수 있는 어떤 감각적 사실을 사용해야 한다. 그 영원한 진리만이 정신을 주재하고, 존재할 수 있는 어떤 사실을 밝힐 수 있다.

4장

정신의 주의 집중을 유지하기 위한 상상력의 사용법: 기하학의 유용성에 대하여

진리에 집중하기 위해 감각과 정념에서 도움이 될 만한 것을 선별하여 취하고 사용해야 할 경우 대단히 신중해야 한다. 우리 정념과 감각은 지나치게 강렬하게 우리를 자극하고, 정신의 능력을 가득 채우게 하여, 사물을 그 자체로 발견했다고 생각할 때 종종 자기만의 감각작용만을 볼 뿐이다.

그런데 상상력에서 끌어낼 수 있는 도움은 이와 같지 않다. 그것으로 정신은 그 능력을 불필요하게 분할하지 않으면서 정신을 집중하게 되고, 그런 경이로운 방식으로 대상들을 분명하고 뚜렷하게 지각할 수 있도록 돕는다. 그래서 이런 방법을 사용하는 것이 거의 항상 이득이 되는 것이다. 그러나 몇 가지 예를 들어 이 점을 보다 분명하게 해보자.

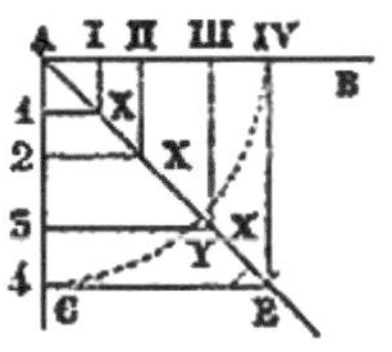
A
I
II
III
IV
B
1
2
3
4
X
X
X
Y
C
E

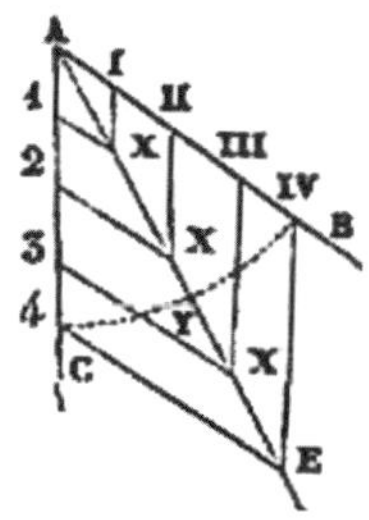
A
I
II
III
IV
B
1
2
3
4
X
X
X
Y
C
E

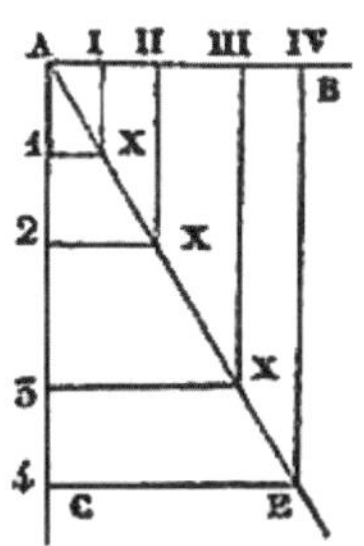
A
I
II
III
IV
B
1
2
3
4
X
X
X
C
E

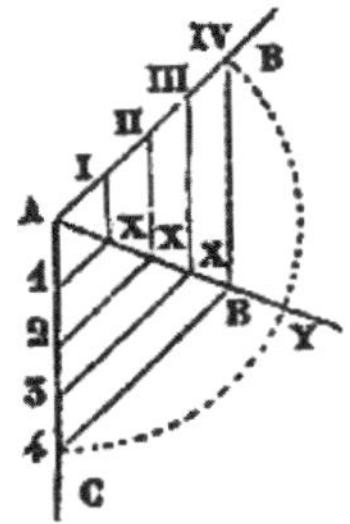
IV
III
II
I
B
A
X
X
X
1
2
3
4
B
Y
C

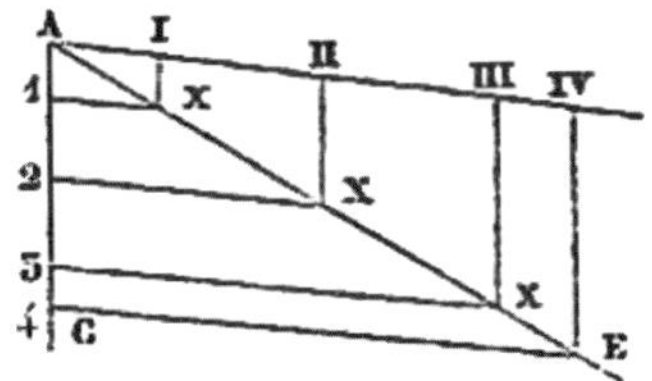
A
I
II
III
IV
1
2
3
4
X
X
X
C
E

어떤 물체가 상이한 둘 혹은 여러 원인으로 둘 혹은 여러 변邊의 방향으로 움직였음을 알며, 이 힘은 그 물체를 균등하거나 불균등하게 밀고, 그 힘이 우리가 원하는 비율에 따라 끊임없이 증가하거나 감소한다는 점을 안다. 그리고 이 물체가 어떤 길을 취할지, 그 순간 물체는 어느 장소에 있게 될지, 물체가 그 장소에 이르렀을 때 속도는 얼마일지, 또 비슷한 다른 문제들을 제기한다.

(1) 그 물체가 움직임을 시작하는 점으로 점 A를 가정하고 이로부터 먼저 무한의 선lignes indéfinies AB, AC를 긋고, 이 두 선분이 교차할 때 각 BAC가 생긴다. 선 AB와 AC가 표현하는 움직임이 정확히 반대 방향일 때 두 선분은 한 방향, 즉 동일한 직선을 이루며 교차하지 않고, 한 방향으로 나아간다. 그런 식으로 물체를 변 A나 변 B 중 한쪽으로 밀게 되는 힘들이 하나밖에 없다면 상상력이나, 이렇게 말할 수 있다면 감각에 그 물체가 그리는 궤적이 뚜렷이 제시된다.

(2) 이 물체가 B를 향하도록 움직이는 힘과 C를 향하도록 움직이는 힘이 동일하다면 선 AB와 AC를 A에서 균등히 멀어지는 부분들 1, 2, 3, 4와 I, II, III, IV로 분할한다. 그 물체가 B를 향하도록 움직이는 힘이 C를 향하도록 움직이는 힘의 두 배라면 선 AB를 분할하는 부분들은 선 AC를 분할하는 부분들의 두 배가 된다. 이 힘이 제곱이라면 선을 분할하는 부분들도 제곱이 된다. 이 힘이 세 배 더 크거나 세 배 더 작다면 선을 분할하는 부분들도 세 배 더 커지거나 세 배 더 작아진다. 이 선이 분할된 것을 보면 그 물체를 움직이는 다양한 힘의 크기와 동시에 그 물체가 그릴 수 있는 공간이 상상력에 그려진다.

(3) 이렇게 분할하면서 선 AB와 선 AC에 평행선들을 그으면 AI, AII, AIII 등과 같은 길이의 선 1X, 2X, 3X 등을, A1, A2, A3 등과 같은 길이의 선 IX, IIX, IIIX 등을 얻는다. 이 선들은 그 힘으로 인해 이 물체가 그리게 되는 공간을 표현한다. 또한 이 평행선들이 만나는 교차점들을 잇는 선 AXYE(즉, A-X-Y-E를 지나는 직선)를 그을 때, 이 힘이 그 물체에 완전히 가해져서, 이들 힘과의 관계가 속도와 같다고 가정하면 상상력을 통해 이 선은 다음을 생각하게 할 수 있다. 첫째는 물체를 어떤 비례에 따라 상이한 두 힘으로 B와 동시에 C의 방향으로 밀었다고 생각할 때 그 물체가 형성하는 운동의 실제 크기이고, 둘째는 그 물체가 그리는 경로이고, 셋째는 이 물체가 정해진 시간 안에 거치게 되는 모든 공간이다. 그래서 이 선은 주어진 문제에 대해 모든 진리를 발견하고자 탐구할 때 정신의 시선을 곧게 유지하기 위해 쓰일 뿐 아니라 뚜렷하고 설득력 있는 방식으로 이를 재현하기도 한다.

첫째, 선 AXYE는 운동의 실제 크기를 표현한다. 그 운동을 산출하는 힘들이 각각 그 물체를 1분에 1피에(약 30cm — 옮긴이) 앞으로 밀 수 있다면 이렇게 형성된 운동은, 서로 완벽하게 일치한다면 1분에 2피에 앞으로 밀 수 있으리라는 것을 분명히 알게 된다. 이 경우 힘이 운동의 형성을 위해 고스란히 쓰였으므로 AB를 AC에 추가하는 것으로 충분하다. 또 이 운동의 힘이 고스란히 쓰일 수 없었다면 복합적으로 구성된 선 AE는 선 YE의 복합적으로 구성된 선 중 하나인 AB나 AC보다 더 클 것이다. 그런데 이 운동이 각 CAB를 120도로 맞추는 두 선으로 만들어진다면 형성된 운동은 동일한 구성의 운동 각각과 일치할 것이다. 마지막으로 이들 운동이 완전히 반대 방향일 경우 형성된 운동은 0이 될 것인데, 그 운동을 형성하는 힘이 동일하므로 결국 평형을 이루게 되기 때문이다.

둘째, 직선 AE를 보면 그 물체가 그리게 될 경로를 상상력으로 그려 볼 수 있다. 물체가 어떤 비율에 따라 다른 변보다 더 멀리 나아가게 되는지가 뚜렷이 보인다. 형성된 운동들이 각각 다르더라도, 이렇게 형성되는 운동들이 각각 항상 같거나, 그 운동들이 항상 동일한 것은 아니더라도 형성되는 운동들이 항상 같을 때 이 운동은 모두 직선 운동을 한다는 점도 역시 보인다. 마지막으로 운동이 서로 같거나 항상 등속인 것도 아닐 때 그 운동의 궤적을 그리는 선분은 곡선이 되리라는 점이 분명하다.

마지막으로 선 AXYE를 보면 그 물체가 상이한 두 힘으로 두 개의 다른 장소를 향해 밀렸을 때 자리하게 되는 모든 공간이 상상력에 그려진다. 그래서 이 물체는 우리가 생각하게 될 어떤 순간, 어느 지점에 있게 될지 표시될 수 있다. 예를 들어 우리가 그 물체가 정확히 4분 후에 어느 지점에 있게 될지 알고자 한다면 선 AB나 선 AC를 공간을 표현하는 여러 부분들로 분할하기만 하면 된다. 그 공간은 이 힘을 알고 있다면 그 각각의 힘이 개별적으로 1분 후에 이 물체가 그리도록 하는 공간을 말한다. 이 선들 중 어떤 하나에서 이 부분들 셋을 취하고, 다음에는 정확히 4분 후에 AB에 평행한 3X, 혹은 AC에 평행한 IIIX를 그린다. 이들 평행선 중 하나나 다른 하나가 선 AXYE에 정한 점 X가 운동이 시작하고 정확히 4분 후에 위치하게 될 장소를 표시하리라는 것이 명백하니 말이다. 그래서 이런 방식으로 문제들을 검토하게 되면 정신의 시선을 유지할 뿐 아니라 그 해답을 보여 주기도 한다. 이 방식은 알려진 것이 거의 없는 정보를 통해 알려지지 않은 사물들을 발견하게 해 줄 정도로 충분한 빛을 비추는 것이다.

예를 들어 우리가 말한 내용 다음에 물체가 어떤 시간에 점 A에 있다가 다른 시간에 점 E에 있다는 것을 알고, 다양한 힘들이 각 BAC와 같이 제시된 각을 형성하는 선들을 통해 그 물체를 밀어내기만 하면 그 물체의 복합 운동 및 단순 운동의 속도의 다양한 단계들을 발견하는 데 충분하다. 그러려면 이 운동이 서로 같거나 등속이어야 한다. 어떤 직선에 두 점이 주어지면 그 선을 온전히 갖게 되는 것이다. 또한 우리가 알고 있는 복합 운동인 직선 AE를 알려지지 않은 단순 운동인 선 AB와 선 AC와 비교할 수 있다.

돌 하나가 등속운동을 하여 점 A에서 점 B로 밀려났지만 보통 무게가 나가는 물체가 지구 중심을 향하게 되는 것과 같은 불규칙한 운동을 통해 점 A에서 무한히 멀리 떨어진 점 C를 향해 떨어지고 있다고 다시 가정해 보자. 이때 말하는 보통의 운동은 돌이 궤적을 그리는 공간들은 그 돌이 그렇게 궤적을 그리는 데 필요로 하는 시간의 '세곱'이 되는 운동을 가리킨다. 그러므로 돌은 항상 '포물선'을 그리게 되고, 돌이 운동 중 어떤 순간에 있게 될 점을 최대한 정확히 구할 수 있다.

첫 번째 운동이 시작될 때 이 물체가 A의 2피에 거리에서 C 방향으로 떨어진다면, 두 번째 운동은 6피에, 세 번째 운동은 10피에, 네 번째 운동은 14피에가 되고, 그 물체가 등속운동으로 A에서 B로 움직일 때 16피에가 된다면, 그 물체가 그리는 포물선의 매개변수의 길이는 8피에가 될 것이다. A에서 B로의 등속운동과 시간을 가리키는 직경의 세로좌표appliquées ou ordonnées는 그것의 제곱은 불규칙한 가속운동을 가

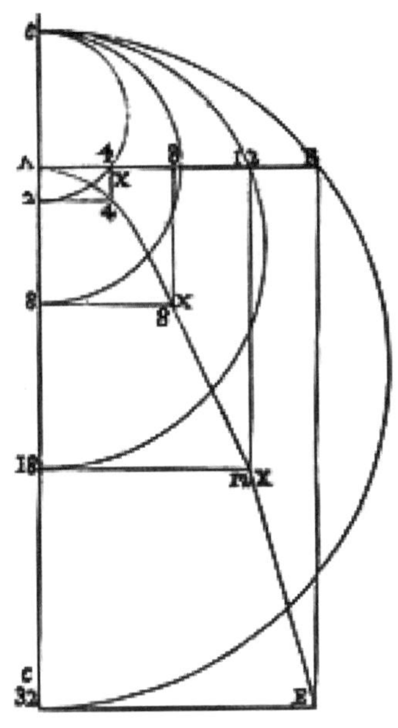

리키는 선들로 인해 매개변수의 제곱과 동일할 것이다. 또한 세로좌표의 제곱, 즉 시간의 제곱은 극점과 세로좌표 사이에 포함된 직경의 부분들을 이루게 될 것이다.

16. 64. :: 2. 8.

64. 144. :: 8. 18. 등

이 점을 납득하기 위해서는 여섯 번째 도형을 고려하기만 하면 된다. 반원半圓들을 보면 A 2가 A 4, 즉 그것과 합동인 세로좌표 2 X와의 관계가 2 X와 A 8의 관계와 같고, A 18과 A 12, 세로좌표 18 X의 관계는 18 X와 A 8 등의 관계와 같으므로 직사각형 A 2와 A 8 및 A 18과 A 8의 두 직사각형은 2 X와 18 X의 제곱과 합동임을 알게 된다. 그 결과 이 제곱은 이 두 직사각형과 동등한 것이다.

점 X, X, X에서 교차하는 선 AB와 선 AC의 평행선들로 이 물체가 어떤 길을 그리고 있는지 뚜렷하게 알 수 있다. 평행선들을 통해 어떤 시간에 물체가 어느 장소에 있게 될지 알 수 있으며, 일정한 시간에 복합운동 및 그 '가속' 운동의 실제 크기를 눈으로 보듯 그릴 수 있게 된다.

다시 한 물체가 A에서 B에서처럼 A에서 C로 불균등하게 이동한다고 가정해 보자. 이 불균등성이 처음과 동일하고 또 계속 동일하다면, 그러니까 물체가 C의 방향을 향하는 운동의 불균등성이 B의 방향을 향한 운동과 동일하거나, 동일한 비율로 증가한다면 그 물체는 직선을 그리게 될 것이다.

그런데 단순 운동의 증가나 감속이 불균등하다고 가정한다면 우리가 생각하는 대로 불균등성이 있다고 가정하더라도 단순 운동의 복합운동을 상상력으로 떠올려 주는 선을 찾는 것은 언제나 쉬운 일일 것이다. 여러 선들을 통해 이 운동을 표현하고, 이 선들에 서로 교차하는 평행선들을 긋는 경우에 말이다. 이 평행선들의 모든 교차점을 거치는 선은 이 불균등한 운동, 즉 불균등하게 가속도가 붙거나 감속하는 운동들로 구성된 운동을 재현할 것이다.

예를 들어 한 물체가 우리가 생각하는 대로 균등하거나 불균등한 두 힘의 작용으로 움직였고, 우리가 생각하는 대로 기하급수나 산술급수에 따라 증가하거나 감소한다고 가정해 보자. 우리 눈과 상상력에 이 운동들의 복합운동을 떠올리게 해주는 선이 지나가는 모든 점들을 찾기 위해서는 다음과 같이 해야 한다.

먼저, 우리가 말했던 것처럼 두 개의 선 AB와 AC를 그려서 두 개의 단순 운동을 표현하고, 이 운동이 '가속'한다는 가정에 따라 이 두 선

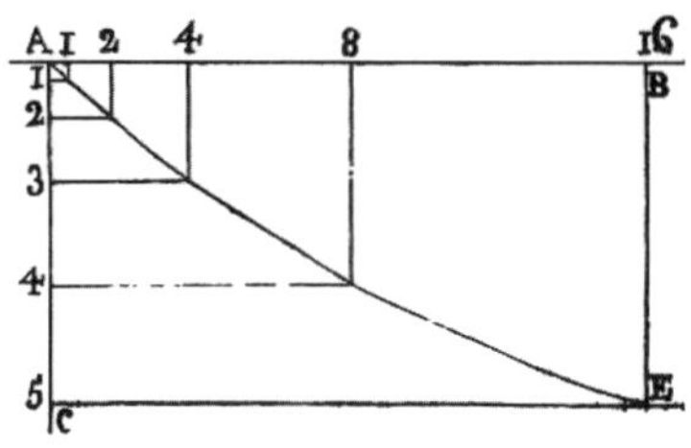

을 분할해야 한다. 선 AC가 표현하는 운동이 1, 2, 3, 4, 5와 같이 산술급수에 따라 증가하거나 감소한다고 가정하면 그 선을 1, 2, 3, 4, 5로 표시된 점들로 분할해야 하고, 선 AB가 1, 2, 4, 8, 16과 같이 두 배로 증가하는 급수에 따르거나, 역으로 4, 2, 1, 1/2, 1/4, 1/8과 같이 두 배씩 감소하는 급수에 따른다고 가정하면, 그 선을 1, 2, 4, 8, 16이나 4, 2, 1, 1/2, 1/4, 1/8로 표시된 점들로 분할해야 한다. 그다음에 선 AB와 선 AC에 평행선들을 긋고, 우리가 찾고 있는 복합 운동을 표현하게 될 선 AE는 필연적으로 이 평행선들이 교차하는 모든 점들을 반드시 지나게 된다. 그런 식으로 이렇게 움직인 물체가 어떤 길을 그리게 될지 알 수 있다.

이 물체가 움직이기 시작해서 어떤 점에 이르렀을 때까지 시간이 얼마나 흘렀는지 정확히 알고자 한다면 선 AB나 선 AC에서 이 점으로부터 그은 평행선들로 그 시간을 알게 될 것이다. 선 AB와 선 AC를 분할하면 시간을 가리킬 것이니 말이다. 마찬가지로 이 물체가 어떤 시간 안에 어느 점에 이르게 될지 알고자 한다면, 시간을 나타내는 선 AB와 선 AC를 분할하면서 그은 평행선들은 교차점을 통해서 우리가 찾는 점을 가리키게 될 것이다. 물체가 움직이기 시작했던 그 지점에서 멀어지기 위해서는 이 점에서 A의 방향으로 선을 그려보면 이를 언제나 쉽게 알 수 있을 것인데, 이미 알고 있는 선 AB나 선 AC의 관계를 통해서 그 선의 길이가 알려지게 될 것이기 때문이다. 그러나 이 물체가 그 점에 이르도록 그리게 될 경로의 길이에 대해서는 알기가 어려운 것이, 그 운동을 나타내는 선 AE는 곡선이므로 이들 직선 중 그 무엇과도 연관 지을 수 없기 때문이다.

이 물체가 거쳤음이 분명한 무한한 점들을 구하고자 한다면, 다시 말해서 선 AE를 연속적인 운동을 통해 정확히 그려 보고자 한다면, 방금 앞서 제기했던 가정들에 표시된 조건에 따라 두 다리가 정확히 조정된 컴퍼스를 사용할 필요가 있을지 모르겠다. 이는 종종 고안하기 대단히 어렵고, 실행이 불가능하고, 사물들이 서로 맺는 관계들을 발견하는 데 쓸모가 없을 때가 많다. 흔히 필요한 것은 이 선을 이루는 모든 점들이 아니라, 그 선이 그런 운동들을 고려할 때 상상력을 이끌어줄 수 있을 몇 개의 점이기 때문이다.

그렇지만 기하학을 이용할 때 반드시 주의해야 할 점은[1] 자연학의 확실한 원리들에 반反하는 어떤 거짓 가정을 제시해서는 안 된다는 것이다. 여러 다른 가정을 해본 뒤에, 두 원인이 1분 동안 따로 작용하여 한 원인은 한 물체를 A에서 나온 한 선에서 B까지, 그리고 다른 원인은 A에서 나온 다른 한 선에서 C까지 움직일 수 있다고 가정했다면, 이 두 선 AB와 AC가 어떤 각도를 이루더라도 이 두 선이 모든 변들을 그림과

1 [옮긴이] 이 부분부터 "이것은 내 주제를 크게 벗어난다"까지는 나중에(1712년 G판) 추가된 부분이다.

동시에 대각선 전체를 그릴 수 있으리라는 것이다. 그런데 이는 어떤 경우에만 사실이다.

예를 들어 AB와 AC라는 두 개의 자尺를 가정해 보는데 이들이 어떤 각이라도 만들 수 있다고 하자. 또한 점 A에서 개미 한 마리가 출발해서 A부터 B로 일정한 발걸음으로 걸어가고, 동시에 AB를 옮겨 동등하고 항상 그것과 평행을 이루는 운동으로 AB를 AC 쪽을 향하도록 한다고 가정해 보자. 그때 개미는 A에서 B로 가는 동시에 대각선 AE 전체를 가로지를 것이다. 이것은 증거를 필요로 하지 않지만, 다음에 이어지는 내용이 대단히 명백한 것은 아니다.

점 A에서 정지하고 있는 한 물체가 어떻든 서로 각 BAC를 이루게 될 두 선 AB와 AC를 따라 동시에 다른 두 물체와 충돌한다고 해 보자.

(1) 각 BAC가 직각이면 A에 놓인 물체는 두 힘이 합쳐지면서 평행사변형 AE의 대각선 전체를 그릴 것이고, 그동안 두 힘 중 하나가 작용했다면 두 변 AB나 AC 중 하나를 그릴 것이다.

(2) 각 BAC가 예각銳角이면 물체는 그중 한 부분만을 그릴 것이다. 이는 세 가지 경우 모두에서 가정한 것처럼 그 물체가 탄성을 갖추었을 때도 그렇다.

(3) 각 BAC가 둔각이면 물체는 훨씬 더 멀리 나아갈 것이다. 그 물체가 변들을 그리는 동안 둔각이 클수록 그만큼 더 멀리 나아간다.

물체들은 마주치는 다른 물체들에 운동을 전하는데 이 경우 각각의 속도에 비례한다는 것이 확실하다. 예를 들어 한 물체가 2단계 속도로 움직여 1단계 속도로 같은 방향으로 움직이는 다른 물체를 따라잡는다면 그 물체는 후자와 1단계로만 충돌하리라는 것이 명백하다. 그 물

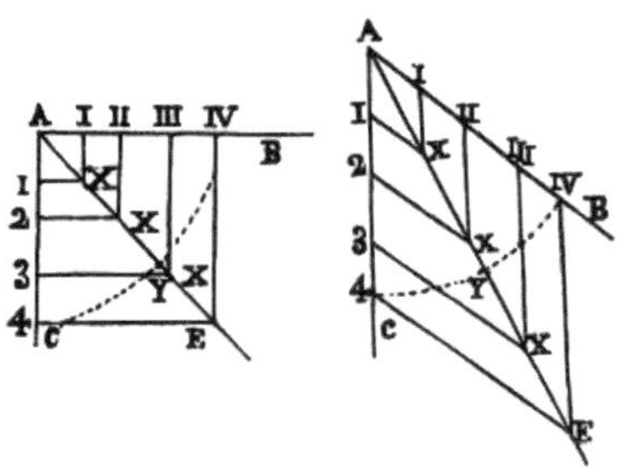

체의 속도는 그 물체를 뒤따르는 다른 물체와 관련했을 때 단지 1단계였을 뿐이니 말이다. 그 물체가 다른 물체가 정지해 있는 동안 충돌한다면 그 물체는 두 배의 속도로 충돌할 것이다. 다른 물체가 역逆으로 1단계 속도로 접근할 때 두 물체가 만난다면 세 배의 속도로 충돌할 것이다. 내 말은 이 두 물체, 혹은 이 두 물체 사이에 있다고 가정된 다른 세 번째 물체의 압력 혹은 충격이 세 배가 되리라는 것이다. 다음이 이로부터 귀결하는 결과이다.

(1) 두 물체가 직각을 이루는 선 AB, 선 AC를 따라 동시에 세 번째 물체를 밀어 움직이게 할 수 있는 경우, 이 세 번째 물체는 대각선 AE를 고스란히 거치게 될 텐데, 이 두 물체가 세 번째 물체에게 운동을 전달할 때 두 물체의 상호 속도는 동일하기 때문이다. 이 두 선은 수직으로 교차하고 있으므로 세 번째 물체를 B의 방향으로 밀어 움직이는 속도는 다른 물체를 C의 방향으로 밀어 움직이는 속도의 영향으로 증가되는 것도 아니고 감소되는 것도 아니다. 그래서 이 두 물체들 각각은 세 번째 물체를 동시에 자극하는 짧은 순간, 그 세 번째 물체에 각각 틀림없이 동일한 자극을 주게 된다. 그 두 선이 별개로 작용했다면 한 선이 B의 방향으로 가하는 압력이 다른 선이 C의 방향으로 가하는 압력

에 아무런 영향을 미치지 않는 까닭이다.

그러므로 이 두 물체는 그 둘의 힘을 세 번째 물체에 전달하고, 결과적으로 물체 각각은 그 둘의 동일한 속도를 고스란히 전달하게 되는데, 이때 속도는 두 물체 중 어느 것도 직접적으로 가까워지지 않았던 대각선이 아니라, 두 물체가 가까워졌던 변을 통해서, 그러니까 세 번째 물체가 충돌했던 지점들과 무게중심을 거치게 되는 선을 통해서 전달된다. 그래서 이 세 번째 물체가 서로 결합한 두 힘에 밀려 움직였을 때 그 물체는 동일한 힘이 별개로 밀어 움직였을 때 변들과 동시에 대각선 전체를 그릴 것이다.

대각선을 통한 속도는 이 두 속도를 동시에 충족한다. 각각의 속도는 충돌을 통해 방향이 확정된 변을 향하는 것이다. 예를 들어 나는 변을 향한다거나, 선 BE를 향한다고 말했지, 동일한 점 B를 향한다고는 말하지 않았다. 물체가 충돌했던 지점과 그 중심을 거치는 선은 필연적으로 운동 중에 그 선 자체와 평행하므로 선 BE의 모든 점에 교차하게 될 것이다.

마찬가지로 세 번째 물체의 힘은 그 물체가 변을 그리게 될 때 동시에 대각선을 그리게 하므로 그 물체들이 그리게끔 하는 두 힘의 합과 동일하다. 그래서 $\overline{AE}^2$는 $\overline{AB}^2 + \overline{AC}^2$인 것은, 동일한 물체들의 실제적인 힘이 지금 작용하고 있다면 그 두 힘의 관계는 그 두 물체의 속도가 아니라 속도의 제곱이 되기 때문이다. 지금 1단계 속도로 물체를 움직이는 힘과, 동시에 그 물체를 2단계 속도로 움직이는 힘의 관계는 1대 4의 관계가 된다. 이는 방금 증명의 귀결이다.

사실 현재 작용하는 물체들의 힘은, 동등한 두 물체 중 한 물체의 속도가 다른 물체의 속도의 두 배가 될 때 두 물체의 속도에 작용하는 질량의 곱과 같으므로 둘 중 가장 빠른 물체가 그의 운동을 고스란히 전달했거나, 다른 물체가 질량의 1/2 로만 작용했다면 그때 마주치게 되는 물체에 온 힘으로 부딪히게 된다. 그래서 2단계의 속도로 움직이는 물체는 속도만큼이나 질량이 두 배 클 때 실제로는 다른 물체가 작용하는 힘의 네 배로 작용한다. 속도가 두 배가 되므로, 질량을 구성하는 각각의 부분은 매 순간 다른 물체보다 두 배 더 강하게 작용하고, 더욱이 그 부분들의 두 배의 힘으로 작용하게 된다. 물체들의 운동의 전달은 연속적이고 부분적으로 이루어진다. 나는 이 점을 앞서 항목 XX과 항목 XXIX에서 설명했다. 물체들의 충돌 후 운동의 결과를 찾으려면 규정된 계산의 물리적 근거를 제시하고 있는 이들 항목을 참조하라.

'지금 추가한 부분의 첫 페이지 두 번째 그림을 잠시 살펴보자.'

(2) BAC가 예각인 경우, 세 번째 물체와 관련해서 두 물체 각각의 속도는 출발 시점에 앞서 압력이 가해진 순간 감소하거나 0이 된다. 이 세 번째 물체가 우리가 생각하는 그런 경향이나 속도로 선 AB를 따라 밀려 움직였을 때 그 물체를 선 AC를 따라 밀어 움직이게 하는 물체는 각자 동일한 속도나 동일한 압력으로 그 물체에 작용하지 않을 것이다. 이 세 번째 물체는 그 물체를 벌써 피해 버리거나 피하는 경향이 있으니 말이다. 이 두 물체가 동시에 세 번째 물체에 작용하고, BAC가 무한히 예각을 향한다면 그 경우는 이 두 물체가 동일한 질량을 이룰 때와 같은 경우이다.

(3) 마지막으로 BAC가 둔각일 경우 세 번째 물체는 대각선 AE의 점 E 너머로 지나갈 것이며, 둔각이 더 벌어질수록 그만큼 더 멀리 지나갈

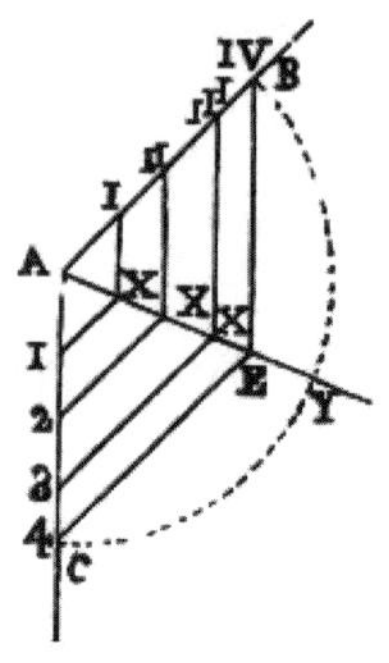

것이다. 각이 커질수록 대각선이 작아지는 것이 있지만, 이 세 번째 물체에 압력을 가하는 물체들 각각의 속도가 증가하는데, 그 이유는 세 번째 물체에 충돌하는 두 물체들은 BAC의 둔각이 더 클수록 그만큼 더 반대 방향으로 움직이게 되기 때문이다. 그러므로 두 개의 다른 물체가 충돌한 물체의 경도가 물렀軟다면 더 신속하게 압력이 가해져 더 멀리 튀어나갈 것이다. 이 물체를 구성하는 부분들이 쉽게 분리될 수 있다고 가정하는 경우이다. 그 물체의 탄성이 무디면 그 물체를 구성하는 부분들에는 둔각이 더 클수록 그만큼 더 큰 압력이 가해지겠고, 탄성은 더욱 강해지고, 압축에 비례하는 속도로 대각선을 따라 느슨해지게 된다. 그러려면 압력을 벗어나고 압력에서 놓여나는 데 적합한 형상을 가져야 한다. 그래서 두 물체가 세 번째 물체에 충돌하면서 우리가 원하는 속도로 그 세 번째 물체를 움직이게 되리라고 가정할 수 있다. 그런데 이 문제는 내 주제를 크게 벗어난 것이다.[2]

---

2 [옮긴이] "그렇지만 기하학을 이용할 때 반드시 주의해야 할 점은 (…)"부터 이곳까지 나중에 추가된 부분이다.

이 사례들을 통해 알 수 있는 것은 우리 관념 대부분을 선으로 표현할 수 있으며 이러한 방식으로 대부분의 우리 관념들을 상상력에 제시할 수 있고, 선들의 관계를 아는 데 필요한 모든 비교를 행하는 법을 가르치는 기하학은 보통 생각하는 것보다 훨씬 더 쓰임새가 폭넓다는 것이다. 결국 천문학, 음악, 역학 및 일반적으로 더 커질 수도 있고 더 작아질 수도 있는 사물들을 다루므로, 그 결과 연장으로 간주할 수 있는 모든 사물들을 다루게 되는 모든 학문들, 즉 엄밀한 학문들 모두가 기하학과 관련될 수 있다. 모든 사변적 진리들은 사물들의 관계이자, 사물들의 관계들 사이에 존재하는 관계일 뿐인 것이니 그 진리들 중 무엇 하나 선線에 관련되지 않은 것이 없다. 이 점으로부터 기하학적인 방법을 통해 여러 가지 결과들을 도출할 수 있으며, 이렇게 도출된 결과들은 그것을 재현하는 선들을 통해 뚜렷이 감각할 수 있으므로 잘못 생각할 가능성이 거의 없게 되고, 이 학문들의 역량을 대단히 쉽게 크게 앞당길 수 있다.

예를 들어 우리가 대단히 뚜렷이 확인할 수 있는 근거로, 음악을 들으면 옥타브, 5도 음정, 4도 음정을 정확히 식별할 수 있는데, 이는 음들을 정확히 분할된 현弦들로써 표시하고, 옥타브의 음을 내는 현은 그 음과 한 옥타브 위의 음을 내는 현의 두 배이고, 5도 음정을 내는 현은 1.5배, 즉 3대 2의 비율이고, 이런 식으로 계속되기 때문이다. 귀만 가지고는 학문이 필요로 하는 정확성과 정밀함을 동원하여 음들을 판단할 수 없다. 가장 능숙한 전문가, 가장 민감하고 가장 섬세한 귀의 소유자들일지라도 어떤 음들의 차이를 구별할 수 있을 정도로 민감하지는 못하다. 자기들의 감각을 통해서만 사물들을 판단할 뿐이므로 그들은 그 음들 사이에 차이가 없다고 잘못 확신하게 된다. 옥타브와 3온음을 전혀 구분하지 못하는 사람들도 있다. 심지어 어떤 이들은 장조와 단조가 전혀 다른 것이 아니라고 생각하기도 한다. 그래서 그들은 장조와 단조의 차差를 이루는 콤마comma를 들을 수 없으며, 당연히 이 콤마의 절반인 시스마schisma도 들을 수 없다.

그러므로 어떤 음들을 구분해 주는 현의 공간이 여러 부분들로 분할 가능하므로, 귀로는 구분이 불가능한 대단히 많은 수의 상이한 음들이 존재하고 이 음들이 음악에 쓰이거나 쓰이지 않을 수도 있음을 명백히 알게 해주는 근거가 존재한다. 이로부터 산술학과 기하학이 없다면 우리는 규칙에 따르는 정확한 음악을 가질 수 없었을 것이고, 음악의 학문에서 그저 우연이나 상상력에 의하지 않고는 성과를 얻을 수 없었으리라는 점이 분명하다. 그랬다면 음악은 이론의 여지 없는 논증을 바탕으로 하는 학문일 수 없었을 것이다. 물론 상상력의 힘으로 작곡한 곡조가 규칙을 지키면서 작곡한 곡조보다 더 아름답고 감각에 더욱 즐거움을 줄 수 없다는 말은 아니다.

역학에서도 마찬가지인데 어떤 분동分銅의 무게와, 이 분동의 무게 중심과 지주支柱 사이의 거리가 더 커질 수도 있고 더 작아질 수도 있으므로 무게든 거리든 모두 선으로 표현될 수 있다. 그래서 새로운 창안물들은 생명에 대단히 유용한 데다, 심지어 그 창안물들에 따라붙는 확실성으로 인해 정신이 대단히 쾌적해지기까지 하니, 이를 발견하고 증명하는 데 기하학이 유용하게 사용된다.

예를 들어 어떤 분동의 무게가 6리브르인데, 그저 3리브르 무게의 분동으로 균형을 잡고자 하고, 6리브르 무게의 분동이 지주와 2피에 떨어진 천칭의 팔에 결합되어 있다고 해보자. "분동이 평형 상태를 유지하려면 분동들과 지주 사이의 거리와 역逆비례 관계에 놓여야 한다." 즉 어떤 분동과 다른 분동의 관계는, 후자와 지주 사이의 거리와, 전자와 그 지주 사이의 거리의 관계와 같다는 역학의 일반원리만 안다면 평형상태를 이루기 위해서는 3리브르 무게의 분동이 놓인 거리가 얼마인지 기하학을 통해 쉽게 찾을 수 있다. 그러면서 유클리드 책 6권 12번째 명제에 부합하여 이런 비례 관계에 따라 네 번째 선의 길이가 4피에가 되리라는 점을 알게 된다. 그래서 역학의 근본 원리만 안다면 기하학을 역학에 적용하면서, 그러니까 역학이 고려하는 모든 것들을 선들을 통해 감각적으로 표현하면서 그 원리를 따르는 모든 진리를 명확하게 발견할 수 있다.

그러므로 기하학의 선과 도형은 크기들 사이의 관계들, 다시 말하면 공간, 시간, 무게 등 크고 작고의 차이를 갖는 사물들 사이의 관계를 상상력에 제시해 보이는 데 대단히 적합하다. 그 이유는 선과 도형은 대단히 쉽게 상상하게 되는 만큼, 이들이 대단히 단순한 대상들이라는 데에 있다. 기하학의 이점利點이 선은 정신이 알 수 있는 것보다 더 많은 것을 상상력에 제시할 수 있다는 것이라고까지 말할 수 있다. 선은 약분되지 않는 크기들의 관계, 다시 말하면 비교할 수 있는 척도가 전혀 없기 때문에 그 관계들을 알 수 없는 크기들의 관계를 표현할 수 있기 때문이다. 그런데 기하학의 이런 점이 진리 탐구의 막대한 이점이 되는 것은 아니다. 약분되지 않는 크기들이라는 감각으로 지각할 수 있는 표현들을 갖고는 그 실제 크기를 뚜렷이 알 수 없기 때문이다.

그러므로 기하학은 사물들의 관계를 발견하고자 할 때 그 사물들에 정신을 집중시키는 데 대단히 유용하다. 그렇지만 기하학이 간혹 오류를 범하게 되는 계기가 되기도 한다는 점을 인정해야 한다. 기하학이 우리에게 제공하는 명확한 데다 쾌적하기까지 한 논증에 너무 전념하다 보면 그 본성을 충분히 고려하지 못하게 되니 말이다. 특히 바로 이런 이유로 고안된 기계들이라고 전부 성공한 것은 아니고, 협화음들의 조화가 그보다 더 잘 지켜질 수 없이 작곡된 악곡이 언제나 가장 즐거움을 주는 것이 아니고, 천문학에서 계산한 가장 정확한 예측으로도 간혹 식蝕의 규모와 시기의 예보가 빗나가는 경우가 있는 것이다. 자연은 추상적이지 않으며, 역학에서 쓰이는 지레와 도르래는 수학적인 선과 원이 아니다. 악곡에 대한 우리의 취향도 모든 사람들이며, 심지어는 같은 사람이라도 다양한 시대를 살아가는 사람들에게 항상 동일하지는 않다. 취향은 정신이 겪는 다양한 동요에 따라 변하며, 그래서 정말 기이한 취향이란 없는 것이다. 결국 천문학을 연구하는 사람은 행성들이 운행하면서 완벽한 규칙성을 지킨다고 생각하지 않는다. 저 광대무변의 공간에 잠겨 행성들은 주변의 유체에 따라 불규칙하게 실려간다. 그래서 천문학, 역학, 음악 및 기하학이 적용되는 모든 학문에서 우리가 범하는 오류들의 원인은 이론의 여지가 없는 학문인 기하학에 있는 것이 아니라, 우리가 기하학을 잘못 적용했다는 데 있다.

예를 들어 행성들이 움직이면서 완벽하게 규칙적인 원과 타원을 그린다는 가정을 하지만, 이는 사실이 아니다. 추론을 위해 이를 가정한 것은 잘한 일이다. 이는 거의 사실이다. 그러나 추론의 근거가 되는 원리가 하나의 가정이라는 점을 항상 기억해야 한다. 마찬가지로 역학에서도 도르래와 지레는 전적으로 단단하고, 수학의 선과 원과 같으며,

무게도 없고 마찰도 없다고 가정한다. 더 정확히 말하자면 도르래와 지레의 무게, 마찰, 재료는 물론 이들 사물이 맺는 관계도 충분히 고려하지 않는 것이다. 우리는 경도硬度나 크기가 무게를 증가시키고, 무게는 마찰을 증가시키고, 마찰은 힘을 감소시키고, 무게는 짧은 시간 안에 기계를 부수고 마멸시키고, 그래서 항상 작은 것에서 성공을 거두는 것이라고 해도 큰 것에서는 거의 한 번의 성공도 거두지 못한다고 가정하는 것이다.

그러므로 우리가 엄밀히 알려지지 않은 원리들에 따라 추론하고자 하므로 잘못 생각하게 된다고 해도 놀라서는 안 된다. 또한 우리가 기하학으로써 모든 오류들을 벗어나게 되는 것은 아니므로 기하학이 불필요하다고 생각해서도 안 된다. 일단 가정이 세워지면 우리는 기하학 덕분에 일관성 있는 추론이 가능하게 된다. 기하학은 우리가 고려하게 될 것에 주의를 집중시키면서 그 점을 분명히 알게 해준다. 우리가 세운 가정이 그릇된 것인지 기하학을 통해 알 수 있는 것이다. 우리의 추론이 사실임이 항상 확실하고, 경험과 우리의 추론이 일치하지 않기에 우리는 가정된 원리들이 거짓임을 알게 될 것이다. 그러나 기하학과 산술학이 없다면, 비록 우리에게 확실하고 이론의 여지가 없는 원리들이 있다고 해도 엄밀한 학문들에서라면 조금만 어려워도 아무것도 발견할 수 없다.

그러므로 기하학을 일종의 보편 학문으로 간주해야 한다. 정신을 트이게 하고, 정신을 집중시키고, 상상력을 조절하는 솜씨를 갖추게 하고, 정신이 기하학으로부터 얻을 수 있는 모든 도움을 끌어내는 것이다. 기하학의 도움으로 정신은 상상력의 움직임을 조절하고, 이렇게 조절된 상상력은 정신의 시각을 강화하고 주의를 유지한다.

그러나 기하학을 올바로 사용할 줄 알기 위해서 상상력에 걸려드는 모든 사물들을 똑같이 수월하게 생각할 수 없다는 점에 주목해야 한다. 그 이유는 모든 이미지들이 정신의 능력을 똑같이 채우는 것은 아니기 때문이다. 평면보다 입체를, 단순한 선보다 평면을 상상하기가 더 어려운 것이, 평면과 선분에 대한 명확한 시각보다 입체에 대한 명확한 시각에 사유가 더 많이 필요한 이유이다. 다양한 선들도 사정은 같다. 원의 둘레를 머릿속으로 떠올려보는 것보다 포물선이나 타원, 혹은 어떤 다른 복합적인 선들을 떠올리기 위해서 더 많은 사유, 다시 말하면 정신의 더 큰 능력이 필요하다. 대단히 단순하거나 더 적은 관계들을 갖는 운동이 그리는 선보다 대단히 복잡하고 여러 관계를 갖는 운동이 그리는 선들을 생각하는 것이 더 어려우니 말이다.

정신이 여러 사물들에 집중하지 못하는 경우 관계들이 정신에 명확하게 지각될 수 없으므로, 관계들의 수가 더 많을수록 이들을 지각하려면 더 많은 사유가 필요하다. 그러므로 도형이 너무 복잡하다면 정신의 폭이 이들 관계를 뚜렷이 상상할 수 있을 정도로 충분히 넓지 않은 것이다. 그렇지만 정신이 대단히 수월하게 상상하는 다른 관계들 또한 존재한다.

직선 각에는 예각, 직각, 둔각의 세 가지 종류가 있다. 뚜렷하고 확고한 관념이 정신에 확실히 드러내 주는 것은 직각뿐이다. 서로 다른 무한히 많은 수의 예각이 있고, 둔각의 경우도 마찬가지이다. 그래서 예각이나 둔각을 상상할 때 어떤 정확한 것이며, 어떤 분명한 것도 상상하지 못한다. 그러나 직각을 상상할 때는 잘못 생각할 수 없다. 직각의 관념은 대단히 분명하고 두뇌에 그려지는 이미지도 보통 대단히 정확하다.

예각의 관념을 30도의 각이라는 특수 관념에 한정할 수 있고, 이때 30도의 각이라는 관념은 90도의 각, 즉 직각의 관념만큼 정확하다는 것은 사실이다. 그러나 머릿속에 그려 보고자 노력하는 이미지는 직각의 이미지만큼 상당히 정확한 것은 아닐 것이다. 그런 이미지를 머릿속에 그려 보는 습관이 되어 있지 않고, 그 이미지를 그릴 수 있으려면 원이나, 등분된 원의 일정한 한 부분을 생각해야 한다. 그런데 직각을 상상해 보려면 이런 원의 분할을 생각할 필요가 전혀 없다. 상상력에 직각의 이미지를 그려 보는 데는 수직선의 관념만 있으면 충분하다. 바로 서 있는 사물들을 보는 데 익숙하므로 수직선을 머릿속에 그려 보는 일은 전혀 어렵지 않다.

그러므로 수월하게 상상할 수 있고, 그 결과 정신의 주의를 집중시키고 구하고 있는 진리들을 명백한 상태로 유지하도록 우리가 고려하는 모든 크기들을 정사각형들이나 다른 직사각형들처럼 선과 직각으로 끝나는 단순한 면面이나, 단순한 직선들과 관련시켜야 한다고 판단하기란 쉬운 일이다. 그런 도형들은 우리가 더 수월히 그 본성을 알고 있는 것이니 말이다.

정신을 계속 집중하기 위해 기하학에서 도움을 얻을 때 이 도움이 감각에서 나오는 것이라고 생각할 수도 있을 것이다. 그러나 나는 선이 어떤 감각적인 것이기는 하지만 기하학은 감각보다 상상력에 더 고유한 것이라고 믿었다. 과거에 내가 생각했던 근거들이란 방금 내가 말한 내용에서 내가 준수했던 질서를 정당화하는 데에만 쓰일 뿐이므로 그런 근거들을 상술하는 일은 대단히 불필요할 것이다. 이는 본질적이지 않은 것이다. 내가 산술학과 대수학에 대해서 아무것도 말하지 않았던 것은 이들 학문에서 사용되는 숫자들과 알파벳 문자들이 정신의 폭을 넓히는 만큼 정신을 더욱 집중시키는 데 소용되지 않기 때문이다. 이 내용은 다음 장에서 설명하겠다.

이상이 정신을 더욱 집중시킬 수 있는 일반적인 도움에 대한 내용이다. 정신 집중이 의지의 몫이 아니라면 다른 도움들에 대해서는 전혀 모른다. 의지에 대해서 말하지 않는 이유는 모든 연구자들은 자기가 연구하는 것에 주의를 기울이고자 한다고 가정하기 때문이다.

그렇기는 하지만 어떤 사람들에게 특별한 여러 도움들이 또 있다. 어떤 음료를 마시거나, 어떤 고기를 먹거나, 어떤 장소에 간다거나, 신체를 어떤 방식으로 유지한다거나, 자기만의 경험을 통해 각자 배운 어떤 다른 도움들 같은 것이 있는 것이다. 식사 후에 상상력이 어떤 상태에 있는지 관찰하고, 어떤 일들이 정신 집중 상태를 유지하거나 흩뜨리는지 고려해야 한다. 가장 보편적으로 말할 수 있는 것은 동물정기를 대단히 많이 산출하게 되는 음식을 절제하는 것인데, 이는 정신 집중을 강화하고, 나약하고 무기력한 상상력의 소유자들에게 상상력의 힘을 강화하는 데 대단히 적합하다.

5장

정신의 능력과 폭을 증가시키는 방법에 대하여: 대수학과 산술학이 절대적으로 필요하다

우선 자기 정신의 능력과 폭을 실제로 증가시킬 수 있으리라고 생각해서는 안 된다. 인간 영혼은 말하자면 양적으로 한정되어 있고, 사유의 일부라 하겠는데 영혼은 그것의 경계를 넘어설 수 없다. 영혼은 지금보다 더 커질 수도, 더 넓어질 수도 없다. 마찬가지로 영혼은 불어나거나 확장될 수도 없으니 우리가 알고 있는 용액과 금속의 성질과는 같지 않은 것이다. 결국 내가 보기에 어떤 시간보다 다른 시간에 더 잘 지각하는 것도 아닌 것 같다. 이와는 반대되는 주장을 입증하는 설득력 있는 증거가 내게는 없다.

이 내용이 경험과 모순된다는 점은 사실이다. 종종 많은 대상들을 생각하고, 종종 단 하나의 대상만을 생각하기도 하고, 심지어 종종 아무 생각도 하지 않고 있다는 말도 한다. 그러나 사유와 영혼의 관계가 연장과 신체의 관계와 같다는 점을 고려한다면 어떤 물체의 폭이 어떤 시간보다 다른 시간에 실제로 더 넓어질 수 없는 것과 마찬가지로, 이치를 잘 따져본다면, 영혼은 여러 대상을 보든, 단 하나의 대상을 보든,

말하는 동안 아무 생각도 하지 않든, 어떤 시간보다 다른 시간에 더 많이 생각할 수 없다.

그런데 어떤 시간보다 다른 시간에 더 많이 생각한다는 점을 믿게 해 줄 두 가지 중요한 근거가 있다. 하나는 간혹 정신이 대단히 자유로워서 1분 안에 60개의 생각이 신속하게 꼬리를 물고 이어질 때가 있고, 또 간혹 1분이 지나도 여전히 하던 생각만 할 때도 있다는 점이다. 그러나 이를 근거로 다른 시간보다 어떤 시간 동안 더 많은 생각을 해서 우리가 순식간에 불명확한 생각을 제거해 버린다는 결론을 내릴 수는 없다. 60개의 다른 생각들을 하지만 그 하나하나는 그저 1초 동안 갖는 생각이다. 내가 들판 한가운데에서 눈을 뜨고서는 눈을 움직이지 않아도, 사방으로 눈을 움직일 때만큼 내가 갖는 감각작용은 그대로이다. 내 말은 내 시각 능력은 연속적인 지각이 다양하다고 더 확장되지 않는다는 것이다. 대상은 더 많이 보겠지만 그렇다고 시각이 더 좋아지거나 시야가 더 넓어지는 것은 아니다.

어떤 시간보다 다른 시간에 더 많은 생각을 한다고 믿어 버리곤 하는 두 번째 근거는 모호한 지각과 뚜렷한 지각을 충분히 구분하지 않는다는 데 있다. 여러 사물들 중 단 하나만을 지각하는 것보다 여러 사물들 모두를 뚜렷하게 지각하는 데 훨씬 더 많은 사유가 필요하거나 사유의 능력을 가득 충족시켜야 한다는 점이 분명하다. 그렇지만 여러 사물들 중 단 하나를 뚜렷하게 지각하기 위해서보다 여러 사물들을 모호하게 지각하기 위해서 더 많은 생각을 할 필요는 없는 것이다. 그래서 영혼은 단 하나의 대상만을 생각할 때보다 복수의 대상들을 생각할 때 더 많은 생각을 하는 것이 아니다. 영혼이 단 하나의 대상만을 생각할 때, 복수의 대상에 전념하는 것보다 언제나 훨씬 더 명확하게 지각하니 말이다.

정말 단순한 지각에 간혹 하나의 판단 및 심지어 어떤 복합 추론만큼의 사유가 포함된다는 점을, 그러니까 그 지각이 그만큼의 사유 능력을 갖는다는 점을 주목해야 한다. 단순하지만 강렬하고, 명확하고, 명백한 지각이 어떤 복합 추론이나 여러 사물들이 맺는 여러 관계들의 모호하고 막연한 지각만큼 우리의 주의력을 끌고 전념할 수 있게끔 하니 말이다.

내가 어떤 대상에 눈을 바짝 붙여 세심히 관찰하는 감각적 시선은 내가 무심하고 소홀히 들판 전체를 바라보는 시선만큼, 혹은 그 이상의 감정을 내가 갖게 되는 것과 마찬가지로, 내가 눈을 바짝 붙여 바라보는 대상에 느끼는 명료한 감정은 들판에서 소홀히 바라보는 여러 사물들을 느끼는 모호한 감정의 범위를 보상해준다. 그래서 정신이 한 대상을 바라보는 시선이 간혹 대단히 강렬하고 뚜렷하여 여러 사물들이 맺는 관계의 시선만큼, 혹은 그 이상의 사유를 포함하기도 하는 것이다.

어떤 시간 동안 우리는 오직 한 가지 사물만을 생각하지만, 그 사물을 제대로 이해하는 데 어려움을 겪는 것 같으며, 다른 시간 동안에는 그 사물 및 여러 다른 사물들을 대단히 수월하게 이해하는 것 같다는 점은 사실이다. 그로부터 우리는 영혼이 어떤 시간보다 다른 시간 동안 더 폭이 넓거나 사유의 능력이 더 커진다고 생각하게 된다. 그렇지만 내가 보기에 우리는 잘못 생각하는 것 같다. 어떤 시간 동안 우리가 그보다 더 쉬울 수 없는 문제들을 이해하는 데 어려움을 겪는 이유는 영혼의 사유 혹은 사유의 능력이 감소되었기 때문이 아니라, 고통이나 즐거움의 어떤 강렬한 감각작용이나, 정신의 혼란 같은 것을 일으키는 약하고 모호한 수많은 감각작용들로 사유의 능력이 가득 채워졌기 때문이다. 보통 이런 혼란은 대단히 많은 사물들에 대한 모호한 감정에 불과하다.

한 조각의 밀랍은 뚜렷이 구분되는 한 가지 형태를 가질 수 있다. 이 형태와 저 형태를 구분할 수 없는 두 개의 형태를 가질 수 없는 것이다. 밀랍 조각은 완벽히 둥글면서 동시에 사각형의 형태를 취할 수 없다. 밀랍이 수백만 가지 형태를 띠게 되면 뚜렷이 구분되는 형태는 전혀 가질 수 없을 것이다. 그런데 그 밀랍 조각이 자기만의 형태가 무엇인지 알 수 있었더라도 그 형태의 수가 지나치게 많다면 결국 그것이 어떤 형태가 될지 알 수 없을 것이다. 무수히 많은 변형들이 영혼의 능력을 가득 채울 때 우리의 영혼도 사정은 같다. 그때 영혼은 그 많은 변형들을 별개로 느끼지 않으므로 결국 이런 변형들을 뚜렷하게 지각할 수 없는 것이다. 그래서 영혼은 아무것도 느끼지 않는다고 생각하게 된다. 고통이며, 즐거움이며, 빛, 소리, 맛을 느낀다고 말할 수 없는 것이다. 이 모든 것은 아무것도 아니지만 영혼이 느끼는 것은 그것뿐이다.

그런데 영혼은 동물정기의 혼란스럽고 과도한 움직임을 따르지 않을 것이며, 영혼과 신체는 대단히 분리되어 있으므로 영혼의 사유는 신체에서 일어나는 일과 전혀 무관하리라고 가정한다고 해도, 어떤 사물들의 경우 우리 영혼의 능력이 감소하지도 증가하지도 않는다고 해도, 어떤 시간보다 다른 시간에 더 수월히 이해될 수 있을 것이다. 그때 우리는 다른 사물들을 개별적으로 사유하거나 일반적이고 불확정적인 존재를 생각하게 될 테니 말이다. 아래에 설명하겠다.

무한이라는 일반 관념은 정신과 분리불가능하고, 정신이 어떤 개별적 사물을 사유하지 않을 때 그 능력을 완전히 점하게 된다. 우리가 아무것도 생각하고 있지 않다고 말할 때 그 말은 우리가 그 일반 관념을 생각하지 않는다는 것이 아니라 그저 어떤 개별적 사물을 생각하고 있지 않다는 것을 의미하는 것이니 말이다.

확실히 이 무한의 관념이 우리 정신을 가득 채우지 않았다면 우리가 생각할 수 있는 모든 종류의 사물을 생각할 수는 없을 것이다. 우리가 전혀 모르는 사물을 생각할 수는 없는 일이기 때문이다. 또 우리가 어떤 개별 사물을 생각할 때보다 아무것도 생각하지 않는 것 같을 때 그 관념이 정신에 더욱 현전하는 것이 아니었다면, 아무것에도 신경을 쓰지 않았을 때만큼이나 어떤 개별 진리에 대단히 신경을 쓸 때 우리가 의지하는 바를 그만큼 쉽게 생각할 수도 있겠다. 그런데 이는 경험에 반反하는 일이다.

예를 들어 기하학의 어떤 명제에 상력히 주의를 십중할 때 우리가 어떤 개별적 사유에 몰두하지 않을 때만큼이나 모든 사물들을 대단히 수월하게 사유할 수 없다. 그래서 개별적이고 유한한 존재들을 덜 생각할 때 일반적이고 무한한 존재를 더욱 생각하게 된다. 우리는 항상 어떤 시간 동안만큼 다른 시간 동안에도 사유하고 있는 것이다. 그러나 어쨌든 내게 확실해 보이는 것은 정신을 부풀리면서, 말하자면 정신이 자연적으로 가진 것 이상의 실재를 부여하면서 정신의 폭과 능력을 증가시킬 수 없고, 그저 솜씨 좋게 이를 다루는 것일 뿐이라는 점이다. 그런데 이것이 산술학과 대수학 덕분에 완벽하게 이루어지게 된다. 이 두 학문은 관념들을 그런 식으로 줄이면서 그 관념들이 담고 있는 어떤 질서를 고려하는 수단을 가르쳐 주므로, 비록 정신의 폭이 아주 좁더라도 이 두 학문의 도움을 받는다면 첫눈에 보기에는 이해할 수 없어 보였던 대단히 복잡한 진리들을 발견할 수 있는 것이다.

진리란 동등 관계가 됐든 부등 관계가 됐든 실재적인 관계에 다름 아니다. 허위는 고작해야 진리의 '부정'이거나 거짓되고 상상적인 관계이다. 진리는 존재하는 무엇이지만, 허위는 존재하지 않는다. 이렇게 말할 수 있다면 허위는 존재하지 않는 무엇인 것이다. 존재하는 관계들을 볼 때 잘못 생각하는 법이 없고, 어떤 관계들을 보지만 그 관계들이 존재하지 않는 것이라고 판단할 때 항상 잘못 생각하게 되는 법이다. 그때가 허위를 보는 때이고 존재하지 않는 것을 보는 때이며, 더 정확히 말하자면 무無는 눈으로 볼 수 없고, 거짓은 존재하지 않는 관계이므로 우리는 아무것도 보지 못하는 것이다.

예를 들어 누구든지 2 곱하기 2와 4가 등식을 이루고 있음을 보는 사람은 진리를 보고 있는 것이다. 그는 자기가 보는 그대로의 등식을 보고 있으니 말이다. 마찬가지로 누구든지 2 곱하기 2와 5가 부등식을 이루고 있음을 보는 사람은 진리를 보고 있는 것이다. 그는 부등식이 존재한다는 것을 보고 있으니 말이다. 그렇지만 2 곱하기 2와 5가 등식을 이루고 있음을 보는 사람은 잘못 생각하는 것이다. 그는 존재하지 않는 등식을 보거나 더 정확히 말하자면 본다고 생각하고 있으니 말이다. 그러므로 진리는 관계들일 뿐이고, 진리들을 안다는 것은 관계들을 안다는 것이다.

관계 혹은 진리에는 세 가지 종류가 있는데, 관념들 사이, 사물들과 사물들의 관념 사이, 사물들 사이의 관계 혹은 진리가 그것이다. 2 곱하기 2는 4라는 것은 사실이다. 이것이 관념들 사이의 진리이다. 태양이 존재한다는 것은 사실이다. 이것이 사물과 사물의 관념 사이의 진리이다. 지구가 달보다 더 크다는 것은 사실이다. 이것이 사물들 사이의 진리이다.

이 세 종류의 진리들 중, 관념들 사이의 진리가 영원불변하며, 이 불변성으로 인해 관념들 사이의 진리는 모든 다른 진리들의 기준이자 척도가 된다. 기준이며 척도가 가변적이어서는 안 되기 때문이다. 바로 이런 이유로 이런 종류의 진리들은 산술학, 대수학, 기하학에서만 고려되는데, 그것은 이들 일반 학문들이 모든 개별 학문들을 규정하고 포함해야 하는 까닭이다. 창조된 사물들 사이나, 관념들과 창조된 사물 사이의 모든 관계, 혹은 모든 진리는 피조물이면 모두 겪을 수 있는 변화에 취약하다. 관념들 사이의 진리만이 불변하는 유일한 진리이다. 신은 변화를 겪을 수 없으며, 그러므로 신은 자신이 포함한 관념이 아니다.

오직 정신의 훈련을 통해 발견하고자 노력하게 되는 진리는 관념들 사이의 진리뿐이다. 다른 진리들을 발견하기 위해서는 거의 항상 감각이 사용되기 때문이다. 사물들이 존재함을 확신하고 사물들의 관계가 등식을 이루는지 부등식을 이루는지 알기 위해서 눈과 손을 사용하는 것이다. 정신이 감각을 사용하지 않고 그 자체로 오류를 범하는 일 없이 관계를 알 수 있는 것은 오직 관념들뿐이다. 그런데 관념들에 관계가 있을 뿐 아니라, 관념들의 관계들이 이루는 관계들에, 여러 관계들의 결합에, 관계들의 결합이 이루는 관계들에, 이런 식으로 계속되는 관계들도 있다. 즉 무한히 복합적 진리들이 존재한다. 기하학 용어로, 어떤 크기나 어떤 관념이 다른 크기나 다른 관념을 포함하거나 그것에 포함되는 방식이 4와 2의 관계 또는 2 곱하기 2의 관계일 때 그것을 '기하학적 비례raison géométrique' 혹은 짧게 '비례'라고 부른다. 어떤 관념이 다른 관념에 대한 과잉이나 결여, 혹은 보통 쓰는 말을 사용해서 크기의 과잉이나 결여라는 것은 말 그대로 비례가 아니고, 크기들의 동등한 과잉이나 결여도 아니라, 동등 비례이다.

그런데 모든 복합 관계나 비례만큼이나 모든 단순 관계나 비례는 실제 크기로 구성되어 있고, 크기라는 용어 자체는 어떤 관계를 나타내는 데 반드시 사용되지 않을 수 없는 상대적 용어라는 점에 주목해야 한다. 무한이나 단위l'unité를 제외한다면 다른 사물과 관계를 갖지 않고 그 자체로 큰 것은 아무것도 없다. 모든 정수들 전체는 등분수들nombres rompus이나, 어떤 다른 수와 비교된 수, 혹은 어떤 다른 수로 나뉜 수들만큼이나 실제적 관계들이다. 물론 정수들은 하나의 숫자로 표현될 수 있으므로 성찰을 필요로 하지 않는다. 예를 들면 4나 8/2는 실제로 1/4나 2/8와 같은 관계이다. 이때 4와 관계를 맺는 단위는 표현되는 것이 아니라 함축되어 있다. 4는 4/1이나 8/2와 같은 관계인 것이, 4는 4/1이나 8/2과 동등하기 때문이다. 그러므로 모든 크기는 관계이며, 모든 관계는 크기이다. 모든 관계는 숫자로 표현될 수 있고, 그 관계들은 선을 통해 상상력에 제시될 수 있음이 분명하다.

그래서 모든 진리들은 단지 관계들이므로 복잡한 진리나 단순한 진리를 모두 정확히 알기 위해서는 복잡한 관계들이나 단순한 관계들을 정확히 알기만 하면 된다. 방금 말했듯이 동일한 관계에는 등식과 부등식의 두 가지가 있다. 모든 등식이 동일한 것이며, 어떤 사물이 알려진 다른 사물과 동등하다는 점을 알기만 하면 우리는 그 관계를 정확히 아는 것임이 분명하다. 그런데 부등식의 경우는 사정이 다르다. 어떤 탑의 높이가 1투아즈(약 2m — 옮긴이)보다 크고, 1,000투아즈보다 작다는 것을 안다 해도, 탑의 크기며, 탑과 1투아즈의 관계를 정확히 아는 것은 아니다.

사물들을 서로 비교하려면, 더 정확히 말해서 부등식을 이루는 관계를 정확히 측정하려면 엄밀한 척도가 필요하다. 단순하면서도 완벽히 이해할 수 있는 관념, 보편적이고, 어떤 종류의 주제에도 적용될 수 있는 척도가 필요한 것이다. 이 척도는 단위이다. 그러므로 어떤 것이든 일정한 어떤 부분은 어떤 종류의 크기에서나 단위나 공통된 척도로 간주되는 것이다. 예를 들어 1투아즈의 길이, 1시간의 기간, 1리브르의 무게 등과 같이 말이다. 또한 이들 단위는 무한히 나뉠 수 있다. 산술학에서 모든 종류의 크기를 어떻게 표현하고, 그 크기들을 어떻게 비교하고, 그 관계들을 어떻게 발견하는지 아래에 적었다.

산술학算術學에서는 모든 크기를 그것과 단위와의 관계에 따라, 다시 말해서 그것이 단위, 혹은 단위를 구성하는 동등한 몫들의 한정된 수를 포함함에 따라 아홉 개의 숫자로 대단히 단순하게 표현한다. 정확히 단위를 포함하는 크기들은 정수로 표현된다. 단위를 구성하는 부분들의 한정된 수만을 포함하는 크기들은 등분수로 표현하는데 이를 분수fractions라고도 부른다. 산술학에서는 '약분되지 않는'incommensurable 크기라는 특별한 표현을 쓰는데. 그 크기가 단위와 공통된 척도를 갖지 않기 때문이다. 즉 단위를 분할했을 때 동등한 몫의 수가 몇 개인지 생각할 수 있다면 약분되지 않은 크기에는 이들 몫 중 어떤 것도 정확히 여러 번 포함되지 않는다. 그런데 이들 부분의 하나보다 더 작은 잔여 부분이 남는다. 그래서 산술학을 통해 크기들 간에 존재할 수 있는 단순하고 복합적인 모든 관계들을 표현하는 방법을 얻을 수 있다. 그다음에 산술학은 정신의 협소한 능력을 놀라울 정도로 신중히 운영하면서 노련하고 뚜렷하게 어떤 관계로부터 다른 관계를 이끌어 내고, 알려진 관계를 이용하는 방법으로 유용할 수 있는 크기들의 관계를 발견하는 법을 가르친다.

인간 정신은 대단히 협소하고, 기억은 대단히 불충실하고, 상상력의 폭은 대단히 좁아서 숫자와 문자표기법 및, 산술학에서 발휘되는 능숙한 솜씨가 없이는 크기와 크기들의 관계가 부등가관계에 있는지를 정확히 알고, 복합 진리의 지식에서 진척을 볼 수 있는 적합한 연산을 수행할 수 없음이 명백하다.

그러나 대수학과 분석은 더욱 산술학과는 아주 다른 것이다. 대수학과 분석은 정신의 능력을 훨씬 조금만 분할하여, 이해할 수 있는 가장 단순하고 가장 쉬운 방식으로 관념들의 수를 줄인다. 산술학을 쓰면 많은 시간이 투여되는 일이 대수학과 분석으로는 한순간에 끝난다. 그러면서도 숫자들이 바뀌고 연산이 길어지더라도 정신이 뒤죽박죽되는 일은 없다. 산술학의 개별적 연산으로 발견하는 진리는 하나뿐이지만, 대수학의 연산으로 발견하는 진리는 무한하다.

어떤 종류의 크기라도, 그 크기들의 관계가 어떻더라도 대수학은 가장 단순하고 가장 익숙한 기호들인 알파벳 문자를 통해 그 모든 크기를 표현할 수 있다. 대수학은 크기를 문자기호로 표시하여, 이미 알고 있는 크기들이 관계로부터 우리가 알고자 할 수 있는 가장 어렵고 복합적인 관계를 이끌어 내는 계산을 수행하는 법을 가르친다. 이 계산은 우리가 생각할 수 있는 것 중 가장 단순하고, 가장 수월하고, 가장 보편적인 것이다. 대수학 계산에는 크기의 표현이 그대로 동일하다. 복합적 크기들을 완벽히 알 수 있을 때까지 이를 절대로 놓쳐서는 안 되는 것이다.

또한 대수학은 무한한 수의 문제들, 심지어 종종 완전한 학문들의 해법을 대단히 적은 수의 문자로 된 단순하고 일반적 표현들로 축소한다. 여기서 두 가지 예를 들 것인데, 하나는 '운동의 법칙'의 마지막 부분에, 다른 하나는 이 책의 마지막에 있다.

분석은 대수학과 산술학 계산을 사용해서 크기와 크기들의 관계에 대해 알고자 하는 모든 것을 발견하는 기술이다. 크기들과 관련한 모든 문제들을 해결하기 위해 분석은 처음에는 특수문자를 통해 재현하는 법을 가르치는데, 보통은 알려지지 않았으므로 찾아야 하는 크기들은 알파벳의 마지막 문자들로, 알려진 크기들은 다른 문자들로 표현한다. 대부분은 알파벳의 첫 번째 문자들을 통해서 표현하지만 이 표현들은 임의적인 것이다. 다음으로 분석은 알려진 크기와 알려지지 않은 크기 사이의 알려진 관계들을 사용하는 법을 가르쳐, 문제를 그것의 모든 조건들을 표현하는 방정식으로 환원한다. 마지막으로 크기가 동등할 때 그 크기들이 동등하면 이 크기들의 등가관계는 그 크기가 똑같이 증가하거나 감소해도 항상 보존된다는 공리를 규칙으로 따르면서 분석은 알려지지 않은 크기를 드러내기 위해 각 방정식의 두 개의 동등한 변邊에 근거해 계산을 수행할 것을 명령한다. 그렇게 되면 알려지지 않은 크기들을 우리가 완전히 알고 있는 크기들과 동등하게 만들 수 있고, 이렇게 해서 문제가 해결된다. 문제를 해결하는 여러 해법이 가능할 때 이 해법들이 모두 제시된다.

복합 기하학의 진리들을 발견하려면 분석은 이 학문이 고려하는 곡선을 먼저 그것의 주요 속성을 표현하는 방정식으로 환원하고, 다음으로는 이들 방정식으로부터 계산의 방법을 통해 이 도형의 모든 속성들을 끌어내는 법을 가르친다. 이는 곡선을 다양한 부류로 구분하는 방식이다. 그리고 마지막으로 그 곡선들의 용례를 가르치는 것이다.

미분과 적분이 발명됨으로써 분석은 말하자면 무한한 폭을 얻게 되었다. 분석은 이 새로운 계산법을 통해 무한히 많은 역학적 도형들과 무한히 많은 자연학의 문제를 맡게 되었다. 이 계산법 덕분에 분석은 우리가 곡선의 둘레, 도형의 면적, 곡선으로 형성된 물체들의 지속성 solidité이 서로 결합되어 있음을 알 수 있는 무한히 작은 원소들을 표현하고, 이들 원소들을 나타내는 표현을 계산함으로써 기하학에서 제기될 수 있는 가장 복합적이고 유용한 문제들을 해결할 수 있게 되었다.

2부

1장

진리를 탐구할 때 반드시 지켜야 하는 규칙들

정신을 더욱 주의 깊고 더욱 폭넓게 만드는 데 반드시 사용해야 하는 수단들은 정신을 더욱 완전하게, 즉 더욱 환히 빛나게 하고 더 큰 통찰력을 갖게 만들어 주는 유일한 것이다. 이제는 모든 문제를 해결할 때 반드시 지켜야 하는 규칙들을 다룰 차례이다. 나는 이 규칙들을 그냥 지나치지 않고 오랫동안 상세하게 설명할 것이고, 여러 사례들을 제공하여 그것이 얼마나 필요한 것인지 더 잘 깨닫게 하고 정신이 이 수단들을 익숙하게 사용할 수 있도록 설명하겠다. 사용하는 데 익숙하게끔 하려고 여러 가지 사례들을 통해 올바로 설명하고자 노력하겠다. 이는 가장 필요하고 가장 어려운 것은 수단들을 올바로 아는 것이 아니라, 이들을 올바로 실천하는 일인 까닭이다.

이 자리에서 대단히 기이하여 정신을 깜짝 놀라게 하고 대단히 열중하도록 만드는 무언가를 기대해서는 안 된다. 반대로 이 규칙들이 우수하기 위해서는 단순하고 자연스럽고, 숫자가 많아서는 안 되고 대단히 지성적이고 서로 단단한 의존관계에 있어야 한다. 한마디로 말해서

이 규칙들은 오직 우리 정신을 인도하고 주의를 집중하게 하여 집중이 흐트러지는 일이 없도록 한다. 아리스토텔레스의 논리학이 큰 쓸모가 없다는 것은 경험으로 충분히 알 수 있다.[1] 그의 논리학은 정신을 지나치게 차지하고 주제들을 검토할 때 기울여야 할 주의를 다른 쪽으로 돌려 버리기 때문이다. 그러므로 신비로운 일들과 기이한 창안들만 좋아하는 사람들은 당분간 이런 묘한 기질을 버리고, 앞으로 우리가 내놓을 규칙들에 할 수 있는 주의를 모조리 기울여야 한다. 이를 따른다면 충분히 정신이 지각할 때 항상 명백성을 보존하고, 가장 알려지지 않은 진리를 발견할 수 있을 것이다. 부당하게도 이 규칙들의 단순성과 수월성에 선입관을 갖지 않는다면 나중에 이를 써볼 수 있으리라는

---

1 [옮긴이] "지금까지 발견된 학문들 가운데 이 규칙을 준수하는 것은 오직 산술학과 기하학뿐이다. 그렇지만 지금까지 했던 철학함의 방식이나 말싸움에 적합한 스콜라 철학자들의 그럴듯한 삼단논법의 사용을 비난하는 것은 아니다. 왜냐하면 그것은 청년들의 지성을 훈련시켜 주고, 경쟁심을 자극해서 그들의 발전에 도움을 주기 때문이다. 그것이 비록 학자들 간의 논란을 이유로 불확실한 것으로 보일지라도, 청년들을 제멋대로 내버려두는 것보다는 이런 종류의 견해를 통해 그들을 교육시키는 편이 더 나을 수 있다. 그런 것마저 없다면 그들은 지도의 결여로 인해 심연 속에서 헤맬 수도 있기 때문이다."(《정신지도를 위한 규칙들》, 2규칙) "젊었을 때 나는 철학의 여러 부문 중에서 논리학을, 수학 중에서는 기하학자들의 해석과 대수를 조금 배웠다. 이 세 가지 기계 혹은 학문이 내 계획에 어느 정도 도움이 될 것이라고 생각했기 때문이다. 그러나 이것들을 검토해 보니 논리학에서, 삼단논법 및 다른 대부분의 규칙들은 모르는 것을 알게 해주는 것이 아니라 이미 알고 있는 것을 남에게 설명해 주는 데 도움이 된다."(《방법서설》, 2부, t. VI, p. 17) 푸아송 신부는 《르네 데카르트의 방법에 대한 주석 혹은 지적》(*Commentaire ou remarques sur la méthode de R. Descartes*, 1671)에서 우선 아리스토텔레스의 《논리학》을 검토하고 그가 오만하다며 그의 입장을 거부한다.

점을 보여 주고, 가장 단순하고 가장 명확한 규칙들로 사실은 가장 많은 것이 산출되고, 헛된 호기심 때문에 우리가 그렇게 믿는 만큼 기이하고 난해한 것이 항상 유용한 것은 아니라는 점을 보여 주리라는 점을 다들 인정하리라 기대해 본다.

이 모든 규칙의 원칙은 '항상 추론 시 명백성을 보존하여 잘못 생각하는 것이 아닌가 하는 두려움 없이 진리를 발견하게 되는 것'이다. 이 원칙은 우리 연구 주제와 관련된 다음의 일반 규칙, 즉 '우리는 명백한 관념을 가진 사물들에 대해서만 추론해야 한다'[2]는 점, 그리고 필연적 결과로 '우리는 항상 가장 단순하고 가장 수월한 것으로 시작해야 하며, 가장 복잡하고 가장 난해한 것들의 연구를 시도하기 전에 아주 오랫동안 그것에 집중하고 있어야 한다'[3]에 달린 것이다.

문제 해결을 위해 취해야 하는 방식과 관련된 규칙들 또한 이 동일한 원리에 달렸다. 이 규칙들 중 첫 번째는 '우리가 해결하려는 문제의 상태를 대단히 뚜렷하게 이해해야 하'고 이들 규칙을 비교하고, 그것으로부터 우리가 찾는 관계들을 인정할 수 있을 만큼 충분히 뚜렷한

2 [옮긴이] 데카르트가 《방법서설》 2부에서 제시한 네 가지 규칙 중 첫 번째를 말한다. "명증적으로 참이라고 인식한 것 외에는 그 어떤 것도 참된 것으로 받아들이지 말 것, 즉 속단과 편견을 신중히 피하고, 조금도 의심의 여지가 없을 정도로 명석판명하게 내 정신에 나타나는 것 외에는 그 어떤 것에 대해서도 판단을 내리지 말 것."(《방법서설》, t. VI, p. 18)

3 [옮긴이] 여기서는 네 가지 규칙 중 세 번째를 말한다. "내 생각들을 순수에 따라 이끌어 나아갈 것, 즉 가장 단순하고 가장 알기 쉬운 대상에서 출발하여 마치 계단을 올라가듯 조금씩 올라가 가장 복잡한 것의 인식에까지 이를 것, 그리고 본래 전후 순서가 없는 것에서도 순서를 상정하여 나아갈 것."

용어들의 관념을 가져야 한다는 것이다.

그러나 사물들을 즉각적으로 비교하면서 그 사물들이 서로 갖는 관계들을 깨달을 수 없을 때 두 번째 규칙은 다음과 같다. '정신에 노력을 기울여 하나 혹은 여럿의 매개 관념들idées moyennes을 발견해야 하는데, 그 매개 관념들은 사물들 사이의 관계들을 그 중간에서 깨닫기 위해 공통된 척도로서 사용될 수 있다.' 더욱 정확한 관계들이며 대단히 많은 수의 관계들을 발견하고자 노력을 기울임에 따라 이 관념들이 더 명석해지고 판명해진다는 점을 반드시 고려해야 한다.

그런데 문제들이 난해하고 오랜 토의 중에 있을 때 세 번째 규칙은 다음과 같다. '우리가 고려해야 하는 주제로부터 우리가 구하는 진리를 발견하는 데 반드시 검토하지 않아도 될 모든 것들을 세심하게 제거해야 한다'는 것이다. 정신의 능력을 불필요하게 분할해서는 안 되고, 정신의 모든 힘은 정신을 밝혀줄 수 있는 사물들만을 위해 사용되어야 하니 말이다. 우리가 그렇게 제거할 수 있는 것들은 모두 문제와 전혀 관련이 없는 것들로, 제거되었을 때 그 문제만이 그 전체 속에 남는다.

문제가 그렇게 최소한의 용어들로 축소되었을 때 네 번째 규칙은 다음과 같다. '성찰의 주제를 부분들로 나누고, 그것을 자연적 질서에 따라 가장 단순한 것들로부터 시작해서 즉, 더 적은 관계들을 포함하는 것들이 들어 있는 것들부터 차례로 모두 고려해야 한다. 그리고 가장 단순한 것을 분명하게 이해하고, 그것에 익숙해지기 전에는 가장 복잡한 것으로 결코 나아가서는 안 된다.'4

성찰을 통해 이 문제들이 익숙해졌을 때 다섯 번째 규칙은 다음과 같다. '관념들을 줄이고 그다음에는 관념들을 상상력을 통해 정리하거나 종이 위에 쓴다. 이렇게 하면 정신의 능력이 포화에 이르지 않게 된다.'5 이 규칙은 항상 유용하지만 대단히 난해하고 더욱 폭넓은 정신의 역량을 요구하는 문제들에서라면 절대적으로 필요한 것이, 정신의 폭을 확장시키는 유일한 방법은 관념들을 줄이는 것밖에 없기 때문이다. 이 규칙과 그 뒤에 나오는 규칙들의 용례는 대수학이 아니라면 잘 알려져 있지 않다.

절대적으로 고려해야 하는 모든 사물들의 관념들이 명확하고, 익숙하고, 축약되어 있고, 상상력에 질서 정연히 배치되어 있거나 종이에 기록되어 있을 때 여섯 번째 규칙은 다음과 같다. '이들 관념 모두를 결

---

4 [옮긴이] "비례를 인식하기 위해서는 어떤 때는 그것들을 각각 고찰할 필요가 있고, 또 어떤 때는 그것을 마음에 간직하거나 혹은 그 가운데 여러 개를 동시에 파악할 필요가 있음을 깨닫고서, 나는 그 각각을 더욱 잘 고찰하기 위해 그것을 선(線)으로 상정해야 한다고 생각했다. (…) 내가 선택한 규칙을 정확하게 지킴으로써 이 두 학문 안에서 제기될 수 있는 모든 문제를 쉽게 풀 수 있었고, 그것을 검토하면서 (…) 나는 가장 단순하고 일반적인 것에서 시작하고 또 어떤 진리를 발견하면 그것을 다른 진리들을 발견하는 규칙으로 활용하곤 했으므로, 결국 전에 아주 어려운 것으로 보였던 많은 문제를 해결할 수 있었을 뿐 아니라, 마지막에는 심지어 아직 모르는 문제들에서도 어떻게 또 어느 정도까지 풀 수 있을지를 결정할 수 있을 것 같았다."(《방법서설》, t. VI, pp. 20~21)

5 [옮긴이] "내가 이해하는 직관이란 (…) 순수하고 주의를 집중하는 정신의 단순하고 판명한 파악이며, 그래서 이렇게 인식되는 것에 대해서는 그 어떤 의심도 품을 수 없는 것이다. 혹은 같은 말이지만, 직관은 순수하고 주의를 집중하는 순수한 정신의 의심할 여지없는 파악이며, 이것은 오직 이성의 빛에서 유래하는 것이다. (…) 직관의 이런 명증성과 확실성은 문장뿐 아니라 임의의 추론 과정에도 요구된다."(《정신지도의 규칙》, 3규칙, t. X, pp. 368~369)

합의 규칙에 따라 차례차례로 비교해야 하는데, 이때 비교는 정신의 시선만으로 그렇게 하든지, 정신과 상상력을 주의 집중하여 펜으로 계산하는 일을 동반하든지 해서 이루어진다.'

이렇게 전부 비교해 본 결과 얻게 된 모든 관계들 중에 어떤 것도 우리가 찾는 것이 전혀 없다면 '이 모든 관계들에서 문제 해결에 불필요한 것을 제거하고,6 나머지 다른 관계들에 익숙해지고, 이들을 축소하고, 상상력에 질서 정연하게 배치하거나 종이에 적어 표시하고, 결합 규칙에 따라 서로 비교하고, 우리가 구하는 복합 관계가 새롭게 이루어진 이런 비교들의 결과에서 비롯한 모든 복합 관계들의 어떤 경우인지 보아야 한다.'

이렇게 발견된 관계들 중 문제 해결이 포함된 것이 없다면 '이 관계들 중 불필요한 것을 삭제하고, 나머지 다른 관계들과 익숙해져야 한다, 등등.' 그리고 이러한 방식으로 계속하면 구하고자 하는 진리나 관계가 아무리 복잡하더라도 이를 발견하게 될 것이다. 그러기 위해서는 정신의 관념들을 줄이면서 정신의 능력을 충분히 넓히고, 이 모든 작용에서 목표로 하는 끝을 항상 바라보아야 한다. 우리가 어디로 가는

---

6 [옮긴이] "한 문제가 완전하기 위해서는, 주어진 자료로부터 연역될 수 있는 것보다 더 구할 것이 아무것도 없음을 명확하게 규정해야 한다. (…) 세 현 A, B, C에서 B는 A보다 길지 않지만 두 배나 굵고 두 배의 무게를 지니고 있으며, C는 A보다 굵지 않지만 두 배나 길고 네 배의 무게를 지니고 있는 세 현 A, B, C가 모두 같은 소리를 내고 있다는 사실로부터 소리의 본성에 대해 정확히 무엇을 판단할 수 있는지 물었을 때이다. 이로부터 모든 불완전한 문제가 어떻게 완전한 문제로 환원될 수 있는지를 알 수 있"(《정신지도의 규칙》, 13규칙, t. X, p. 431)다.

지, 무엇을 구하는지 항상 알아야 하므로 문제를 계속해서 바라보면서 정신이 움직이는 모든 방식을 조정해야 한다.

무엇보다 어떤 흐릿한 빛이나 사실임 직함에 안주하지 않도록 주의해야 하고, 구하고 있는 진리를 발견하게 해주는 비교들을 숱하게 자주 다시 사용하기 시작하여, 이를 믿지 않을 수 없도록 하여 그렇지 않으면 우리의 질문, 즉 우리의 공부, 우리 정신이 바치는 열의, 우리 마음에서 일어나는 욕망에 답하는 주님의 은밀한 나무람을 느끼게 된다. 그때 진리는 앞장서서 학문을 개척하는 데 반드시 필요한 원칙으로 쓰일 수 있을 것이다.

조금 전 제시한 모든 규칙이 문제의 종류를 막론하고 보편적으로 반드시 필요한 것은 아니다. 문제가 쉽다면 첫 번째 규칙이면 충분하고, 어떤 다른 문제들의 경우에는 첫 번째와 두 번째 규칙만 있어도 된다. 한마디로 말해서 문제가 더 어려울수록 구하는 진리를 발견할 수 있을 때까지 그만큼 더 이들 규칙을 사용할 수 있을 것이다. 이들 규칙은 수가 적고, 서로 모두 의존해 있다. 이 규칙들은 자연적이고, 대단히 익숙해질 수 있어서, 이 규칙들을 사용하고자 하는 동안 이를 너무 많이 생각할 필요도 없을 것이다.

한마디로 말해서 이 규칙들은 정신을 분산시키는 일 없이 주어진 문제에 집중시킬 수 있을 것이다. 그러니까 우리가 바라는 한 부분을 이 규칙들은 포함하고 있다. 그렇기는 하지만 그 자체로는 참으로 중요해 보이지가 않아서, 이 규칙들을 용하게 사용하도록 하려면 나는 철학자들이 가장 쉽고 가장 중심적인 처음 두 규칙을 지키지 않았을 뿐인데 그것 때문에 얼마나 많은 오류를 범하게 되는지, 또 데카르트가 이 규칙들을 사용했으므로 우리가 그의 책에서 공부할 수 있는 저 모든 위대하고 풍요로운 진리를 발견하게 되었음을 보여 줄 필요가 있다.

2장

본 연구 주제와 관련된 일반 규칙에 대하여: 스콜라 학파 철학자들은 이 규칙을 지키지 않으므로 자연학에서 수많은 오류의 원인이 된다

이들 규칙 중 제일 규칙이자 우리 연구 주제와 관련된 규칙은 '추론은 오직 명석한 관념들을 갖고' 행해야 한다는 점을 가르쳐 준다. 이로부터 질서 정연하게 연구하기 위해서는 이해하기 가장 쉽고 가장 단순한 문제들로부터 시작해야 하고, 오랫동안 이 문제들에 집중하고 난 뒤에야 가장 복잡하고 가장 난해한 문제들을 연구하도록 해야 한다는 결론을 이끌어내야 한다.

이 보편 규칙이 필요하다는 점에 누구든 쉽사리 동의할 것이다. 모호한 관념들과 불확실한 원칙들을 가지고 추론하는 것은 암흑 속을 걸어가는 것과 같음을 충분히 잘 알고 있다. 그러나 정작 누구도 그 규칙을 지키는 일이 없고 지금도 여전히 몇몇 거짓 학자들이 오만의 동기를 제시하는 대부분의 학문들이 의존하는 몇몇 관념들은 지나치게 모호하거나 지나치게 막연해서 진리 탐구에 유용하지 않다고 말한다면 아마 사람들은 놀랄 것이다.

아리스토텔레스는 그토록 섬세히 철학을 연구한 시조이므로 내가 말하는 철학자들의 '군주'의 자격을 공정하게 가져 마땅하다. 그는 우리가 감각으로 받아들이는 모호한 관념들이며, 애매하고 막연하고 확정되지 않았기에 정신에 특별한 것이란 전혀 보여 주지 못하는 다른 관념들을 통해서만 대개 추론했다. 이 철학자가 썼던 예사로운 용어들이 수행할 수 있는 일이란 감각 사물의 모호한 감정들을 감각과 상상력에 제시하는 것이 아니면, 대단히 어렴풋하고 확정되지 않은 방식으로 분명한 것이라고는 아무것도 표현하지 않는 것뿐이다. 그의 거의 대부분의 책이, 특히 그의 자연학 여덟 권에 대해서는 그의 뒤를 이은 철학의 섭정들만큼이나 상이한 주석가들이 있지만 그것은 결국 그저 순수한 논리학에 불과하다. 그는 이들 책에서 일반명사들만을 가르치는데 이는 자연학에나 쓰일 수 있을 뿐이다. 말은 많지만 정작 들어줄 것은 전혀 없다. 장황해서가 아니다. 고담준론의 비법을 아는 사람이 그저 말만 늘어놓기 때문이다. 다른 책들에는 일반명사들을 그 정도까지 자주 쓰지 않았지만, 이때도 그가 썼던 일반명사들은 감각의 모호한 관념밖에는 일깨울 수 없었다. 그런데도 그는 이런 관념들을 써서 자신이 제시한 문제들에서나 또 다른 대목에서 해결될 수 없는 것을 증명해 보일 수 있는 무한히 많은 문제들을 단 두 마디로 해결할 수 있다고 주장하는 것이다.

그러나 내가 한 말을 더 잘 이해시키기 위해서는 내가 다른 곳에서 이미 증명했던 점[1]을 기억해야 한다. 감각 관념만을 일깨울 뿐인 모든 용어들치고 애매하지 않은 것이 없다는 점 말이다. 하지만 고려해야

1 제 1권(8장 — 옮긴이).

이렇게 애매한 것은 오류와 무지 때문이며, 그 결과 수많은 오류의 원인이 된다는 점이다.

벨리에bélier(숫양)라는 말이 애매한 것은 일단 그 말이 반추反芻동물인 동시에 봄철에 태양이 지나는 성좌를 의미해서 그렇다. 그렇지만 이 말을 혼동하는 경우는 거의 없다. 이 둘 사이에 어떤 관계가 있다고 상상하려면 뼛속까지 점성가여야 한다. 예를 들어 숫양은 되새김질하기 때문에 이 시기에 약을 먹을 때는 토하기 쉽다는 것이다. 그러나 감각 관념들의 용어에 대해서는 모호하다는 점을 인정하는 사람이 거의 없다. 그런 생각을 한 사람이 아리스토텔레스와 고대 철학자들뿐이랴. 그들 책의 어떤 부분을 읽고 이 용어가 애매하게 받아들여지는 원인을 뚜렷이 알고 있다면 누구든 이 점에 동의하실 것이다. 철학자들이 이 주제에 대해서 생각해야 하는 것과는 완전히 반대되는 것을 생각했다는 점이 분명하기 때문이다.

예를 들어 철학자들이 불은 뜨겁고, 풀은 파랗고, 설탕은 달콤하다 운운할 때 그들은 아이들이나 보통 사람들처럼 불은 사람들의 몸을 덥힐 때 그들이 느끼는 것을 포함하고 있고, 풀은 사람들이 거기서 본다고 믿는 색깔을 지니고, 설탕은 그것을 먹을 때 느껴지는 달콤함을 포함하고 있다고 이해하는 것이다. 이런 식으로 우리가 보거나 느끼는 모든 것들이 그 안에 포함된다고 보는 것이다. 그들의 책을 읽다 보면 이를 의심하기란 불가능하다. 그들은 감각자질을 감정처럼, 운동을 열로 간주한다. 이런 식으로 용어들이 모호하다 보니 물체들의 존재 방식과 정신의 존재 방식도 혼동하고 만다.

불은 뜨겁고, 풀은 파랗고, 설탕은 달콤하다 운운하는 모호하고 아직 확정되지 않은 문제들에 이들을 표현하는 감각적 용어들의 모호함을 구분하면서 대답한 것은 데카르트 이후나 되어서였다. 열, 색, 맛을 여러분에게는 보이지 않는 이러저러한 부분들의 운동으로 본다면 불은 뜨겁고, 풀은 파랗고, 설탕은 달콤하다. 그러나 여러분이 열이며, 다른 특징들을 통해 내가 불 앞에서 느끼는 것을, 풀을 볼 때 내가 보는 것 등등을 이해한다면 불은 뜨겁지 않고, 풀은 푸르지 않은 것이다. 느껴지는 열도, 보이는 색들도 오직 영혼 속에 존재하기 때문이다. 이는 내가 제 1권에서 증명했던 것이다. 그런데 자기들이 느끼는 것이 대상 속에 존재하는 것과 동일하므로 그들이 대상에 대해 가진 감정을 통해 대상의 특질을 판단할 수 있다고들 믿는 것이다. 그래서 그들이 두 마디를 하면 항상 어떤 거짓된 무엇을 말하게 된다. 이 주제에 대해 그들이 말하는 것은 순 모호하고 난해한 것뿐이다. 아래에 여러 근거를 제시한다.

첫 번째 근거는 모든 사람들이 동일한 대상들에 동일한 감정을 갖게 되지 않으며, 동일한 사람도 상이한 시간대에 살아가거나 신체의 다양한 부분들에 의해 이 동일한 대상들을 느낄 때 역시 마찬가지이다. 어떤 사람에게 달콤한 것을 다른 사람들은 씁쓸하게 느끼고, 어떤 사람은 더워하는데 다른 사람은 추워한다. 그 원인이 그 사람이 덥거나, 신체의 상이한 부분에서 그렇게 느끼는데 춥게 느끼는 것 같다. 손에 물이 뜨겁게 느껴지는 것 같을 때 종종 다른 손에서나, 심장 가까운 부분을 씻을 때는 차갑게 느껴지는 것 같다. 소금은 혀에 짜게 느껴지는 것 같고, 상처에 들어가면 쓰라리거나 날카롭게 찌르는 듯하다. 설탕은 혀에는 달지만 알로에는 그보다 더 쓸 수 없다. 그러나 다른 감각을 통해서는 아무것도 달콤하지도 쓰지도 않다. 그래서 우리가 어떤 사물이 차고, 달콤하고, 쓰다고 말할 때 그것은 확실한 어떤 것도 의미하지 않는다.

둘째, 다양한 대상들이라도 동일한 감각작용을 만들 수 있다. 석고, 빵, 눈雪, 소금 등은 동일한 색의 감각을 만든다. 그러나 이 사물들의 백색은 감각이 아닌 방식으로 판단한다면 서로 다르다. 그래서 우리는 밀가루가 희다고 말할 때 뚜렷한 것은 아무것도 말하지 않는 것이다.

셋째, 우리에게 완전히 상이한 감각작용을 일으키는 물체들의 특질들은 거의 동일하다. 반대로 거의 동일한 감각작용을 갖는 물체들의 특질들은 종종 대단히 상이하곤 하다. 대상에서 달콤함과 쓰디씀의 특질이 본질적으로 다르고, 고통과 간질임의 감정이 본질적으로 다른 것이다. 고통과 간질임을 일으키는 운동은 정도의 차이밖에 없다. 그러나 간질임과 고통의 감정은 본질적으로 다른 것이다. 반대로 어떤 과일에서 신맛이 난다면 그것은 달콤함만큼이나 쓰디씀과 상이한 맛이 아닌 것 같지만, 이 특질은 존재할 수 있는 쓰디씀과는 가장 거리가 먼 것이, 지나치게 익지 않아서 신맛이 나는 과일은 대단히 수많은 변화를 겪고 난 뒤에야 지나치게 익었거나 썩어서 느껴지게 되는 쓰디씀의 쓴 맛을 갖게 되기 때문이다. 과일이 익으면 달콤해 보인다. 그리고 과일들이 지나치게 익으면 써 보인다. 그러므로 과일의 씀과 달콤함은 정도의 차이에 지나지 않는다. 바로 이 점 때문에 과일들을 달콤하게 느끼는 사람들이 있는가 하면 쓰게 느끼는 사람들이 있는 것이다. 알로에가 꿀처럼 달콤하다고 느끼는 사람들도 있으니 말이다. 감각 관념들은 모두 이와 같다. 그러므로 달콤함, 쓰디씀, 짬, 시큼함, 신맛 등,

붉음, 푸름, 노랑 등 이런저런 냄새, 맛, 색 등은 애매해서 정신에 명석판명한 관념을 전혀 일깨우지 않는다. 그러나 스콜라 철학자들과 대부분의 사람들은 자기들이 받아들인 감각을 통해서만 물체들의 모든 감각자질들을 판단할 뿐이다.

이 철학자들이 감각자질을 이들이 수용한 감정을 통해 판단할 뿐 아니라, 감각자질에 관련해서 그들의 판단의 결과 사물들 자체를 판단하는 것이다. 그들이 어떤 특질들과는 본질적으로 감정을 달리 가졌다는 것으로부터 특질들의 이런 상상적인 차이들을 산출하는 새로운 형상의 발생이 존재한다고 판단하는 것이다. 밀은 노랗고 단단한 것 등등으로 보이지만 밀가루는 희고 무른 것 등등으로 보인다. 이로부터 그들은 눈과 손의 관계에 대해서 밀이 밀가루로 변하는 방식을 생각하지 않았다고 가정한다면 이들이 본질적으로 상이한 물질이라는 결론을 내리게 된다.2 그러나 밀가루란 부수고 빻은 밀일 뿐이다. 불이 나뉘고 동요된 나무일 뿐이고, 재灰가 자극되지 않고 나뉜 나무들의 가장 조잡한 부분에 불과하고, 유리가 각각의 부분이 매끈하고 불로 인해 부서져 다소 둥글게 변한 재灰일 뿐인 것과 같다. 물체들의 다른 변형들도 이런 식이다.

그러므로 감각 관념의 용어들이 문제들을 명확하게 제안하고 명백하게 해결하기에, 즉 진리를 발견하기에 완전히 불필요하다는 점이 분

---

2 [옮긴이] "형태의 변화라 부르는 것"에 대해서 저자는 빻은 밀의 예를 들고 있다. "어떤 하나의 전체이지만 색이 대단히 상이하고, 조성도 대단히 상이해서 밀의 외관의 어떤 것도 알아보지 못하고 그것을 밀가루라고 부르기 시작하는 것이다."〔코르드무아, 《구분》(*Discernement*), disc. 2, Œuvres, p. 113〕

명하다. 그러나 아리스토텔레스와 대부분의 철학자들이 그들의 책에서 우리가 방금 지적한 구분을 하지 않고도 해결할 수 있다고 주장하는 문제들은 없다. 애매한 용어들 때문에 아무리 복잡해진 문제들이라도 말이다. 이들 용어가 애매한 것은 오류와 무지 때문이다.

예를 들어 자기 전 생애를 고대 철학자들이나 고대 의사들의 책을 읽으면서 보냈고, 이들의 정신과 마음을 온전히 받아들인 사람들에게 물이 습한지, 불은 건조한지, 포도주는 뜨거운지, 물고기의 피는 차가운지, 물은 술보다 더 맑은지, 금은 수은보다 더 완전한지, 식물과 짐승들에게 영혼이 있는지, 또 이러한 확정되지 않은 무한히 많은 문제들을 묻는다면, 그들은 이들 대상이 그들의 감각에 일으키는 자극이나, 그들의 독서가 기억에 남긴 것과는 다른 인상에 묻지 않고 경솔하게 대답할 것이다. 그들은 이 용어들이 애매하다고는 보지 못하고 그 용어들을 왜 정의하고자들 하는지 이상하게 생각할 것이다. 그들이 좀 지나치게 앞서나가고 있으며, 감각에 속고 있음을 알려주고자 노력한다면 그들은 화를 내고 말 것이다. 그들은 가장 명백한 사물들을 혼동하고, 애매함을 제거해야 하는 이런 문제들에서 구분할 것이 아무것도 없다고 생각한다.

철학자들과 의사들이 논의하는 대부분의 문제들이 우리가 일상적으로 말하는 용어들과 같이 어떤 애매한 용어들을 갖는다는 점을 고려한다면 이 용어들을 정의할 수 없었던 저 학자들은 그들이 썼던 두꺼운 책들에서 견고한 것이라고는 아무것도 말할 수 없었음을 의심할 수 없을 것이다. 지금 내가 한 말로 고대인들의 거의 모든 의견들이 충분히 무너지고 만다. 그렇지만 데카르트는 사정이 다르다. 그는 이 문제들을 완벽하게 구분할 줄 알았다. 그는 감각 관념들을 통해 문제를 해결하지 않는다. 우리가 그의 책을 고생스럽더라도 읽는다면 우리는 자연의 주된 결과를 오직 연장, 형상, 운동이라는 확실히 구분되는 관념을 통해 명확하고, 명백하고, 종종 논증적인 방식으로 설명하게 되리라는 점을 알 것이다.

철학자들은 다른 유의 애매한 용어들을 쓰기도 하는데 여기에는 논리학에서 쓰는 저 모든 일반 용어들이 포함되기에 모든 문제를 그것에 대한 지식이 전혀 없이도 설명하기 쉽다. 아리스토텔레스는 이를 가장 잘 사용한 사람인 데다, 그의 모든 책은 이런 용어들로 채워져 있으나, 그중 몇몇은 그저 순전히 논리학 용어이다. 그는 종, 유類, 현실태, 가능태, 자연, 형상, 능력, 특질, 그 자체의 원인, 우연적인 원인 등의 멋진 말들을 통해서 만물을 제안하고 해결한다. 아리스토텔레스학파는 이 말들이 의미하는 바가 전혀 없음을 이해하는 데 애를 먹는다. 불은 용해의 능력이 있기 때문에 금속을 녹이고, 어떤 사람이 소화를 잘 못시키면 그 사람이 위가 약하거나 그의 소화 능력faculté concoctrice이 제 기능을 못하기 때문이라는 말을 들었을 때 그 사람이 이전보다 더 박식해진 것은 아니다.

모든 문제를 설명하는 데 이 용어들과 이들 일반 관념들만을 사용하는 사람들은 감각의 모호한 관념들만을 일깨우는 용어들만 사용하는 사람들만큼 많은 오류를 범하지는 않는다는 점은 사실이다. 스콜라 철학자들은 왜 그렇게 되었는지 근거도 모르면서 어떤 실험들에 기초해 학설을 만들고 체계를 세우는 몇몇 의사들만큼 오류에 쉽게 빠지지 않는데, 그 이유는 스콜라 철학자들은 대단히 일반적으로 말하므로 큰 위험을 무릅쓰지 않는 까닭이다.

불은 덥히고, 건조하게 하고, 단단하게 하고, 부드럽게 하는데, 이런 결과들을 산출하는 능력이 있기 때문이다. 센나는 하제의 특성을 가졌으므로 장을 비우고, 빵은 그 자체로 이렇게 말할 수 있다면 영양분을 제공하는 특질로 인해 음식으로 쓰인다는 이런 명제들로는 오류에 쉽게 빠질 일이 없다. 어떤 특질은 그것으로 어떤 사물을 그런 이름으로 부르게 하는 것인데 아리스토텔레스가 그렇게 말했음을 부정할 수 없고, 결국 이 정의는 반박 불가하기 때문이다. 그런 식으로나, 또 비슷하게 말하는 방식은 거짓은 아니지만 사실 아무것도 의미하지는 않는다. 모호하고 확실히 정해지지 않은 저 관념들로 오류에 빠지지는 않겠으나 진리 발견에는 아무 소용이 없다.

불 속에는 실체 형상이 있고 이와 함께 불은 덥히고, 팽창시키고, 금, 은 및 모든 금속을 녹이고, 빛을 환히 밝히고, 태우고, 굽는 기능과 같은 수많은 기능을 동반함을 우리는 알고 있다. 그러나 불이 진흙을 단단하게 하고, 밀랍을 부르게 할 수 있는지에 대한 해결하기 어려운 문제가 주어진다면 실체 형상의 관념들이며, 열, 희박화, 유동성 등을 산출하는 능력들은 불이 진흙을 단단하게 하고 밀랍을 무르게 할 수 있는지의 문제를 해결하는 데에는 전혀 도움이 되지 않을 것이다. 진흙의 단단함과 밀랍의 무름의 관념과, 불의 실체 형상의 관념 및 희박화와 유동성 등을 산출하는 특질들 사이에는 아무런 관계가 없으니 말이다. 일반적인 모든 관념들도 이와 같으며, 그래서 이들 관념은 문제를 해결하는 데 전혀 유용하지 않다.

그러나 불은 모든 부분이 끊임없이 동요하고 있는 나무 조각과 다른 것이 아니고, 불이 우리 내부에 열의 감정을 자극하는 것이 단지 이러한 동요에 의해서일 뿐임을 우리가 알고, 진흙의 무름이란 흙과 물이 섞인 것일 뿐임을 안다면, 이들 관념은 모호하거나 막연한 것이 전혀 아니고, 뚜렷이 구분되고 개별적이므로 불의 열이 진흙을 단단하게 함에 틀림없음은 쉽게 알 수 있다. 한 물체가 그것과 다른 물체와 마주쳐서 똑같이 동요하게 된다면 이 두 물체가 움직일 수 있다고 생각하는 일만큼 쉬운 일은 없다. 우리가 불 옆에서 느끼는 열은 나무의 보이지 않는 부분들의 운동을 원인으로 하고, 그 부분들은 우리 손에 자극을 가하는 것이다. 진흙을 불의 열에 노출시키면 흙과 결합한 물의 부분들은 대단히 섬세해지고 그 결과 흙의 거친 부분들이라기보다는 불에서 나온 작은 물체들이 충돌하면서 자극된다. 그 부분들이 분리되어 흙을 건조하고 단단하게 만든다. 마찬가지로 밀랍의 구성 부분들은 거의 동일한 굵기의 무성한 가지처럼 되어 있다는 점을 안다면 불이 밀랍을 단단하게 할 수 없음을 알게 된다. 그래서 개별 관념들이 진리 탐구에 유용하며, 막연하고 확정되지 않는 관념들은 이에 전혀 소용이 없을 뿐 아니라 이와는 반대로 자기도 모르는 사이에 오류에 들어서게 된다.

철학자들은 일반 명사 및 이에 대응하는 모호한 관념들을 사용하는 것으로는 만족하지 않는다. 그들은 그것 외에도 이 용어들이 어떤 개별 존재들을 의미하기를 바란다. 그들의 주장은 물질과 구분되는 어떤 실체가 존재하는데, 이것이 물질의 형상이며, 실제로 물질과 형상과 구분되는 무한히 많은 작은 존재들이 존재한다는 것이다. 그들은 흔히 물체들이 갖게 되는 상이한 감각작용의 수만큼 그 작은 존재들이 존재하며, 이 물체들은 상이한 결과를 산출한다고 가정한다.

그러나 주의를 기울일 줄 아는 사람이라면 누구든지 예를 들어 불과 구분되는 이 작은 존재들 모두가, 열, 빛, 경도硬度, 유동성 등을 산출하기 위해 불에 들어 있다고 가정된 그 작은 존재들이 그저 이성에 반해 상상력이 만들어 내는 허구에 불과하다는 점을 명백히 알 수 있다. 이성은 이 작은 존재들을 재현하는 개별 관념을 갖지 않기 때문이다. 철학자들에게 어떤 종류의 독립체entité인지 묻는다면, 그것은 불이 빛을 산출할 수 있도록 하는 원인인 존재는 아니라도 이 빛을 밝히는 능력과 다른 어떤 것이라고 대답하지 않는다. 그래서 빛을 밝힐 수 있는 이런 능력이 있다는 그들의 관념과 자기들이 보는 결과의 모호한 관념과 원인의 일반 관념과는 다른 것이 아니다. 그러므로 그들은 이 개별 존재들을 받아들일 때 무슨 말을 하고 있는지 뚜렷한 관념을 전혀 갖지 못한다. 그래서 그들은 이해하지 않는 것과 그들로서는 이해할 수 없기조차 한 것을 말하는 것이다.

3장

고대인들의 철학에서 가장 위험한 오류에 대하여

철학자들은 특별한 아무런 관념도 갖지 않은 어떤 존재들을 통해서 자연의 결과들을 설명할 때 전혀 생각하지 않는 것을 말할 뿐 아니라 대단히 그릇되고 대단히 위험한 결과들을 직접 끌어낼 수 있는 원칙을 제공하기도 한다.

그들 생각에 따라서 신체에는 물질과는 별개의 독립체들이 존재한다고 가정한다면 이들 독립체와 구분되는 관념이 없으므로 그 독립체는 일어나는 결과들의 실제적이거나 중요한 원인이라는 점을 쉽게 생각할 수 있다. 이는 심지어 보통 철학자들이 공통적으로 가진 생각이기도 하다. 이는 무엇보다 실체 형상, 실재하는 특질 및 다른 유사한 독립체들을 설명하기 위해서이다. 다음에 행동의 원인이나 역량의 관념을 주의 깊게 고려하면, 이 관념은 신적인 무엇인가를 재현하고 있음을 의심할 수 없다. 지고한 역량이라는 관념은 지고한 신의 관념이고, 하위의 역량이라는 관념은 열등한 신의 관념이니 말이다. 그런데 이교도들에 따르면 열등하기는 해도 그것이 역량이나 실제 원인의 관념이라고 가정할 때 적어도 실재하는 신의 관념이기는 한 것이다.

그러므로 형상, 기능, 특질, 힘, 자연의 힘으로 어떤 결과를 산출할 수 있는 실재하는 존재들을 가정할 수 있다면 우리 주변에 존재하는 모든 물체들에 신적인 무엇인가를 가정하게 된다. 그렇게 해서 우리는 이교도 철학에 존경심을 품으며 그들의 생각에 자기도 모르게 젖게 된다. 신앙이 우리를 바로잡아 준다는 것은 사실이다.

하지만 아마 이런 점에서 기독교도의 마음을 갖는대도 정신의 근본은 이교도적이라고 말할 수 있다. 실체 형상, 즉 동물과 식물을 산출하는 이 '가소성을 가진' 형상들이 무슨 일을 하는지 모르고, 그래서 이들 형상은 지성을 갖추지 않았으므로 이교도들의 신과 완전히 무관하다는 말들을 할지도 모르겠다. 그렇지만 모든 철학자들의 지혜를 훌쩍 넘어서는 지혜가 드러나는 창조물들을 만든 자가 지성 없이 이를 만들었다고 믿을 수 있는 이는 도대체 누구일까?

더욱이 실제 역능을 두려워하지도 사랑하지도 않는다는 점을 납득하기 어렵다. 우리에게 영향을 끼칠 수도 있을 존재들이 어떤 고통으로써 우리를 처벌하거나 어떤 즐거움으로써 보상할 수 있는 것이다. 사랑과 두려움이야말로 진정한 경배인데 그런 존재들을 경배해서는 안 된다는 점을 납득하기도 어렵다. 성 아우구스티누스[1]와 이성을 따르자면 우리에게 진정하고 실재적 원인으로 영향을 끼칠 수 있는 모든

1 [옮긴이] 성 아우구스티누스, 《신국론》, 5권 9장. "더욱 강력한 원인 없이는 아무 일도 일어나지 않는다. (…) 그런데 신체는 의지에 더욱 복종하지만 (…) 모든 것은 신의 의지에 절대적으로 종속한다. 그러므로 신의 의지가 곧 원인이다."

것은 필연적으로 우리를 넘어서는 존재이다. 또한 성 아우구스티누스와 이성에 따르면 열등한 것들이 우월한 것들에 봉사하는 것이 불변의 법칙이다. 바로 이런 이유로 저 위대한 성 아우구스티누스는 신체는 영혼에 작용할 수 없고,[2] 신 말고는 영혼을 능가하는 것이 없음을[3] 인정하는 것이다.

성경에서 신이 이스라엘 사람들에게 자신을 경배해야 함을, 즉 자신을 두려워하고 사랑해야 한다는 점을 전할 때 신이 제시한 주된 근거들은 이스라엘 사람들을 보상하고 처벌하기 위해 그의 역량에서 끌어낸 것이다. 신은 이스라엘 사람들에게 자신으로부터 그들이 얻은 은혜와, 자신이 그들을 벌한 악을 제시하고 있다. 신은 자신의 역량이 동일하다는 점을 보여 주는 것이다. 신은 이스라엘 사람들에게 이교도들의 신을 경배하지 못하도록 금했는데, 그 이유는 이교도들의 신은 이스라엘 사람들에게 아무런 역량도 행할 수 없으며, 선이며 악을 마련해 줄 수 없기 때문이다. 신이 우리가 오직 그에게만 영예를 돌리기를 바란다면 선과 악의 실질적 원인은 오직 신뿐인 까닭이다.

한 예언자[4]에 따르면 이스라엘 사람들의 도시에는 그가 직접 하지 않은 일은 일어나지 않는다. 즉 자연적 원인들은 그 원인들이 우리에게 가하는 것처럼 보이는 악의 진정한 원인이 아니고, 그 원인들 속에

---

2 Ego enim ab anima hoc corpus animari non puto, nisi intentione facientis: nec ab isoto quicquam illam pati arbitror, sed facere de illo et in illo, tamquam subjecto divinitus dominationis suae.(*De musica*, lib. VI, cap. v)

3 성 아우구스티누스의 *De animae quantitate*의 34장을 참조.

4 Amos, III, 6

서는 오직 신만이 작용하므로 신만이 두려워해야 할 유일한 존재이며, 그 원인들 속에서 사랑해야 하는 유일한 존재이며, 그 원인들 속에서 두려워하고 사랑해야 할 유일한 존재이기 때문이다. 신만이 영예이자 영광이다soli Deo honor et gloria.5

마지막으로 선과 악의 실질적 원인일 수 있는 이를 두려워해야 하고 사랑해야 한다는 이 생각은 대단히 자연스럽고 대단히 정당하게 보이므로 이를 파기하기란 불가능하다. 그래서 우리를 둘러싼 물체들이야말로 우리가 느끼는 즐거움과 악의 실제적 원인이라는 철학자들의 이러한 거짓 의견을 우리는 이 자리에서 분쇄하고자 하는데 어떤 의미로 이성은 이교도들의 것과 닮은 종교를 정당화하고 풍속의 보편적 타락을 승인하는 것처럼 보인다.

예를 들면 이성은 양파며 파6를 지고한 신처럼 경배해야 한다고 가르치지 않는 것이 사실이다. 그런 것들을 가진들 우리가 온전히 행복해질 수 없으며, 그런 것들을 갖지 못한들 우리가 온전히 불행해지는 것은 아니기 때문이다. 그래서 이교도들은 모든 신들이 복종하는 저 위대한 주피터나, 우리 감각이 모든 존재에 생명과 운동을 부여하는 보편적 원인으로서 머릿속에 그려보는 태양만큼의 영예는 돌리지 않았다. 이교도 철학자들에 동의하여 신이란, 우리 신체 내부와 우리 정신에서뿐 아니라 우리를 둘러싼 모든 존재들에서도 그가 창조할 수 있

---

5 [옮긴이] "영원하신 왕, 곧 썩지 아니하고 보이지 아니하고 홀로 하나이신 하나님께 영예와 영광이 영원무궁하도록 있을지어다."(〈디모데전서〉, 1장 17절)

6 [옮긴이] "우리가 애굽에 있을 때에는 값없이 생선과 오이와 참외와 부추와 파와 마늘들을 먹은 것이 생각나거늘."(〈민수기〉, 11장 5절)

는 모든 것의 진정한 원인들을 포함한다고 가정한다고 해도 그런 존재로 간주하지 않을 수 없는 것이다.

그런데 양파며 파에 지고한 영예를 바쳐서는 안 된다고 해도 그것들에 개별적 경배는 언제라도 바칠 수 있다. 그것들이 우리를 행복하게끔 만들어 줄 수 있음이 사실이라면 그것들을 생각할 수 있고, 어떻게 본다면 그것들을 사랑할 수 있다는 뜻이다. 우리는 그것들이 마련할 수 있을 이득의 규모에 비례하여 영예를 돌리게 마련이다. 확실히 감각의 관계에 귀 기울이는 사람들은 이 채소로 그들이 이득을 볼 수 있다고 생각한다. 예를 들어 이스라엘 사람들은 사막에서 옛날 이집트 시절을 그다지 그리워하지 않았을 것이니 말이다. 이스라엘 사람들은 그 채소를 먹음으로써 말하자면 자기가 행복하다고 생각하지 않았을지라도 그 채소가 떨어졌다고 자기들을 불행한 이들로 생각하지는 않을 것이다.

술꾼들은 술이란 것이 어떤 것인지 잘 알았다면, 술을 마시면서 느끼는 즐거움은 절주를 명령하는 전능한 자에게서 온 것인데 그들은 폭음을 하면서 전능한 자에게 부당한 봉사를 하고 있음을 알았다면 그렇게까지 술을 좋아하지는 않았을 것이다. 이런 점이 이성이 이교도 철학 원리와 결합해서 감각의 자극을 따르게 될 때 바로 그 이성으로 인해 우리가 들어서는 타락인 것이다.

이 형편없는 철학이 오류임을 확신하고, 원칙들이 확고부동하고 쓰고 있는 관념들이 명확하다는 점을 명백히 깨닫기 위해서는 고대 철학자들이 범했던 오류와 대립하는 진리들을 명확히 세우고, 진정한 신은 한 분밖에 없으므로 진정한 원인도 하나뿐이라는 점을 한두 마디로 증명할 필요가 있다.[7] 자연이나 각 사물의 힘은 단지 신의 의지일 뿐이며, 자연적 모든 원인들은 '실제' 원인이 아니고, 그저 '기회원인'에 불과하며, 어떤 다른 진리들이 이 기회원인의 결과가 될 것이다.

모든 거대하고 작은 물체들이 스스로 움직이는 힘을 가진 것은 아님이 명백하다. 산, 집, 돌, 모래알 및 우리가 생각할 수 있는 물체들의 가장 작거나 가장 큰 것은 스스로 움직이는 힘을 갖지 못했다. 우리는 두 종류의 관념뿐이니 정신의 관념과 신체의 관념이 그것이다. 그리고 우리가 생각하는 것만을 말하게 되므로 우리는 이 두 관념에 따라서만 추론하는 것이 틀림없다. 그래서 우리가 모든 물체에 대해 가진 관념

---

7 [옮긴이] 이곳까지 기회원인의 문제는 그저 부수적으로만 다루어졌을 뿐이었다. 말브랑슈가 보여 주었던 것(두 개의 공의 충돌)은 두 현상의 항상적 연속은 그 현상들 사이에 인과성의 끈을 확립하는 데 충분하지 않았다. 그러므로 지금까지 운동을 만든 최초의 조물주는 "보편 원인"으로 나타났다. 이제는 이를 '입증'하는 것이 문제가 된다. 진정한 신은 자연을 아리스토텔레스적 의미에 일치시키는 모든 것을 거짓으로 신격화하는 자연 고대철학의 우상과 맞서는 것이다. 이로부터 이 용어를 정화하기 위해 그 용어가 여기서 되풀이되고 있다.

추론의 구조는 다음과 같다. 1. '물체들'의 운동은 물체들, 정기들, 혹은 신에게서만 나올 수 있다. 그런데 ⓐ 물체의 수동성은 물체가 그것의 운동의 원리라는 점을 배제한다. ⓑ 유형적 운동과 정신적 의지 사이에는 어떤 지성적 관계도 존재하지 않는다. 그러므로 전자는 후자의 원인이 아닌 것이다. ⓒ 반대로 오직 신에게서는 의지와 의지의 결과 사이에 필연적 관계가 존재한다. 2. 사람들의 정신은 그 내부에 ⓐ 정신적 운동의 원칙을 가지고 있지 않다. 정신은 신의 의지에 의해 움직이므로 운동을 멈추게 하거나, 방향을 정하는 것밖에 할 수 없다. ⓑ 그들은 어떤 구성으로 되어 있는지 모르는 자기 고유의 물체를 직접적으로 움직이는 힘을 더 많이 가진 것은 아니다. 3. 그 자체로 고려된 신은 필요 원인이자 충족 원인이다. 신이 자신의 역량을 분할하거나 다른 신들을 만들면서 자신을 부정하는 것은 '모순'일 것이다.

은 그 물체들이 스스로 움직일 수 없다는 점을 우리에게 알려주므로 그 물체들을 움직이는 것은 정기라고 결론 내려야 한다.[8]

그런데 우리가 모든 유한한 정기에 대해 갖는 관념을 검토할 때 우리는 그것들의 의지와, 무엇이 됐든 물체의 운동 사이의 필연적 관계는 보지 못하고, 반대로 그런 관계란 없고, 있을 수도 없다는 점을 알고 있다. 빛에 따라 추론하고자 한다면 그것이 어떤 물체가 됐든 실제적이거나 주된 원인으로 움직일 수 있도록 창조된 정기란 없다고 결론 내려야 하는데, 이는 어떤 물체도 스스로 움직일 수 없다고 말했던 것과 마찬가지이다.

그런데 우리는 신, 즉 무한히 완벽하여 전능한 존재의 관념을 생각할 때, 그 존재의 의지와 모든 물체들의 운동 사이에서, 신이 한 물체가 움직이기를 바라면서 동시에 그 물체가 움직이지 않기를 바란다고 생각하는 것이 불가능한 그러한 관계가 있다는 것을 알고 있다. 그러므로 우리가 그 사물들을 느끼는 것이 아니라 그 사물들을 생각하듯이 말하고자 한다면 물체들을 움직일 수 있는 것은 오직 그 존재의 의지뿐이라고 말해야 한다. 그러므로 물체들의 동력force mouvante은 신의 의지에 다름 아니므로, 스스로 움직이는 물체 내부에 존재하지 않는다. 그래서 물체는 어떤 작용도 하지 않는 것이다.

어떤 움직이는 공이 다른 공과 마주치거나 그렇게 마주친 공을 움직이게 할 때, 처음 공은 자기가 가진 것을 제외하고는 그에게 아무것도

---

8 《형이상학에 대한 대화》의 일곱 번째 대화와 《기독교 성찰》의 다섯 번째 성찰을 참조.

전달하지 않는 것이, 그 공은 그 자체로 그 공이 그 공과 마주친 공에게 전달하는 힘을 갖지 않기 때문이다. 그러나 하나의 공은 그것이 전달하는 운동의 자연적 원인이다. 그러므로 자연적 원인이 실질적이고 실재하는 원인인 것이 아니라, 기회원인만이 그렇다. 기회원인은 조물주가 이런저런 방식으로 작용하도록, 이런저런 접촉으로 작용하도록 확정한다.

만물은 가시적이거나 비가시적인 물체들의 운동을 통해서 만들어진다는 것이 확실하다. 부분들이 더 많이 움직이는 물체들은 언제나 더 많이 작용하는 물체들이며 세상에 더 많은 변화를 만들어 내는 물체들이라는 점을 우리는 경험으로 알고 있다.

그러므로 자연의 모든 힘은 항상 유효한 신의 의지일 뿐이다. 신은 자신이 원했기 때문에 세상을 창조했다. "말씀하자 이루어진dixit et facta sunt"9 것이다. 그리고 신이 만물을 움직이고, 그런 방식으로 발생하는 모든 결과들이 산출되는 것을 우리는 보는 것이다. 신은 물체들이 접촉할 때 운동이 전달되면서 따르게 되는 규칙들을 원했으니 말이다.

이 법칙들은 유효하므로 작용하며, 물체들은 작용할 수 없다. 그러므로 물질적이고 감각적 세계에는 힘이며, 역량이며, 실재하는 특질을 가정할 수 없으며, 물체들은 산출하지 않는 결과들을 산출하며, 신이 본질적으로 갖는 힘과 역량을 분할하기 위한 형상, 능력, 실질적인 자질들이 존재한다고 가정해서는 안 된다.

그런데 물체들은 그것이 무엇이 됐든 실질적 원인일 수 없을 뿐 아

---

9 [옮긴이] 〈시편〉 33장.

니라, 가장 고상한 정신들이 똑같이 무능력에 빠져 있을 뿐인 것은 아니다. 정신은 신이 빛을 비추지 않는다면 아무것도 알 수 없고, 신이 변형을 가하지 않는다면 아무것도 느낄 수 없고, 신이 보편선을 향해, 그러니까 자신을 향해 정신을 움직이게 하지 않는다면 아무것도 의지할 수 없다.

나는 신이 자기를 향하도록 정한 자극의 방향을 정신은 신과는 다른 대상들을 향해 결정할 수 있다는 점을 인정한다. 그러나 나는 그것이 역량이라고 불릴 수 있는지는 모르겠다. 성 아우구스티누스는 어디에선가[10] 죄를 범할 수 있음이 역량이라면 그것은 전능한 자가 갖지 않은 역량일 것이라고 말했다. 사람들이 스스로 선을 사랑하는 역량을 기울여 보고자 했다면 사람들은 대단한 역량을 가졌으리라고 말할 수 있을 것이다.

그러나 사람들이 사랑할 수 있는 것은 오직 신이 그들을 사랑하고 신의 의지가 유효하기 때문에만 가능하다. 사람들이 사랑할 수 있는 것은 오직 신이 그들을 끊임없이 보편선, 즉 자신을 향하도록 부추기기 때문에만 가능하다. 신은 자신을 위해 인간을 창조했기에, 인간 생명을 유지시켜주는 것은 시선을 자신에게 돌리고 자신을 향한 충동을 느끼게끔 하도록 한 것이다. 사람들이 보편선을 향해 움직이는 것이 아니라, 신이 사람들을 움직이는 것이다. 사람들은 이 자극을 단지 신의 법칙에 맞추어 완전히 자유로운 선택에 의해 따르거나, 육肉의 법칙

---

10 [옮긴이] "신은 자유롭지 않다. 신은 악을 원할 수 없다."《율리아누스의 두 번째 답변에 대한 미완의 책》(1권, §100)

에 따라 가짜 선을 향하도록 방향을 정한다. 사람들은 신이 행하도록 한 것만을 할 수 있으므로 오직 선善만을 사랑할 수 있다.

그런데 어떤 의미에서 진실인 것은 사람들이 그들 스스로 진리를 알고, 선을 사랑하는 힘을 가졌다고 가정하더라도, 사람들이 사유와 의지로 자기 외부에 아무것도 만들어 내지 않았다면 그들이 할 수 있는 것이 아무것도 없겠다고 생각할 수 있을 것이다. 그런데 사람들이 의지로 아마 세상에서 존재할 수 있을 가장 작은 물체조차 움직일 수 없다는 점이 내게 대단히 확실해 보인다. 예를 들어 팔을 움직이려는 의지와 팔의 운동 사이에 필연적인 관계가 없음이 명백하기 때문이다. 팔은 우리가 원할 때 움직이므로 우리가 팔을 움직이는 자연적 원인임은 사실이다. 그런데 '자연적' 원인이 실질적 원인인 것은 아니다. 그것은 그저 신의 의지의 힘과 유효성으로써만 작동할 뿐이다. 이는 내가 방금 설명한 것이다.

팔을 어떻게 움직일 수 있을까? 팔을 움직이려면 동물정기가 있어야 하고, 어떤 신경을 통해서 동물정기를 근육으로 보내 부풀리거나 축소하거나 해야 한다. 그래서 팔에 이어진 손이 그런 식으로 움직이는지, 어떤 다른 사람들의 생각을 따라 본다면 어떻게 이런 일이 이루어지는지 아직 알지 못한다.

자기가 정기, 신경, 근육을 가졌는지도 모르는 사람들도, 해부학의 대가들이 할 수 있는 것과 똑같이 팔을 움직이고 그것도 능숙하고 수월하게 움직인다는 것을 우리는 안다. 그러므로 사람들이 팔을 움직이고자 할 때, 그 팔을 움직일 수 있고 움직일 줄 아는 존재는 오직 신뿐이다. 어떤 사람이 탑塔을 쓰러뜨릴 수는 없지만 적어도 그러려면 어떻게 해야 하는지는 안다.

그런데 동물정기를 이용해서 그저 자기 손가락 하나를 움직이려면 무엇을 해야 하는지 알 수 있는 사람은 없다. 그렇다면 사람들은 어떻게 팔을 움직일 수 있는 것일까? 단지 느끼기만 하고자 하는 사람들은 이 문제들을 이해할 수 없겠지만 사유하고자 하는 사람들은 이를 이해할 수 있으리라는 점이 명백해 보인다.

그런데 사람들이 자기 신체에서 산출한 운동의 실질적인 원인이 아닐 뿐 아니라, 그들이 그런 원인일 수 있으리라는 것은 모순처럼 보이기까지 한다. 실질적인 원인은 그 원인과 그것의 결과 사이의 원인인 것이며, 정신은 필연적인 관계를 지각한다고 나는 그렇게 이해한다. 그런데 무한히 완전한 존재와 결과들 사이에는 그 완전한 존재만이 있을 뿐이며 정신은 그 존재의 그 의지와 결과들 사이에서 필연적인 관계를 지각한다.

그러므로 실질적인 원인은 오직 신뿐이며, 신체를 진정으로 움직일 수 있는 역량을 가질 수 있는 존재도 신뿐이다. 게다가 나는 신이 신체를 움직일 수 있는 역량을 사람들이나 천사들에게 전달할 수 있다든지, 팔을 움직이는 힘이 실질적 역량이라고 주장하는 사람들은 신이 창조하고, 소멸시키고, 가능한 모든 사물을 만들어 내는 역량을 정신에 부여할 수 있다고, 한마디로 말해서 정신을 전능하게 만들 수 있다는 점을 인정해야 한다고 주장하는 사람들을 이해할 수 없다고 말하는 것이다. 나는 이 점을 곧 보여 줄 것이다.

신의 작용에는 도구들이 필요 없다. 어떤 사물이 존재하는 데는 신은 의지하기만 하면 되는데,[11] 신이 한 물체의 존재를 원하여 그것의 존재를 의지하면서 동시에 그 존재가 존재하지 않기를 의지한다는 것은 모순이니 말이다. 그러므로 신의 역량은 바로 신의 의지이고, 자신의 역량을 전달하는 것은 신의 의지의 유효성을 전달하는 것이다. 그렇지만 어떤 사람이나 어떤 천사에 이 유효성을 전달한다는 것은 예를 들어 어떤 사람과 어떤 천사가 이런 물체를 움직이라 할 때 그 물체가 실제로 움직이기를 바란다는 것이 아니라면 아무것도 의미하지 않는다. 그런데 이 경우 나는 한 천사가 어떤 물체를 움직이게 된다면 신의 의지와 천사의 의지가 경쟁하는 것을 보게 된다. 두 의지 중 무엇이 그 물체를 실질적으로 움직인 것인지를 알기 위해서는 유효한 원인이 무엇인지 알아야 한다. 신의 의지와 신이 의지하는 것 사이에는 필연적 관계가 있다. 이 경우에 신의 바람은 한 천사가 이런 물체가 움직이기를 바랄 때, 그 물체가 움직이게 되는 것이다. 그러므로 신의 의지와 이 물체의 운동 사이에는 필연적 관계가 있다. 그 결과 신은 이 물체를 실질적으로 움직인 원인이며, 천사의 의지는 기회원인에 불과하다.

그러나 이 점을 훨씬 더 명확하게 보여 주기 위해서 우리가 악마들이나 처벌을 받아 마땅한 어떤 다른 사람들에 대해 생각하는 것처럼 몇몇 사람들이 바랄 수 있는 것과 신은 반대로 행동하고자 한다고 가정해 보도록 하자. 이 경우에 신이 자신의 역량을 그들에게 전달하게 되리라고 말할 수 없는데, 그것은 그들이 바라는 것으로는 아무것도 만들 수 없을 것이기 때문이다. 그러나 이런 사람들의 의지는 산출될

---

11 나는 여기서 실천 의지(les volontés pratiques), 혹은 신이 작용을 가하고자 할 때 갖는 의지를 말하고 있음이 명백하다.

수 있을 결과들의 자연적 원인들일 것이다. 그들이 물체가 왼쪽으로 움직이기를 바랐기에, 그런 물체가 오른쪽으로 움직일 수도 있을 것이다. 신체 부분들을 움직이고자 하는 우리의 의지가 이들 부분을 움직이도록 만드는 최초의 원인이 되는 것처럼 이들의 욕망이 신이 의지를 작동시키는 원인이 될 것이다.[12] 그래서 정신의 모든 의지는 단지 기회원인일 뿐이다.

이 근거들이 모두 제시된 뒤에도 어떤 물체를 움직이게 될 천사의 의지는 기회원인이 아니라 실질적 원인임을 옹호하고자들 했다면, 그 천사는 만물의 창조와 소멸의 실질적 원인일 수 있으리라는 점이 명백하다. 신이 그 천사에게 물체들을 움직이게 만드는 역량처럼 그 물체들을 창조하고 소멸시키는 역량을 전달했을 것이기 때문이다. 신이 사물들이 창조되고 소멸되기를 바랐다면, 한마디로 말해서 그 천사가 그랬듯이 물체들이 움직이기를 바랐던 것과 마찬가지로 천사가 원했던 대로 모든 일이 일어나도록 신이 바랐다면 말이다. 즉 한 사람과 한 천사가 원했을 때 신이 존재들을 창조할 수 있다고 말해야 한다.

---

12 [옮긴이] "의지는 두 종류다. 하나는 신을 사랑하기를 원할 때 또는 일반적으로 우리 생각을 전혀 물질적이지 않은 어떤 대상에 적용할 때처럼 영혼 자신 안에서 종료되는 영혼의 작용들이기 때문이다. 다른 하나는 단지 우리가 산책하려는 의지를 가질 때, 이에 이어서 다리가 움직이고 걷는 것같이 우리 몸 안에서 종료되는 작용들이다."(《정념론》, 18절) 이 내용을 다음과 비교해 보자. "운동의 원인은 두 가지이다. 첫째로, 보편적이고 근원적인 원인, 즉 세계에 있는 모든 운동의 일반 원인. 둘째로, 특수한 원인, 즉 전에 운동하지 않고 있던 물질의 부분들을 운동하게 하는 원인. 일반 운동 원인이 신 외에 어떤 것일 수 없다는 것은 명백해 보인다."(《철학의 원리》, 2부 36절)

철학자들처럼[13] 신이 물질의 필요에 따라 실체 형상들을 산출했다고 가정했다면 아마 가장 비천한 동물이나 물질이 저절로 어떤 실체의 창조의 실질적 원인이라고 말할 수도 있을지 모르겠다. 또한 신은 아주 옛날부터 어떤 시기에 어떤 사물들을 창조하겠다고 결심했기 때문에 이 시간들이 이들 존재의 창조의 원인이라고 말할 수도 있겠다. 어떤 공이 다른 공과 마주쳤을 때 그것이 먼젓번 공이 뒤의 공에게 전달한 운동의 실질적 원인이라고 주장하는 것과 마찬가지이다. 신은 자연에 질서를 부여한 자신의 일반의지를 통해 두 물체가 서로 만나게 되고 그런 운동의 전달이 이루어지리라고 바랐기 때문이다.

그러므로 실질적 원인이란 오직 진실한 신뿐이요, 유일한 한 가지 원인일 뿐이다. 어떤 결과에 선행하는 것이 그것의 실질적 원인이라고는 도대체 상상할 수 없는 것이다. 우리가 이성의 빛을 따른다면 신은 피조물에게 자신의 역량을 전달할 수 없다. 신은 그것으로는 실질적 원인을 만들 수 없으며, 그것으로 신들을 창조할 수도 없다. 그런데 신이 그렇게 할 수 있다 해도 우리는 왜 신이 그렇게 바란 것인지 이해할 수 없다. 신체, 정신, 순수 지성, 이런 모든 것으로 할 수 있는 것은 아무것도 없다. 그는 그런 것들을 밝히고 자극하는 정신을 만드는 이인 것이다. 하늘과 땅을 창조했던 이가 그것들의 운동을 조정한다. 결국 우리의 의지를 실행하는 존재는 우리를 창조한 조물주이다. "명령한 것에는 항상 복종한다semel jussit, semper paret."[14] 그는 심지어 우리가 그의

---

13 《형이상학에 대한 대화들》의 일곱 번째 대화 및, 이차 원인의 유효성에 대한 주해를 참조.

명령을 거슬러 팔을 사용할 때 우리의 팔을 움직이기까지 한다. 그는 선지자로 하여금[15] 우리가 팔을 부당하고 범죄적인 욕망을 쓰게끔 했다고 한탄했다.[16]

이교도들의 이 형편없는 신들 전부며, 철학자들의 이런 개별 원인 모두는 고작해야 환상일 뿐이다. 악령은 진정한 신의 숭배를 무너뜨리기 위해, 신이 오직 자기를 위해 만들었던 정신과 마음을 몰두케 하기 위해 그런 환상을 세우려고 노력한다. 아담에게서 온 철학으로 이런 문제들을 배운 것이 아니다. 그것은 뱀에게서 온 철학이다. 원죄 이후 인간의 정신은 완전히 이교도적으로 변했다. 이 철학은 감각의 오류와 결합하여 태양을 숭배하게끔 했고, 오늘날에도 여전히 그 철학은 정신의 미망과 인간 마음의 타락의 보편적 원인이 되고 있다.

그들은 묻는다. 신체가 우리를 즐거움으로 한껏 채워줄 수 있는데 왜 행동과 말로써 신체를 사랑하지 말아야 할까? 이스라엘 사람들이 자기들을 행복하게 해주었던 배추와 양파가 없어 실제로 불행해 하고 이집트의 이 채소들을 그리워하는 것을 보면서 왜 그들을 조롱하는가? 이른바 새롭다는 철학은 경멸받고 이해도 못한다고 비판받는 나약한 정신을 가진 사람들에게 두려움을 일으키기 위해 유령처럼 제시되고 있다. 나는 새로운 철학이라고 말했는데 그 철학을 그렇게 즐겨

---

14 [옮긴이] "그는 항상 한번 명령한 것에 복종한다."(세네카, 《섭리에 대하여》, 5장 §8) 신이 결정한 운명의 법칙에 대한 언급이다.

15 Is., XLIII, 24.

16 [옮긴이] "너는 네 죄짐으로 나를 수고롭게 하며 네 죄악으로 나를 괴롭게 하였느니라."(〈이사야〉, 43장 24절)

부르고들 있기에 그렇다.

그 새로운 철학은 기독교의 제 1 원리[17]에 완벽하게 부합하는 가장 위대한 원리를 확립함으로써 리베르탱들이 내세우는 근거들을 파산으로 몰고 있다. 우리를 행복하게 할 수 있는 이는 오직 신뿐이므로 신만을 사랑하고 신만을 두려워해야 한다는 원리이다.

종교가 진정한 신은 한 분뿐임을 가르쳐 준다면, 이 철학은 진정한 원인은 하나일 뿐임을 가르쳐 준다. 종교가 고대 이교 문명의 모든 신이 생명 없고 부동의 돌이며 금속일 뿐임을 가르친다면 이 새로운 철학 또한 모든 2차 원인들이며 철학의 모든 신들이 그저 고작 물질에 불과하고 물질이자 효력이 없는 원인일 뿐임을 가르친다. 마지막으로 종교가 신이 아닌 신들 앞에 무릎을 꿇지 말아야 함을 가르친다면, 이 새로운 철학 또한 우리의 상상력과 정신은 원인이 아닌 원인의 창대함과 상상의 역량 앞에 주저앉아서는 안 된다는 점을 가르친다. 그런 원인들을 사랑해서도, 두려워해서도 안 되고, 그런 것에 몰두해서도 안 된다. 오직 신만을 사유해야 하고, 만물에서 신을 보고, 만물 속에 깃든 신을 두려워하고 사랑해야 한다.

그런데 이는 몇몇 철학자들의 성향인 것은 아니다. 그들은 신을 보려 들지 않고 신을 생각하려 들지 않는다. 원죄 이후 인간과 신 사이에는 은밀한 대립이 있다. 그 철학자들은 자기네 좋은 대로, 자기네 생각

---

17 Haec est religio Christiana, fratres mei, quae praedicatur per unversum mundum horrentibus inimicis, et ubi voncuntur murmurantibus ubi praevalent saevientibus, haec est religio Christinana ut COLQTUR UNUS DEUS MULTI DII QUIA NON FACIT ANIMAM BEATAM NISI UNUS DEUS.(Aug. *Tract. in Joan*, XXIII)

대로 신들을 즐겨 꾸며내고, 고대인들이 자기네들 손으로 만들어 낸 창조물들처럼 기꺼이 자신들의 상상력과 허구를 사랑하고 두려워한다. 그들은 서툰 글을 써놓고선 동무들 앞에서 불안해하는 아이들을 닮았다. 아마 딱 들어맞지는 않겠지만 한 가지 비유를 들자면 자기 정신이 만들어 낸 허구를 저어하고 또 숭상했던 저 유명한 로마 사람들을 닮은 것이다. 황제를 신격화하면서 독수리를 풀어주고서는 어리석게도 황제를 경배했던 것이니![18]

---

18 [옮긴이] 죽은 황제의 신격화 의식(儀式)이 이루어지는 동안 독수리를 풀어 주어 황제가 하늘로 올라갔음을 상징하는 행위를 가리킨다.

4장

대부분의 철학자들은 거의 지키지 않지만 데카르트는 자연학에서 정확히 지킨 일반 규칙의 두 번째 부분에 대하여

방금 우리는 감각의 거짓되고 모호한 관념 및 순수 논리학의 막연하고 확정되지 않은 관념들에 따라 추론하게 되면 어떤 오류에 빠질 수 있는지 살펴보았다. 이로부터 우리는 지각에서 명백성을 보존하기 위해서 우리가 조금 전에 규정한 규칙을 정확히 준수하고, 사물들의 명석하고 판명한 관념들을 따라서만 추론하기 위해 어떤 것이 그런 관념들인지 검토할 필요가 있음을 충분히 깨날았나.

우리 연구 주제와 관련된 이 보편 규칙에서 정말 주목해야 할 상황이 또 있다. 우리는 가장 단순한 것과 가장 용이한 문제들로부터 시작해야 하고, 그 문제들에 오랫동안 집중한 다음에야 가장 복잡하고 가장 난해한 문제들의 연구에 손대야 한다. 지각을 항상 명백하게 보존하기 위해 판명한 관념들로만 추론한다면야 복잡한 문제들의 연구를 거칠 필요도 없음이 분명하다. 그다음에 대단히 세심하게 검토하고 그것이 의존하는 단순한 관념들에 스스로 단단히 익숙해지는 것이다. 복잡한 문제들의 관념들은 그것을 구성하는 가장 단순한 문제들을 그저 모호하고 불완전하게 알 때 명확하지도 않고 명확할 수도 없다.

사물을 이루는 모든 부분들을 고려했음을 확신하지 못했을 때 우리는 그 사물을 불완전하게 알고 있는 것이다. 또 사물을 이루는 모든 부분들을 고려했음을 확신했다손 쳐도 이를 모호하게 알고 있기란 마찬가지이다. 사물을 불완전하게 알 때 추론을 해봤자 나오는 것은 계속 사실임 직한 것일 뿐이다. 사물의 지각이 모호하다면 추론에는 질서도 없고 빛도 없다. 어디에 있는지, 어디로 가는지 종종 모르게 된다. 그런데 사물을 불완전하게만 알고, 전체를 모호하게만 알 때 일상다반사로 일어나는 일은 무엇을 찾는지, 이를 찾기 위한 수단은 무엇인지 명확히 모른다는 것이다. 그래서 연구를 할 때 이런 난공불락의 질서를 유지하는 일이 절대적으로 필요하다. '항상 가장 단순한 문제들로부터 시작하고, 그 문제들을 이루는 모든 부분들을 검토하고, 그 문제들에 익숙해진 다음에야 그 문제에 의존하는 가장 복잡한 문제들로 나아가는 것이다.'

그런데 이 규칙은 사람들의 성향과는 부합하지 않는다. 사람들은 본래 쉽게 보이는 것들이라면 모두 경멸한다. 사람들은 쉽게 이해할 수 있는 한정된 대상을 알고자 정신을 가진 것이 아니니 이들 단순한 관념들을 오랫동안 깊이 고려할 수 없다. 그런 단순 관념은 사람들이 알고자 태어난 무한의 성격을 갖지 않기 때문이다. 반대로 사람들은 동일한 이유로 무한을 다루는 창대한 사물들이며, 심지어는 난해하고 신비로운 사물들조차 존경심과 열의를 아낌없이 바친다. 결국 그들이 어둠을 사랑하는 것은 마음 깊숙한 곳에서가 아니다. 그들이 욕망하는 선을 암흑 속에서 찾고자 희망하더니, 대낮에는 그런 것은 현세에 존재하지 않는다고 인정하는 것이다.

허영은 처음에는 정신에 크나큰 자극을 주어 창대하고 기이한 것에 투신케 한다. 용케 좋은 생각을 찾게 되리라는 일종의 희망으로 그들은 그리로 달려간다. 흔하디흔한 사물들의 가장 정확한 지식을 갖는 것으로는 세상에 명성을 떨치지 못하지만, 전혀 모르는 사물들의 지식은 언제나 이해하지 못하는 것에 대해서는 높은 평가를 하는 사람들의 존경과 존중을 이끈다. 또한 이러한 경험상 진리보다는 허영에 더욱 민감한 모든 사람들의 방향을 결정하고, 그 결과 대부분의 사람들로 하여금 창대하고 희소하고 모호한 이런 상상의 근사한 지식들을 맹목적으로 연구하게끔 한다.

얼마나 많은 사람들이 데카르트의 철학이 지나치게 단순하고 수월하다는 저 우스운 근거를 들어 그의 철학을 거부했는가. 이 철학에는 모호하고 신비로운 용어들이 전혀 없다. 그래서 여성이며, 그리스어와 라틴어를 모르는 사람들도 그의 철학을 이해할 수 있다. 그러므로 이는 별것 아닌 일임에 틀림없으며, 위대한 천재들이 이런 철학에 열중하다니 가당치 않단다. 그들은 그렇게 명백하고 단순한 원리들로는 자기들이 모호하고 복잡하다고 가정한 자연의 결과들을 설명할 때 충분한 소출을 얻을 수 없다고 생각한다. 우선 그들은 주의를 집중하기에는 너무 단순하고 수월한 이들 원리를 어떻게 사용하는 것인지 이해하지 못했으니, 그것의 용례와 범위를 깨닫기 위해서 그만큼 많은 시간이 든 것이다. 그러므로 그들은 단순하면서도 지성적인 원칙보다는 머릿속에 들어 있지도 않고, 절대적으로 들일 수도 없는 원칙을 통해 자기들이 원인이 무엇이었는지 이해하지 못하는 결과들을 더 잘 설명하는 것을 좋아한다. 이 철학자들은 모호할 뿐 아니라 완전히 이해할 수 없는 원리들을 통해 난해한 사물들을 설명하는 까닭이다.

몇몇 사람들이 극단적으로 얽히고설킨 문제들이 모든 사람이 알고 있는 명확한 원칙으로 설명된다고 주장할 때 그들의 성공 여부를 보기란 쉬운 일이다. 그들이 하는 말을 잘 이해한다면 그들이 진실을 말하는지 아닌지 알 수 있으니 말이다. 그래서 거짓 학자들이 지성적 원리를 사용할 때 이득도 보지 못하고 그들이 바라는 대로 경배도 받지 못한다. 우리는 그들이 진실이란 아무것도 말하지 않고 있음을 명백하게 깨닫게 되니 말이다.

그러나 그들이 알려지지 않은 원리들을 사용하고, 마치 모든 관계들을 정확히 알기라도 하듯 복잡하게 얽힌 문제들을 말할 때 그들은 경배를 받게 된다. 우리는 그들이 하는 말을 전혀 이해하지 못하면서도, 우리의 지성을 넘어서는 존재에 대해 자연적으로 존경심을 갖게 마련인 것이다.

그런데 난해하고 이해할 수 없는 문제들이 명확하고 지성적인 문제들과 모호한 문제들의 결합 이상으로 서로 더 잘 이어져 있는 것처럼 보이므로, 저 이해할 수 없는 원칙들은 대단히 복잡한 문제들에서 지성적 원칙들보다 더 많이 사용된다. 철학자들과 의사들이 자기들의 원칙을 통해 한두 마디로 설명하겠다고 주장하지 않는 것 이상으로 어려운 것이 없다. 그들의 원칙들은 그들에게 제시될 수 있는 모든 문제들보다 훨씬 더 이해할 수 없는 것들이라 이 원칙들을 확실한 것이라고 가정한다면 그들을 당황하게 만들 수 있는 어려움이란 없는 것이다.

예를 들어 그들은 이들 모호하거나 확정되지 않은 문제들, 예를 들어 어찌해서 태양은 증기를 끌어당기고, 키니네는 4일 열을 멈추고, 대황大黃은 담즙을 정화하고, 하제염下劑鹽, sel polycreste은 담膽을 정화하는지 및 다른 비슷한 문제들에 대담하고 서슴없이 답변한다. 사람들 대부분은 그들의 답변에 충분히 만족하는데 그 까닭은 난해한 것과 이해할 수 없는 것이 서로 잘 어울리기 때문이다. 이해할 수 없는 원칙들은 명확하게 제시되고 쉽게 해결할 수 있는 문제들과 쉽게 어울리지 않는데, 그것은 그것들이 아무 의미도 없다는 점을 우리가 명확히 아는 까닭이다.

철학자들은 자신들의 원리를 통해 말馬들이 어떻게 짐수레를 끄는지, 먼지는 어떻게 시계를 멈추는지, 규조토는 어떻게 금속을 청소하고, 솔은 의복을 어떻게 청소하는지 설명할 수 없다. 그들이 짐수레가 말을 따르는 원리와, 의복 청소용 솔 안의 세척 능력faculté détersive을 설명하기 위해 인력 운동과, 인력 능력facultés attractrices을 가정했다면 만인의 웃음거리가 될 것이다. 그래서 그들의 거창한 원칙들은 이해될 수 없는 것이기에 모호한 문제들에나 유용할 뿐이다.

그러므로 명확하고 명백하게 알지 못하고, 어떤 국가에서도 수용하지 않는다고 생각할 수 있는 이런 모든 원칙들을 그냥 건너뛰어야 한다. 그 대신 연장, 형상, 국지적 운동에 대해 가진 관념들과, 이 문제들이 서로 맺는 관계들을 주의 깊게 고려해야 한다. 이 관념들을 분명하게 생각하고, 그 관념들이 모든 국가들에서, 모든 시대에서 수용되었다고 확신할 만큼 대단히 명확하다고 생각한다면 그제야 멈춰 서서 관념들의 관계를 전부 검토해야 한다. 그렇지만 그 관념들이 모호하다는 생각이 들고, 그것과 다른 것을 찾을 수 있다면 그 다른 것을 구하도록 해야 한다. 잘못 생각할 걱정 없이 추론하기 위해서 지각이 항상 명백성을 견지해야 한다면 명확한 관념들과 뚜렷이 알려진 관계들에 따라서만 추론해야 한다.

데카르트가 했던 것처럼 연장의 속성들을 순차적으로 고려하려면 가장 단순한 관계들로부터 시작하고, 가장 단순한 것에서 가장 복잡한 것으로 나아가야 한다. 이 방법이 자연적이고, 이렇게 실행할 때 이 방법은 정신을 돕기 때문일 뿐 아니라, 신은 항상 질서 있게, 가장 단순한 길을 통해 작용하므로 이렇듯 우리 관념들과 그 관계를 검토하는 방법을 통해서 신의 창조물들을 더 잘 이해할 수 있게 된다.

또한 상상력에 가장 먼저 제시되는 관계가 가장 단순한 관계부터라면, 어떤 문제보다는 다른 문제를 생각할 결정을 내리지 못하기에 문제들을 주의 깊고 편견 없이 고려하는 것으로 충분하리라는 것을 인정해야 한다. 그래야 우리가 규정한 질서를 따르고 대단히 복잡한 진리들을 발견할 수 있게 된다. 물론 한 주제에서 다른 주제로 지나치게 빨리 나아가지 말아야 한다.

그러므로 주의 깊게, 어떤 선입견 없이 연장을 고려한다면 그것이 불투과적임을 알게 된다.[1] 2피에의 연장이 1피에밖에 안 된다는 것은 모순이니 말이다. 그런데 힘을 재현하는 관념에서는 아무런 힘도 보지 못하기에 힘은 그 자체로는 단단하지 않고, 그래서 각 부분이 다양한

---

1 [옮긴이] 데카르트는 불투과성이 연장에 본질적이라고 생각했다. 한 부분이 소멸되지 않은 채 다른 부분으로 침투한다는 것은 인간의 이해력을 넘어서는 것이다. "그런데 무로 귀결한 사물은 다른 사물 안으로 침투할 수 없을 것입니다."〔모어에게 보내는 편지(1649년 4월 15일), t. V, p. 342〕

쪽으로 밀려나면 각자 이웃한 부분과 분리되리라는 것이 분명하다. 그래서 전체가 충만하고, 물질들이 불투과적이라고 해도 운동은 가능하다고 생각한다.

연장은 그 자체로 단단하지 않으니까 한 부분이 앞으로 나아가면서 비워 둔 자리를 향해 밀려나게 될 것이다. 그렇게 부분들은 그리로 밀려 들어가서, 원운동을 하게 될 것이다. 우리가 고려하는 저 무한한 연장의 무수히 많은 유사한 부분들에서 직선으로 이루어지는 무한한 운동을 생각해 본다면 이 모든 물체들이 서로 방해하면서 상호 작용과 반작용을 통해, 그러니까 내 말은 그 물체들이 이루는 모든 개별적 운동의 상호 전달을 통해 서로 원운동을 하면서 움직이는 데 협력하게 된다.

우리 관념들의 가장 단순한 관계들을 처음으로 고려해 본다면 데카르트의 소용돌이 이론이 필요하다는 점이 인정된다. 연장의 모든 부분들이 따르는 직선 운동은 서로 대립하고 있어서 어떤 동일한 운동을 받아들이기가 더 어려우므로 소용돌이의 수는 그만큼 더 많으며, 이들 모든 소용돌이 가운데 동일한 운동에 협력하거나, 구성 부분들이 더 많은 힘을 갖기에 직선 운동을 계속하게 되는 부분들이 더 많은 소용돌이가 가장 큰 소용돌이가 될 것이다.

그러나 소용돌이의 무한한 수며, 엄청난 크기에 쓸데없이 열중하면서 정신을 산만하게 하거나 피곤하게 하지 않도록 조심해야 한다. 먼저 잠시 이 소용돌이들 중 어떤 것에 집중하고, 그 소용돌이가 포함하는 물질의 모든 운동 및 이 물질의 모든 부분들이 띠게 되는 형상들을 순서대로, 주의 깊게 연구해야 한다.

가장 단순한 운동은 직선으로 이루어지는 운동밖에 없으므로, 이 운동을 모든 물체들이 끊임없이 운동할 때 따르는 운동으로 간주해야 한다. 신은 항상 가장 단순한 길을 따라서만 작용하지만, 사실상 물체는 직선 운동을 하면서 끊임없이 방해를 받아서 그저 원운동을 하게 되니 말이다. 그래서 모든 물체의 크기는 동일하지 않고, 가장 큰 물체들은 다른 물체들보다 더 힘이 크므로 직선으로 이루어지는 운동을 하게 된다. 모든 물체들 중 가장 작은 물체들은 소용돌이의 중심을 향하게 되고, 가장 큰 물체들은 소용돌이의 둘레를 향하리라는 점은 쉽게 이해된다. 소용돌이의 둘레에 있는 물체들의 운동이 그린다고 생각되는 선은 중심에서 가까운 물체들이 그리는 선보다 더 직선에 가깝게 되는 까닭이다.

이 물질의 각각의 부분이 처음에는 각을 둥글리고 작게 하지 않고서는 움직일 수 없고 운동에 끊임없는 방해를 찾을 수 없었다는 점을 다시금 생각해 본다면 이 연장 전체는 단지 두 종류의 물체로만 구성되었으리라는 점을 쉽게 깨닫게 될 것이다. 상이한 여러 방식으로 중심 주위를 끊임없이 회전하는 둥근 공들은 그것들의 개별 운동 이외에도 여전히 소용돌이의 공통된 운동에 의해 휩쓸려간다.[2] 우리가 방금 말했던 공들은 마찰하면서 어떤 물질을 산출하게 되는데 그 물질은 대단히 유동적이게 되고 대단히 요동치게 될 것이다. 소용돌이를 이루는

---

2 데카르트는 이 작은 공들이 단단하다고 생각한다. 그런데 그것은 오히려 유체의 작은 소용돌이인 것이다. 그래서 나는 빛과 색을 다루는 주해에서 이 점에 대해 말할 것이다. 여기서 내 의도는 데카르트 체계의 어떤 관념을 제공하는 것뿐이다.

모든 부분들에 공통된 원운동 이외에도 이 미세한 물질은 또한 원의 둘레를 향한 소용돌이의 중심에 거의 직선으로 이루어지는 개별 운동 역시 하게 될 것이다. 공들 사이의 간격 때문에 이들 사이에 빈 공간이 생기게 된다. 그래서 이 운동으로 구성된 운동은 나선형을 띠게 된다.

데카르트가 '첫 번째 요소le premier élément'라고 부르는 이 유체는 공들 혹은 '두 번째 요소le second élément'보다 대단히 더 작은 부분들로 나뉘고 직선으로 이루어지는 운동을 계속하기 위한 힘이 더 적으므로, 이 첫 번째 요소가 소용돌이의 중심에 자리하고, 두 번째 요소는 그 부분들 속의 간격에 놓이게 될 것이고, 두 번째 요소의 부분들은 소용돌이의 나머지를 채우고, 직선으로 이루어지는 운동을 계속하는 데 갖게 되는 굵기 혹은 힘에 비례하여 원의 둘레에 다가가리라는 점이 분명하다.

우리가 방금 언급한 바에 따라 소용돌이 전체의 형상은 한 극極에서 다른 극으로 멀어지면서 적도3를 가로지르는 선보다 더 작으리라는 점이 확실하다. 소용돌이가 서로를 둘러싸고 있고, 서로 불균등하게 압박한다는 점을 고려한다면 이 적도가 불규칙한 곡선이며 타원형에 가깝게 될 수 있음을 또한 명확하게 보게 될 것이다.

이상이 끊임없이 직선을 이루며 운동하고, 연장의 부분들에서 이루어지는 일을 주의 깊게 고려할 때 자연스럽게 정신에 제시되는 문제들이다. 연장의 부분들은 끊임없이 직선을 이루는 운동, 다시 말하면 모든 운동에 가장 단순한 방식을 취하는 경향이 있다. 이제 신의 지혜와

---

3 적도(équateur)란 소용돌이를 이루는 물질이 그리는 것 이외에 가장 큰 곡선을 말한다.

역량에 정말 어울리는 한 가지를 상상해 보고자 한다면, 즉 신은 모든 부분들이 시간에 따라, 가장 단순한 길을 따라 배열을 갖추게 될 것과 동일한 상태로 단번에 세계를 형성했고, 동일한 자연법칙에 따라 이렇게 창조된 부분들을 보존하고, 한마디로 말해서 우리가 보는 대상들에 우리의 사유들을 적용시켜 보고자 한다면 태양이 소용돌이의 중심이고, 태양이 모든 방향으로 발산하는 유형의 빛은 소용돌이의 중심으로부터 멀어지는 경향이 있는 작은 공들의 연속적인 응력과 다른 것이 아니고, 이 빛은 단 한순간에 무한한 공간을 통해 전달된다고 판단할 수 있다. 이들 공으로 가득 차 있으므로 그것을 방해하는 다른 모든 것들을 압박하지 않는 어떤 것도 압박할 수 없는 것이다.

내가 방금 말한 것에서 여러 다른 결과들을 추론할 수 있을 것이다. 항상 가장 단순한 원칙들이 가장 단순한 길에 따라 행동하는 존재의 창조물을 설명하기 위한 가장 풍요로운 것이다. 그런데 물질에 일어나게 되는 어떤 사물들 또한 고려할 필요가 있다. 그러므로 우리는 우리가 방금 한두 마디 말로 기술한 것과 유사한 여러 소용돌이가 존재한다고 생각해야 한다. 이 소용돌이들의 중심은 별들이고, 이 별들이 그만큼의 수의 태양들이다. 소용돌이들이 서로를 둘러싸고 있고, 운동에서 일어날 수 있는 방해를 최소한으로 만들도록 배열되어 있지만, 사물들은 거기까지 이를 수 없었고, 가장 약한 소용돌이들은 가장 강한 소용돌이들에 이끌려 삼켜진다는 점을 생각해야 한다.

이 점을 이해하기 위해서는 소용돌이의 중심에 있는 첫 번째 요소가 동일한 소용돌이의 둘레를 향한 공들의 간격으로써 끊임없이 벗어날 수 있고 벗어나게 되며, 이 중심 혹은 이 별이 그것의 적도를 통해 비워지게 될 때 양쪽 극極을 통해 첫 번째 요소가 그곳으로 다시 들어온다는 점만 생각하면 된다. 이 별이 한쪽을 비우지 않고는 다른 별이 그 자리를 채울 수 없다. 내가 이 자리에서 가정한 대로 세계에는 진공이 없고, 자연적 결과들, 예를 들면 빛의 전달을 통해 이 점을 입증하기란 쉬운 일이다.

그러나 우리가 말하는 이 별에서 첫 번째 요소를 많이 수용할 수 없게 만들 원인들은 무한히 많이 있으므로, 그곳에 멈춰 서지 않을 수 없는 첫 번째 요소의 부분들이 서로 결합하여 동일한 한 방향으로 움직이도록 할 필요가 있다. 이것이 부분들을 서로 결합하고 긴밀히 연결되도록 하며, 껍질처럼 두꺼워지면서, 조금씩 이 중심을 덮고, 모든 물체들에서 가장 미세하고 가장 동요하는 것을 가지고 견고하고 거친 물체를 만드는 반점taches을 이룬다. 이 거친 물질을 데카르트는 '세 번째 요소'라고 불렀고, 이 거친 물질이 무한한 수의 형상을 가진 첫 번째 요소에서 만들어진 것처럼 무한한 수의 다양한 형상들을 띠고 있다는 점에 주목해야 한다.

이렇게 반점과 껍질로 덮여 다른 행성들처럼 된 이 별은 그 별을 둘러싼 것들의 연속적 응력을 거슬러 자신의 소용돌이를 지탱하고 방어할 힘이 없다. 그러므로 이 소용돌이는 점점 작아지고, 소용돌이를 구성하는 물질은 사방으로 퍼져 나간다. 주변의 소용돌이 중 가장 강한 것이 가장 큰 부분을 이끌어 결국 그것의 중심인 행성을 덮게 된다. 이 행성은 이 거대한 소용돌이의 물질로 완전히 둘러싸여 있고 그 소용돌이의 다소의 물질과 함께 예전의 원운동을 보존하면서 유영한다.

결국 이 행성은 유영하는 물질의 동일한 체적과 함께 균형을 이루는 위치에 놓이게 된다. 그 행성이 견고하지도 않고 크기도 작다면 그 행성을 둘러싸고 있는 소용돌이의 중심을 향해 아주 가까이 내려간다. 행성은 직선으로 이루어지는 운동을 계속하기 위한 힘이 거의 없으므로 이 소용돌이의 장소에 자리 잡을 것이다. 그 장소에서 동일한 체적의 두 번째 요소는 중심에서 멀어지기 위한 그만큼의 힘을 갖는데, 그 행성은 바로 그 장소에서만 평형을 이룰 수 있기 때문이다. 이 행성이 더욱 크고 더욱 단단하다면 그 행성은 소용돌이의 중심에서 가장 멀리 떨어진 장소에서 균형을 이룰 것이다.

마지막으로 소용돌이 속에 동일한 체적의 물질이 그 행성만큼 단단하다면, 그 결과 그만큼 직선으로 이루어지는 운동을 계속할 힘을 갖는다. 이 행성은 아마 대단히 클 것이고 대단히 단단하고 두꺼운 껍질로 덮여 있을 테니 이 소용돌이에서 정지할 수 없을 것이다. 이를 구성하는 물질과 함께 균형을 이룰 수 없으니 말이다.

그러므로 이 행성은 다른 소용돌이 속을 지날 것이고, 그곳에서도 균형을 맞출 수 없으므로 역시 멈추지 않을 것이다. 그래서 간혹 행성이 혜성같이 지나가는 것을 보게 될 때도 있는데, 그 행성이 우리 소용돌이에 들어와 우리와 충분히 가까울 때 그러하다. 그 행성이 다른 소용돌이들 속이나 우리 소용돌이의 극단에 있을 때는 꽤나 오래 그것을 보지 못할 것이다.

이제 한 소용돌이가 크기와 힘이 충분하고 유리한 위치에 놓임으로써 여러 소용돌이들을, 그중 어떤 다른 소용돌이들 위에 있게 될 소용돌이들을 조금씩 침식하고 에워싸고 이끌어간다고 생각한다면, 이들 소용돌이의 중심에서 만들어지게 될 행성들은 그것을 능가하는 커다란 소용돌이 속에 들어가, 그 행성들이 유영하는 물질의 동일한 체적과 균형을 이루게 된다. 그래서 이 행성들은 단단하기가 차이가 있고 그 행성들이 유영하게 될 소용돌이의 중심과의 거리가 서로 다르다.

또 두 행성이 직선으로 이루어지는 운동을 계속하는데 거의 동일한 힘을 갖게 되는 일이 있거나, 한 행성이 사물들의 형성을 이해하는 우리의 방식에 따라 그 행성의 작은 소용돌이 속에 그것이 능가하게 될 더 작은 하나나 여러 개의 행성을 이끌게 된다면, 그때 이 작은 행성들은 가장 큰 행성 주위를 돌 것이고, 이들 행성 모두는 중심과 거의 같은 거리에서 커다란 소용돌이의 운동에 휩쓸릴 것이다.

이성의 빛을 따라서 우리는 세계를 구성하는 부분들을 이런 식으로 배치하지 않을 수 없다. 그 세계를 우리는 가장 단순한 길들에 따라 형성된다고 생각하는 것이다. 우리가 방금 말한 모든 것은 연장의 관념에 근거할 뿐이고, 연장을 이루는 부분들이 직선으로 이루어지는 운동이라는 가장 단순한 운동을 통해 움직이는 경향이 있다고 가정했다. 또 우리가 결과들을 통해서 검토할 때 만일 우리가 사물들을 그것의 원인에 의해 설명하고자 할 때 잘못 생각하지 않았다면 천구天球의 현상들이 우리가 방금 말한 것과 대단히 부합한다는 점을 보고 놀라게 된다. 작은 소용돌이 가운데 존재하는 모든 행성들은 태양처럼 그것들 고유의 중심 주위를 돌고 있음을 우리는 알고 있다.

행성들은 모두 태양의 소용돌이 속에서 또 태양 주위를 유영하고 있는 것이다. 가장 작은 행성들이나 가장 덜 단단한 행성들이 태양에 가장 가깝다. 여러 행성들은 자기 주위를 도는 여러 다른 작은 위성들을 갖추고 있다. 지구 주위를 도는 달이 그런 것이다. 목성은 네 개, 토성은 다섯 개의 위성이 있다. 그래서 몇몇 천문학자들에 따르면 토성이 가장 큰 행성이라고 한다. 그러나 그렇지 않다면 적어도 토성이 가장 단단한 행성이라는 것이 틀림없다. 아마 토성은 아주 작은 위성들을 많이 가진 것 같다. 그래서 연속된 원과 동일한 결과를 만들어 내는 것 같다. 아주 멀리 떨어져 있기 때문에 그만큼 두께가 얇아 보이는 것이다. 이 행성들은 우리가 볼 수 있는 가장 큰 것들이므로 다른 것들을 덮을 만큼 충분히 큰 소용돌이에서 만들어졌다고 간주할 수 있다. 우리가 존재하는 소용돌이에 에워싸인 것은 그다음 일이다.

하위헌스 씨는[4] 토성 고리 지름과 태양의 지름은 11 대 37, 토성 본체 지름과는 5 대 37, 목성 지름과는 2 대 11, 화성 지름과는 1 대 166, 지구 지름과는 1 대 111, 금성 지름과는 1 대 84, 수성 지름과는 1 대 290이라고 말했다. 토성의 한 해, 혹은 토성 공전 주기는 29년 174일 5시간, 목성 공전 주기는 11년 317일 15시간, 화성 공전 주기는 대략 687일, 지구 공전 주기는 365.25일과, 금성 공전 주기는 224일 18시간, 수성 공전 주기는 88일이다.

이 행성들 모두는 중심을 축으로 자전하는 데 지구는 24시간, 화성은 대략 25시간, 목성은 대략 10시간이 걸린다. 그렇지만 달은 중심을 축으로 자전하는 데 한 달이 걸리는데, 같은 표면만 보여 주기 때문이다. 행성들이 유영하는 물질 전체는 그 물질이 태양에 더욱 가까워지거나 그 소용돌이의 중심에 더 가까워질 때 더욱 빨리 회전하는데, 운동의 선線이 더 짧은 까닭이다.

---

4 *Cosmotheoros*, p.14.

케플러 이후에 천문학자들은 오늘날 각각의 행성과 공전의 중심 사이의 거리의 세제곱이 그들 사이에서 공전 시간의 제곱이라고 주장한다.[5] 이것은 목성과 토성의 위성들에서 뚜렷이 나타난다. 화성이 태양과 정반대에 놓일 때 화성은 지구에 더욱 가까워지며, 화성과 태양이 합류할 때 화성은 지구와 가장 멀어진다. 수성과 금성과 같은 더 작은 행성들은 엄밀하게 말하자면 태양의 정반대에 놓이지 않는다.

모든 행성들이 지구 둘레를 도는 선들은 원이 아니라 타원형에 아주 가깝고, 이들 모든 타원은 우리 시각으로 봤을 때 행성들의 상이한 위치 때문에 대단히 달라 보인다. 결국 행성들의 운동과 관련하여 하늘에서 확실하게 주목하게 되는 것은 행성들이 가장 단순한 길을 따라 형성되었다고 말한 부분과 정확히 일치한다.

데카르트가 말하는 소용돌이를 순전한 공상으로 간주하는 사람들이 많다. 그러나 다음을 가정해 본다면 이보다 더 증명하기 쉬운 것이 없다. (1) 움직인 모든 물체는 직선을 따르는 운동을 하는 경향이 있다. (2) 행성들은 원운동을 한다. 이 두 진리는 경험상 확실하다.

예를 들어 목성이 진공에서 움직였다면 항상 직선운동을 할 것이고, 소용돌이를 만들지 않거나 태양 주위를 돌지 않는 물체 속에서 움직였다면 목성은 계속 직선을 따르는 운동을 하거나 나선형으로 운동할 것이다. 그런데 목성은 점점 운동을 상실할 텐데, 이 행성이 방향을 바꾸어 놓았을 유체에 운동이 전달되니 말이다. 그러므로 천상의 물질은 소용돌이를 이루며, 행성은 각각 그런 방식으로 자리를 잡아, 태양으

---

5 *Cosmotheoros*, p.105.

로부터 멀어지려는 응력과 이 물질의 동일한 체적의 응력은 평형을 이루게 된다.

크기가 감소하거나 완전히 사라져 버리는 항성들이 있는가 하면, 아주 새로운 것으로 보이는 항성들이 있고, 광채와 크기가 대단히 많이 증가하는 항성들이 있음은 경험으로 알고 있다. 항성들은 그것의 중심인 소용돌이가 첫 번째 요소를 더 많이 혹은 더 적게 수용하는가에 따라 커지거나 작아진다. 반점과 껍질들이 형성될 때 항성들은 더 이상 보이지 않는다. 이 반점들이 광채를 막아 완전히 사라지게 되면 항성들이 다시 보이기 시작한다. 이 별들 모두가 서로 항상 동일한 거리를 취하는데, 이들이 소용돌이의 중심이고, 다른 소용돌이에 저항하거나 그것이 별들이니 만큼 휩쓸리지 않아서 그렇다. 항성들 모두는 작은 태양들처럼 눈부시게 빛나는데, 태양처럼 아직 가려지지 않은 어떤 소용돌이의 중심이기 때문이다.

별들은 눈으로 보면 궁륭穹窿에 달라붙어 있는 것처럼 보이지만 지구와의 거리는 모두 제각각이다. 6개월마다 지구의 위치가 바뀌기 때문에 가장 가까운 항성들과 가장 멀리 떨어진 항성들의 시차視差, parallaxe에 아직 주목하지 않았다면 우리와 별들 사이의 거리가 너무 광대하기 때문에 시차가 뚜렷해질 정도로 이 위치의 차이가 충분히 크지 않은 까닭이다. 아마 망원경을 사용해서 이 점에 다소 주목할 수 있을 것이다. 감각과 경험을 통해 별들에서 관찰할 수 있는 모든 것은, 정신을 통해서 연장의 부분들과 운동 사이에 존재하는 가장 단순하고 가장 자연적인 관계들을 검토하면서 발견한 것과 크게 다르지 않아 보인다.

현세의 물체들의 본성을 검토하고자 한다면, 우선 첫 번째 요소가 무한히 많은 상이한 형상들로 구성되어 있으므로 이 요소의 부분들을 결합해서 형성될 물체들은 여러 종류가 되리라는 점을 머릿속에 그려보아야 한다.

무성한 가지를 이루는 부분들을 가진 것도 있고, 그 부분이 길쭉한 다른 것도 있다. 하지만 어떻든 불규칙한 것이다. 무성한 가지를 이루는 부분이 대단히 굵다면 단단하기는 하겠지만 금처럼 휘어지기 쉽고 탄성도 없겠다. 그 부분의 굵기가 덜하다면 고무, 지방, 기름처럼 무르거나 유체가 될 것이다. 하지만 그 무성한 가지를 이루는 부분들이 극도로 얇다면 그것은 공기를 닮게 될 것이다. 물체들의 긴 부분들이 굵고 휘어지지 않는다면 날카롭고, 강직하고, 소금처럼 쉽게 용해될 것이다. 이 동일한 긴 부분들이 휘어지기 쉽다면 물처럼 밋밋할 것이다. 이 물체들을 이루는 부분들이 어떻든 불규칙하고 조잡하다면 그것은 흙과 돌을 닮게 될 것이다.

결국 여러 상이한 본성들을 가진 물체들이 있겠고, 완전히 닮은 두 물체가 있지 않을 텐데, 첫 번째 요소는 무한한 형상이 가능하고, 이 모든 형상은 두 개의 상이한 물체에서 동일한 방식으로 결합하지 않을 것이기 때문이다. 이 물체들이 어떤 형상을 띠든, 모든 방향으로 두 번째 요소가 흘러가게 할 만큼 충분히 큰 구멍이 있다면 그것은 공기, 물, 유리 등처럼 투명할 것이다. 이 물체들이 어떤 형상을 띠든, 첫 번째 요소가 그 물체들의 어떤 부분을 완전히 덮고, 두 번째 요소를 사방으로 밀어낼 정도로 충분히 강하고 신속하게 자극한다면 그 물체들은 화염처럼 빛을 낼 것이다. 이 물체들이 충격을 가하는 두 번째 요소를 밀어낼 때 물체들은 대단히 흰 색을 띨 것이고, 그 두 번째 요소를 밀어내지 않고 수용한다면 대단히 검은 색을 띨 것이고, 다양한 동요나 진동을 통해서[6] 두 번째 요소를 밀어낸다면 상이한 색을 띨 것이다.

가장 무겁거나 가장 덜 가벼운 것, 즉 직선으로 이루어지는 운동을 계속하는 데 힘이 덜한 물체들의 위치는 금속처럼 중심에 가장 가까울 것이다. 흙, 물, 공기는 중심에서 더욱 멀어질 것이다. 모든 물체들은 우리가 그 물체들을 보는 위치를 유지할 것인데, 그 물체들이 중심으로부터 그들의 위치에 대해서 가장 무겁거나 가장 덜 가벼운 것, 즉 그들의 직선운동을 계속하기 위한 힘을 덜 가진 것들은 금속처럼 중심에 가장 가까울 것이다. 땅, 물, 공기는 그것으로부터 더욱 멀어질 것이고, 모든 물체들은 우리가 그것을 보는 위치를 간직할 것인데, 그 물체들이 중심에서 멀어지기 위해 더 많은 운동을 가지므로 지구의 중심에서 그만큼 더 멀리 위치하고 있을 것이니 말이다.

내가 금속이 흙, 물 및 다른 덜 단단한 물체들보다 직선으로 이루어지는 운동을 계속하는 힘을 덜 가졌다고 말한 것에 놀라서는 안 된다. 내가 앞에서 가장 단단한 물체들은 다른 물체들보다 직선으로 이루어지는 운동을 계속하는 힘이 더 많다고 말하기는 했다. 금속이 흙이나 돌보다 계속 운동하는 힘이 덜하다는 이유는 금속은 훨씬 더 적은 운동을 가졌기 때문이다. 단단함에서 불균등한 두 물체가 동일한 속도로 움직였을 때, 가장 단단한 물체가 직선으로 이루어지는 운동을 하는데 더 큰 힘을 가진 데다가, 힘을 만드는 것이 바로 운동이니 말이다.

또한 소용돌이 중심을 향해 거친 물체들이 무게가 나가고 그 물체들

---

6 이 책 말미에 실은 이 부분의 주해 16을 참조.

이 중심에서 대단히 멀리 떨어져 있을 때 가벼운 이유가 무엇인지 알고자 한다면(예를 들어 지구가 태양에 더욱 가까웠다면 지구는 지금 있는 곳에서 높은 곳으로 올라가게 될 것이다), 거친 물체들이 그들을 둘러싸고 그것이 유영하는 미세한 물질의 운동을 수용한다고 생각해야 한다.

이 미세한 물질은 지금 소용돌이 중심 주위에서 원운동을 하고 있다. 그 미세한 물질이 둘러싸고 있는 거친 물체들에 전달하는 모든 부분들에 공통된 운동이다. 그런데 미세한 물질은 소용돌이의 중심에서 멀어지면서 그 물체들의 상이한 면을 향하는 각각의 부분에 개별 운동을 전달할 수 없다. 미세한 물질의 부분들은 상이한 면들을 향해 가깝게 접근하면서 운반해 온 거친 물체를 압축하는 것밖에는 할 수 없는데, 이 물체는 동시에 상이한 면들을 향해 나아갈 수 없으니 말이다. 그러나 소용돌이의 중심을 향하고 있는 미세한 물질은 원운동을 하는 데 쓰이는 것보다 훨씬 더 많은 힘을 갖고, 더욱이 거친 물체들이 소용돌이에 공통된 것 이상의 운동을 가졌다면 그 물체들은 작은 물체들을 마주치고 그것에 운동을 전달하면서 그 운동을 잃고 말 것이다.

이로부터 소용돌이의 중심을 향한 거친 물체들은 그것이 유영하는 물질만큼이나 운동을 갖지 않는다는 점이 명백하다. 그 물체의 각 부분들은 원운동이나 공통된 운동 이외에도 여러 상이한 방식으로 운동하며, 부분들이 서로 정지해 있는 거친 물체들보다 미세한 물질을 더욱 가볍게 만들어 주는 것은 원운동이나 공통된 운동과 달리 다양한 방향의 운동이다. 먼지가 움직일 때 그것이 가벼워지는 것은 아래쪽보다 위쪽을 향한 운동을 수행하는 데 더 자유로운 까닭이다. 아래쪽에는 저항과 반작용이 더 크다. 그래서 거친 물체들은 지구 전체에 공통된 원운동만 할 뿐이므로 휘어지지 않을 수 없고, 그 결과 소용돌이의 중심에 접근한다. 즉 그 물체들이 더 단단하기 때문에 그만큼 더 무게가 나가는 것이다. 나는 마지막에서 두 번째 주해에서 중력의 원인을 더 정확하게 설명하겠다. 이곳에서 내 의도는 데카르트의 자연학을 요약하려는 것뿐이다.

그런데 거친 물체들이 소용돌이의 중심에서 너무 멀리 떨어져 있을 때, 미세한 물질의 원운동은 그 운동 대부분을 그 물질이 소용돌이 중심 주위를 돌게 하는 데 쓰므로 물체들이 더욱 단단하면 물체들은 그만큼 더 큰 운동을 갖게 된다. 물체들은 자기들이 유영하는 미세 물질과 거의 동일한 속도로 나아가는 것이다. 그래서 직선으로 나아가는 운동을 계속하는 데 더 많은 힘을 갖는다. 그래서 소용돌이의 중심에서 얼마의 거리에 놓인 거친 물체들은 더 단단할수록 그만큼 더 가벼워진다.

그러므로 이 점을 본다면 지구는 중심 쪽이 금속으로 되어 있고, 둘레 쪽은 대단히 단단하지 못하며, 물과 공기는 우리가 보는 위치에 머무른다는 점을 알게 된다. 그런데 이 모든 물체들은 금이나 수은만큼 공기도 무게가 나가는데,[7] 그것들이 첫 번째 요소와 두 번째 요소 이상으로 단단하고 거칠기 때문이다. 이 점을 본다면 달은 지구의 소용돌이 중심에서 약간 지나치게 멀리 떨어져 있으므로, 달이 단단하기는 해도 무게가 나가지 않으며, 수성, 금성, 지구, 화성, 목성, 토성은 태양 속으로 떨어질 수 없고, 혜성처럼 소용돌이를 이탈할 만큼 단단하지

7 즉 그들은 지구의 중심을 향하게 된다.

않다는 점을 알게 된다. 이들 행성은 유영하는 물질과 균형을 이루고, 화승총의 탄알이나 대포의 포탄을 아주 높이 쏠 수 있다면, 즉 원운동과 이 물체들이 자리 잡게 될 부분들에 공통된 운동만큼 높이 쏠 수 있다면 이 두 물체는 작은 행성이 되거나, 소용돌이 속에 더 이상 머물 수 없는 작은 혜성이 될 만큼 단단해질 것이다.

나는 방금 말했던 모든 문제들을 충분히 설명했다거나, 확실히 추론할 수 있는 것으로서 연장, 형상, 운동이라는 단순한 원리로 추론했다고 주장하는 것은 아니다. 나는 그저 데카르트가 자연의 문제들을 발견하기 위해 마련했던 방식을 알리고자 했을 뿐이다. 그렇게 하면 그의 관념과 방법을 다른 철학자들의 관념과 방법과 비교할 수 있다. 이곳에서 나는 다른 의도는 전혀 없었다. 그러나 나는 자석이 가진 힘, 바다의 조석 간만 운동, 천둥소리, 유성의 발생에 더 이상 감탄하지 않고자 한다면, 결국 자연학을 철저히 공부하고자 한다면, 데카르트의 책들을 읽고 깊게 생각해보는 것 이상 더 잘 할 수 있는 것이 없으므로, 데가르트의 방법을 따르지 않는다면, 내 말은 데카르트처럼 항상 가장 단순한 것으로부터 시작해서 명확한 관념들을 추론하지 않는다면, 우리가 할 일이란 아무것도 없을 것임을 당당히 확신하는 것이다.

데카르트가 전혀 오류를 범하지 않았다는 말이 아니다. 나는 그의 책 여러 곳에서 그가 잘못 생각했음을 증명할 수 있다고 믿는다. 그러나 데카르트의 책을 읽는 사람들에게는 그가 말한 모든 것이 진실임을 확신하는 것보다 그가 잘못 생각했다고 믿는 데 더 큰 장점이 있다. 데카르트는 오류를 범하지 않는다고 믿었다면 그의 책을 검토하지도 않고 읽었을 것이고, 이해도 못하고 그가 말한 바를 믿어버렸을 것이다.

그의 생각을 역사를 배우듯이 공부하게 된다면 그렇게 하는 것으로는 정신을 도야할 수 없을 것이다. 그는 자신이 잘못 생각하지 않았는지, 그가 한 말이 명백하기 때문에 믿지 않을 수 없을 때가 아니라면 전혀 믿어서는 안 된다는 점을 스스로 알렸다.

정신에 대한 영향력을 부당하게 차지하면서 자기들의 말을 사람들이 믿기를 바라는 저 거짓 학자들을 그는 닮지 않았다. 그 거짓 학자들은 오직 명확한 관념들만을 제안하면서 사람들을 내적 진리의 신봉자로 만드는 대신에 그들을 이교도들의 권위에 복종하게 하고, 자기들도 이해하지 못하는 근거들을 통해서 사람들에게 이해할 수 없는 의견들을 수용하게 하는 이들이다.

데카르트 시대 사람들은 '원심'력forces centrifuges의 비밀을 알지 못했고 그 관계들을 측정하는 법도 아직 몰랐다. 그럼에도 이는 천체 물리학을 완성하는 데 반드시 필요한 것이었다. 이것 말고도 그는 우리가 최근의 관찰들로 알게 된 것들을 몰랐다. 그가 오늘날 유능한 천문학자들이 합의한, 천구와 천구의 순환 중심의 거리의 세제곱이 공전 시간의 제곱과 같다는 점을 확신했더라면, 원심력은 순환 지름으로 나눈 속도의 제곱임을 알았더라면 그의 자연학의 몇몇 대목들을 쉽게 수정하고 이를 더욱 완성시킬 수도 있었을 것이다.

예를 들어 선행 비례식에 시간 대신 그것의 값, 즉 경유된 공간이나 원운동을 속도로 나눈 값을 넣으면서 그는 천공의 물질의 자연적 비율raison naturelle과 그 물질이 원운동을 하면서 끌어들이는 행성들의 속도와 거리의 비比를 발견할 수 있었을 것이고, 또한 원심력의 지식으로 최근 몇 년 이래 출간되었던 책들에서 읽을 수 있었던 것을 끌어낼 수도 있었을 것이다.

데카르트는 이븐 루시드가 아리스토텔레스에 대해 말한 것처럼 가능한 모든 지식을 우리에게 가르쳐 주기 위해 신이 내려 보냈던 사람이 아니다. 그는 종종 잘못 생각하기까지 했는데, 이는 그가 사용한 방법의 오류나 원칙들의 허위 때문인 것은 아니다. 그는 공통 개념과 명확한 관념과는 다른 것을 가정하지 않았으니 말이다. 그가 잘못 생각했던 것은 지나치게 복잡한 주제들을 검토하면서 이를 따르는 데 어려움을 겪어서였다.

데카르트가 태양, 별, 지구 및 우리를 둘러싼 모든 물체들이 태어나는 방식에 대해서 왈가왈부들을 하는 주된 문제는 성경이 천지 창조에 대해 가르쳐 준 것과 모순되어 보인다는 것이었다. 이 저자를 믿어 본다면 세계는 오늘날 보는 그대로 스스로 형성되었던 것 같다. 이 점에 대해 여러 답변을 댈 수 있다.

데카르트가 모세와 대립한다고 말하는 사람들은 아마 성경과 데카르트를, 천지 창조가 이 철학자의 생각과 완벽하게 일치한다는 점을 입증하기 위해 글을 썼던 사람들만큼이나 충분히 검토하지 않았던 것 같다.

그런데 대답의 핵심은 데카르트는 사물들을 기술하면서 이들 사물이 조금씩 형성된 것이라고 결코 주장하지 않았다는 점이다. 데카르트는《철학의 원리》의 4부 1절에서 "지상에 존재하는 것의 진정한 원인을 찾기 위해서는 그것이 틀릴 수 있다고는 하지만 이미 취한 가설을 유지해야 한다"는 것인데, 이런 용어들로 그는 확실히 반대의 내용을 말하는 것이다.

"내가 이미 앞에서 알렸듯이 이 가시세계를 구성하는 물체들이 내가 기술한 방식으로 산출되었음을 확신하기를 내가 바라는 것은 아니라고 해도 나는 이곳에서 지상에 존재하는 것을 설명하기 위해 동일한 가설을 유지하지 않을 수 없다. 그래야 내가 명백히 내가 해보고자 하는 대로 이러한 방식으로 대단히 지성적인 근거들과, 여기서 주목되는 모든 문제들 중 몇몇을 제공할 수 있게 되고, 어떤 다른 창안을 통해서는 비슷한 것을 만들 수 없음을 보여 준다면 우리는 세계가 최초에 이러한 방식으로 만들어지지 않았고, 신이 즉각적으로 창조한 것일지라도 여기 포함된 모든 사물들은 지금 그래도 그렇게 창조되었을 수 있었다면 동일한 본성에 속했을 것이라는 결론을 내릴 만한 충분한 근거를 갖게 된다."

데카르트는 사물의 본성을 올바로 이해하려면 사물의 기원과 사물의 생성 시 가장 단순한 것인 사물들로 항상 시작하고, 우선 원칙으로 나아가야 한다는 것을 알았다. 신이 가장 단순한 방식으로 창조물을 조금씩 지었던 것인지, 단번에 창조물을 만들어 냈는지 고민할 필요가 없었다. 그러나 신이 창조물들을 어떤 방식으로 지었든지, 그의 창조물을 잘 알기 위해서는 우선 그것의 원칙을 고려해야 했고, 우리가 생각했던 것이 신이 창조했던 것과 일치하는지 나중에 신중을 기하기만 하면 된다고 생각했다.

그는 신이 그의 모든 창조물들을 그것이 존속하는 질서와 위치에 보존하도록 해주는 자연의 법칙들이 신이 창조물들을 형성하고 배치할 수 있게 해주는 것과 동일한 법칙들임을 알았다. 사물을 주의 깊게 고려하는 모든 사람들에게 신이 자신의 창조물을 시간이 흐름에 따라 배치되는 방식으로 단번에 배치하지 않았다면 자연의 질서 전체가 무너졌으리라는 점은 명백한 것이니 말이다. 그렇다면 보존의 법칙 따로, 최초 창조의 질서 따로가 될 것이다. 우주 전체가 지금 우리가 보는 질서에 따라 지속된다면 그 질서에서 이를 보존하는 운동 법칙이 이를 둘 수 있었기 때문이다. 또 신이 이 운동의 법칙을 통해 두었던 상태와 다른 질서에 두었다면, 모든 것들은 무너지고, 이 법칙들의 힘을 통해 우리가 지금 보고 있는 질서가 되었을 것이다. 예를 들어 신이 태양을 입방체 모양으로 만들었다면, 확실히 운동 법칙의 결과로서 태양은 이내 구체가 되었을 것이다.

어떤 이가 닭의 본성을 발견하고자 한다. 이를 위해 그는 매일 닭이 품은 알을 열어 본다. 그는 거기서 닭의 배아를 포함하는 소포小胞, vésicule에 주목한다. 그리고 이 소포에는 그가 나중에 닭의 심장이 되는 것을 보게 되는 뛰는 점le point saillant이 나타난다. 이 점으로부터 사방에서 혈관이 나오는데 이것이 동맥으로, 이 피는 정맥을 통해 심장으로 돌아간다. 우선 두뇌가 나타나고, 뼈는 마지막으로 형성되는 부분이다. 이로부터 그는 많은 오류로부터 벗어나고, 이 관찰로부터 동물들의 지식에 대단히 유용한 여러 결과들을 끌어낸다.

이자의 행동에 비난할 것이 무엇인가? 그는 신이 처음에 달걀을 만들고, 이를 부화시키기 위해 일정 정도의 열을 가하면서 최초의 닭을 형성했다는 점을 납득시키고 싶어 한다고 말할 수 있는가? 그가 닭의 형성 과정에서 닭의 본질을 발견하고자 했기 때문에 말이다.

그러므로 데카르트가 가시적 사물들의 본성을 검토하고자 하면서 모든 경우에 반드시 관찰되는 운동 법칙을 통해 닭의 형성을 검토했던

것이 성경에 모순되는 일이라고 왜 비난하는가? 그는 다음을 확신했다.[8]

"세상은 그것이 가졌던 그만큼의 완벽함으로 태초에 창조되었다. 그래서 태양, 지구, 달, 별들은 그때 벌써 존재했다. 지구는 그 자체 안에 식물의 씨를 가졌을 뿐 아니라, 식물 자체가 지구의 한 부분을 덮고, 아담과 이브는 아이가 아니라 성인으로 창조되었다. 기독교 종교는 우리가 그렇게 믿기를 바라며, 자연적 이성은 이 진리를 절대적으로 우리에게 확신시키고 우리가 절대적으로 이 진리를 믿도록 하는데, 신의 전능을 고려한다면 신이 만든 모든 것은 그가 가진 완전성을 고스란히 가졌다고 판단하게끔 한다.

그러나 신이 아담과 낙원의 나무를 창조했을 때 과거의 모습 그대로 고려하는 것보다 아담의 본성과 낙원의 나무의 본성이 무엇인지 훨씬 더 잘 알게 될 때 아이들이 산모의 뱃속에서 어떻게 조금씩 형성되는지, 또 식물은 어떻게 씨앗에서 나오는 것인지 검토한다면, 대단히 지성적이고 대단히 단순한 몇몇 원칙들을 상상할 수 있다면 우리는 그래도 세상 속의 모든 사물들의 본성이 일반적으로 어떤 것인지 더 잘 이해하게 될 것이다. 그 사물들로부터 우리는 항성, 지구, 가시적인 세계 및 종자들이 이런 방식으로 산출된 것이 아니라는 점을 알고는 있더라도 결국 산출될 수 있었으리라는 점을 분명히 알려주게 될 것이다. 우리가 그것을 그저 있는 그대로 기술한다면, 혹은 우리가 그것이 과거에 창조되었음을 믿는다면 말이다. 나는 그런 원리들을 찾았다고 생각

---

8 《철학의 원리》 3부 45절.

하고, 여기서 그 원리들을 설명하고자 한다."

데카르트는 신이 세상을 단번에 형성했다고 생각했다. 그러나 그는 또한 신이 세상을 조금씩 가장 단순한 방식으로 형성했다고 해도 동일한 상태, 동일한 질서, 있었을 모든 부분들을 동일하게 배치하여 형성했을 것이라고도 믿었다. 이런 사유는 신의 역량과 지혜에 값하는 것이다. 역량이라면 그가 단 한순간에 가장 완벽하게 그의 모든 창조물들을 만들었기 때문이고, 지혜라면 물질이 가장 단순한 방식을 통해 자극되었다면 물질에 필연적으로 일어날 것임이 틀림없을 모든 것을 완벽하게 미리 내다보았기 때문이다. 또한 세계가 그것을 보존했던 운동 법칙에 반대되는 방식으로 생겨났다면 자연의 질서가 존속할 수 없었기 때문이다. 이상이 내가 방금 언급한 내용이다.

게다가 살아 있고 유기적 신체들의 형성과 우주를 구성하는 소용돌이의 형성 사이에는 커다란 차이가 있다. 한 유기체는 개별적 목적에 이바지하도록 상호적으로 의존하는 무한한 수의 부분들을 포함하고, 이 부분들은 모두 지금 실제로 동시에 작용할 수 있기 위해 형성된 것임에 틀림없다. 아리스토텔레스처럼 심장이 최초의 생명이고 마지막까지 남는 생명이라고 생각해서는 안 된다.

심장은 동물정기의 영향을 받지 않고는 박동할 수 없다. 동물정기는 신경 없이는 심장으로 퍼질 수 없고, 신경은 동물정기를 수용하는 두뇌를 기원으로 한다. 더욱이 심장은 피를 가져오는 정맥만큼이나 동맥이 이미 만들어지지 않았다면 박동할 수도 없고 피를 동맥으로 밀어 보낼 수도 없다. 한마디로 말해서 기계는 완성되어야 운동할 수 있고, 그렇게 심장은 홀로는 생존할 수 없다는 점이 명백하다. 그래서 달걀을 품게 했을 때 닭의 심장인 저 뛰는 점이 나타나게 될 때 닭은 생명을 갖게 된다. 그리고 이참에 올바로 주목해야 할 점이 있는데 앞의 내용과 동일한 근거로, 여성이 임신했을 때부터 아이는 살아 있는 것이다.

생명은 동물정기가 신체기관을 움직이게 할 때 시작되고, 신체기관들은 실제로 형성되고 함께 이어졌을 때만 운동할 수 있다. 그러므로 운동을 전달하는 단순하고 보편적인 법칙들로부터 동물과 식물의 형성 및 차례대로 이들의 부분이 형성된다고 주장하는 것은 대단히 잘못 생각하는 것이다. 이 법칙들은 상이한 종種에서 상이한 목적과 상이한 용도와 관련하여 서로 상이하게 이어져 있기 때문이다. 그러나 소용돌이의 형성은 이와 동일하지 않다. 소용돌이는 자연적으로 일반 법칙에서 나온다. 나는 방금 이런 식으로 부분적으로 이 점을 설명했다.

데카르트가 이성의 빛을 따르는 모든 사람들처럼 어떤 물체도 자기 스스로의 힘으로는 움직일 수조차 없고, 운동을 전달하는 것과 관련된 모든 자연법칙들은, 동일한 방식으로 끊임없이 운동하는 신의 불변하는 의지들의 결과일 뿐임을 인정했으므로, 세상이 스스로 형성될 수 있다고 믿었다는 것은 우스꽝스러운 일이다. 물질에 운동을 전하는 존재는 신밖에 없으며, 운동은 모든 물체에서 그들이 띤 모든 상이한 형상들을 산출한다는 것이 증명되었으므로, 리베르탱들이 데카르트 체계에서는 어떤 장점도 끌어낼 수 없다는 주장의 구실을 빼앗기 위해서는 이것으로 충분하다.

반대로 무신론자들이 이 철학자의 원리들을 성찰했다면 그들은 곧 자기들이 오류를 범했음을 깨닫지 않을 수 없을 것이다. 그들이 이교도들처럼 물질은 창조되지 않았다는 점을 증명할 수 있다고 해도 그들은 마찬가지로 물질이 자기 자신의 힘으로 움직일 수 있었다는 점을 뒷받침할 수조차 없다. 그래서 무신론자들은 진정한 창조주를 인정하고자 하지 않는다고 해도 적어도 진정한 동인을 인정하지 않을 수는 없을 것이다.

그러나 보통의 철학은 그들이 무엇에 눈멀고, 그들의 오류를 포기하지 않는지의 문제는 충분히 제공한다. 그 철학은 그들에게 감각에 의해 어떤 내속의 힘vertus impresses, 어떤 동력, 한마디로 말해서 사물 각각의 운동 원리인 어떤 본성에 대해서 말하기 때문이다. 그들이 이 점들에 대해 어떤 뚜렷한 관념도 갖지 않았을지라도 그들의 마음의 타락 때문에 우리가 보는 모든 경이를 만들어 내는 것이 그것임을 상상하면서 그것을 진정한 신의 자리에 두는 것은 쉬운 일이다.

5장

아리스토텔레스 철학의 원리들에 대하여: 4원소와 네 가지 근본 속성

데카르트 철학과 아리스토텔레스 철학을 비교하기 위해서 이참에 아리스토텔레스가 원소들과 일반적 자연의 물체들을 어떻게 생각했는지 이를 요약해서 제시해 보려고 한다. 가장 박식한 학자들은 《천체론》 네 권에서 이 문제를 다뤘다고 생각한다. 《자연학》 여덟 권은 오히려 논리학에 속하거나, 이렇게 말할 수 있다면 자연학보다는 형이상학에 속한다고 하겠는데, 그것은 정신에 뚜렷하고 개별적 관념을 떠올리지 못하는 모호하고 일반적인 말들에 불과하기 때문이다. 이 네 권에 《천체론》이라는 제목을 단 것은 하늘이 그가 다루는 단순한 사물들 중에서 가장 중요한 것이기 때문이다.

이 철학자는 자신의 책을 세상이 완벽하다는 점을 증명하는 것으로 시작했는데, 다음이 그 증거이다. 모든 물체는 세 차원을 가지며, 그 이상의 차원을 가질 수는 없는데, 피타고라스주의자들에 따르면 3이라는 수에 모든 것이 포함되어 있기 때문이다. 그런데 세상은 모든 물체들의 결합이고, 그러므로 세상은 완전하다. 이런 우스운 증거를 통해 세계는 지금보다 더 불완전할 수 없다는 점 역시 증명할 수 있다. 세계가 3차원보다 적은 부분들로 구성될 수는 없지 않은가.

아리스토텔레스는 2장에서 우선 자기 학파에서 내세우는 어떤 진리들을 가정한다. 첫째, 모든 자연물은 스스로 움직일 수 있는 힘이 있다. 그런데 이 점은 이곳에서도, 또 다른 곳에서도 입증되지 않았다. 반대로 그는 자연학 2권 1장에서 이를 증명하려고 노력을 기울이는 일은 우스꽝스러운 일이라고 확신한다. 그의 말로는 그 자체로 명백한 것이고, 그 자체로 알려진 것과 그렇지 않은 것을 구분할 수 없는 사람들뿐인데, 이들은 모호한 것을 통해 명백한 것을 증명하는 데 집중하는 이들이다. 그런데 다른 곳에서는 자연물이 스스로 운동하는 힘을 가졌다는 것은 완전히 거짓임을 보여 주었다. 이 점은 아리스토텔레스 같이 감각의 자극을 따르고 이성이라고는 전혀 사용하지 않는 사람들에게만 명백해 보일 뿐이다.

둘째로 모든 국지적 운동은 직선으로 이루어지거나 원으로 이루어지는 운동을 하거나, 직선과 원으로 구성되어 있다고 말했다. 그가 과감하게 개진했던 내용을 생각하려 들지 않았다면 그는 적어도 눈을 크게 떠 깨우쳐야 했을 것이고 그러면 직선과 원으로 구성되지 않은 무한히 다양한 방식의 운동이 존재한다는 것을 보게 되었을지 모른다. 더 자세히 말하자면 직선으로 이루어지는 운동들로 구성하는 운동들이 무한히 상이한 방식으로 증가하거나 감소한다고 가정하면 무한한 수의 원의 방식을 띨 수 있을 것이다. 이는 앞에서 이미 언급한 내용으로 알 수 있다.[1]

그가 말하기를 단순한 운동은 직선과 원이라는 두 가지밖에는 없으며, 그러므로 모든 운동은 이 둘로 구성된 것이다. 그렇지만 그는 잘못 생각했다. 원운동이 어떻게 단순한 운동인가. 원운동을 이해하려면 점을 사유해야 한다. 이 운동보다는 움직인 물체와 관련이 있으며, 어떤 관계를 포함하는 모든 것은 상대적인 것이지 단순한 것이 아니다. 그런데 그렇게 해야 했듯이 단순 운동을 항상 동일한 장소에 가까워지는 운동이라고 정의한다면 원을 그리는 곡선의 모든 접선들tangentes은 상이한 장소로 향하므로 원운동은 무한히 복잡한 운동이 될 것이다. 원을 중심과의 관계에 따라 정의할 수 있기는 하지만, 운동이란 존재하지 않는 한 점과 관련하여 원운동이 단순성을 갖느냐를 판단할 수 있다. 이는 서툰 방식일 것이다. 한 원의 둘레에서 움직이는 물체는 원의 중심인 수학적 점과의 관계에서 움직이지 않음이 명백하다.

세 번째로 단순한 운동에는 세 종류가 있다. 하나는 중심에 속하고, 다른 하나는 중심을 향하고, 세 번째는 중심 주위에 있다. 그러나 우리가 이미 말했듯이 이 세 번째 운동이 단순하다는 것은 거짓이다. 아래에서 위로, 위에서 아래로 오르고 내리는 것을 제외하고는 단순한 운동이란 없다는 것 또한 거짓이다. 직선으로 이루어지는 운동이 단순한 것은, 운동이 중심에 가까워지거나 멀어지거나에 따라서가 아니면 극 혹은 어떤 다른 지점에 가까워지거나 멀어지거나에 따라서이다. 그의 말에 따르면 모든 물체는 3차원으로 구성되어 있다. 그러므로 모든 물체들의 운동에는 세 가지 단순 운동이 있음이 틀림없다. 그런데 단순 운동과 차원들 사이에는 어떤 관계가 있는가? 더욱이 모든 물체는 3차

---

1 4장.

원을 갖고, 어떤 물체도 이 세 가지 단순 운동으로 구성된 운동을 갖지 않는다.

네 번째로 그는 물체들이 단순하거나 복합적이라고 가정하고, 단순 물체는 불, 흙 등 그 자체로 그들을 움직이는 어떤 힘을 그 자체로 가졌고, 복합 물체는 그들을 구성하는 물체들의 운동을 받아들인다고 말했다. 그런데 이런 의미에서 본다면 단순 물체란 존재하지 않는 것이, 그 자체로 그들의 운동의 어떤 원칙을 스스로 갖지 않는 것은 없기 때문이다. 또한 복합적 물체들 역시 존재하지 않는 단순 물체들을 가정하고 있으니 복합적 물체 또한 없다. 그렇게 되면 물체들이란 없을 것이다. 물체의 단순성을 스스로 움직이는 역량에 의해 정의하다니 참으로 대단한 상상력이 아닌가. 단순한 물체가 스스로 움직인다는 상상의 힘에 관해서만 정의된다면 단순한 물체들과 복합적인 물체들이라는 말에 어떤 뚜렷한 관념을 결부시킬 수 있는가? 그런데 그가 이 원칙들로부터 끌어낸 결과들을 보도록 하자. 원운동은 단순한 운동이다. 하늘은 원을 그리며 움직인다. 그러므로 하늘의 운동은 단순하다. 그런데 단순한 운동은 단순한 물체, 즉 자기 고유의 힘으로 움직이는 물체에게만 속한다. 그러므로 하늘은 직선으로만 움직이는 4원소와 구분되는 단순한 물체이다.

이 모든 추론이 거짓되고 부조리한 명제들만을 포함한다는 것은 대단히 명백하다. 이제 그의 다른 증거들을 검토해 보도록 하자. 그는 거짓인 만큼 불필요한 일을 증명하기 위해 많은 사악한 증거들을 제시하고 있으니 말이다.

그의 두 번째 근거는 하늘이 4원소와 구분되는 단순한 물체라는 점을 증명하기 위해서 두 종류의 운동을 가정한 것이다. 하나는 자연적이고, 다른 하나는 자연에 반反하거나 '강렬한' 것이다. 그런데 명확한 관념들로써 사물들을 판단하는 모든 사람들에게는 아리스토텔레스가 이해하듯 물체들이 그 자체로 '본성' 혹은, 운동의 원리를 갖지 않으니 강렬한 운동이나 자연에 반하는 운동은 없다는 것이 대단히 명백하다.

움직여지거나 다른 한편에서는 움직여지지 않거나 하는 것은 모든 물체에게는 관심 밖의 일이다. 그런데 감각 자극을 통해서 사물을 판단하는 아리스토텔레스는 다른 물체들에 대해서 그러한 위치에 운동의 전달 법칙에 따라 놓이는 물체들이 스스로 그곳에 놓이게 되는 것이 그 물체들은 그곳에 더 잘 있는 것이고, 그것은 그들의 본성에 더욱 부합하기 때문이란다. 아래가 아리스토텔레스의 추론이다.

하늘의 원운동은 자연적이거나 자연에 반하는 것이다. 방금 말한 것처럼 하늘의 운동이 자연적이라면 하늘은 원소들과는 구분되는 단순 물체인데, 원소들은 자연적 운동을 통해 원을 그리며 운동하지는 않는다. 원운동이 하늘의 본성에 반한다면, 하늘은 불처럼, 원소들 중의 어떤 것이거나 어떤 다른 것이었으리라. 그러나 하늘은 원소들 중의 그 어떤 것일 수 없다.

예를 들면 하늘이 불이었다면 불의 자연적 움직임은 아래에서 위로 오르는 것인데, 하늘은 상반된 두 운동, 그러니까 원운동 및 아래에서 위로의 운동을 갖게 된다. 그렇지만 한 물체가 상반된 두 운동을 가질 수 없으므로 이는 가능하지 않다. 하늘이 본성상 원을 그리며 움직이지 않는 어떤 다른 물체라면 그것은 어떤 다른 자연적 운동을 가질 텐데, 이것도 불가능하다. 하늘이 본성상 아래에서 위로 움직인다면 그것은 불이나 공기일 것이고, 위에서 아래로 움직인다면 그것은 물이나 흙일 것이고, 이런 식이다.

나는 여기서 그치지 않고 이 추론이 부조리하다는 점에 특별히 주목하겠다. 나는 단지 일반적으로 말해서 여기서 아리스토텔레스가 말한 것의 의미에 아무것도 뚜렷한 것이 없고, 진실인 것도, 심지어는 확고한 것도 없다고 말하는 것이다. 세 번째 근거가 이것이다.

모든 단순 운동 중에 최초이자 가장 완벽한 것은 단순 물체의 운동임이 틀림없고, 그것은 심지어 단순 물체들의 최초이자 가장 완벽한 운동이기도 하다. 그러나 원운동이 단순 운동들 중 최초이고 가장 완전한 것은 어떤 곡선이든 완전하고, 여하한 어떤 직선도 없는 까닭이다. 그것이 유한하다면 그것에 무엇인가를 덧붙일 수 있고, 그것이 무한하다면 아직 완전하지 않기 때문이다. 그것은 '목적fin'(끝)이 없고[2] 사물들은 '유한'할 때만 완전할 수 있다.

그러므로 원운동은 운동들 중 최초이자 가장 완벽한 것이다. 그러므로 원을 그리며 움직이는 하늘은 단순하고, 단순한 물체들 중 처음이자 가장 신성한 것이다. 다음이 네 번째 근거이다.

모든 운동은 자연적이거나 그렇지 않고, 어떤 물체에 자연적이지 않은 모든 운동이 어떤 다른 물체들에는 자연적이다. 우리는 위에서 아래, 아래에서 위로의 운동이 어떤 물체들에게는 자연적이지 않고 다른

---

2 τέλος와 τέλειος는 유한함(fini)과 끝(fin)과 동일한 모호한 말이다. 이 철학자는 그런 식으로 무한한 선(線)은 그것이 '유한'(fini)하지 않기 때문에 완벽하지 않다는 점을 증명한다.

물체들에는 자연적이라는 것을 안다. 불은 자연적으로 아래로 내려가지 않고 땅은 자연적으로 아래로 내려가니 말이다. 그런데 원운동은 4원소들에게는 전혀 자연적이지 않다. 그러므로 이 운동이 자연적인 단순한 물체가 있어야 한다. 그러므로 원을 그리며 운동하는 하늘은 4원소와 구분되는 단순한 물체이다.

마지막으로 원운동은 자연적이거나 어떤 물체들에 '격렬하게violent' 반응한다. 그 운동이 자연적이라면 이 물체는 단순하고 가장 완전한 물체들임에 틀림없다. 자연적이지 않다면 이 운동이 계속 지속된다는 것은 대단히 기이한 일이다. 그러므로 이 모든 근거들 다음에 우리를 둘러싼 모든 것과 분리된 어떤 다른 물체가 있다는 점을 믿어야 한다. 그 물체는 우리와 더 멀리 떨어져 있으므로 그만큼 더 완전한 본성을 갖춘 것이다. 이상이 아리스토텔레스의 추론이었다. 그런데 나는 그의 해석자들 중 가장 총명한 자가 뚜렷한 관념들을 그가 사용하는 용어에 결부시킬 수 있는지, 이 철학자가 가장 복잡한 것들에 대해서 말하기 전에 가장 단순한 것들로부터 시작하는 것을 보게끔 하는지 할 수 있으면 그렇게 해보라고 말한다. 내가 방금 증명했듯이 정확히 추론하기 위해서는 이것이 반드시 필요한 것이니 말이다.

내가 지루할 걱정을 하지 않았다면 아리스토텔레스의 몇몇 장을 번역해볼 수도 있을 것이다. 그렇지만 이를 프랑스어로 읽는 즐거움이 거의 없을 뿐 아니라(즉 우리가 그 번역을 낭독하는 것을 듣는다면), 나는 내가 그 점에 대해서 제시했던 다소의 부분으로 그의 철학하는 방식이 진리를 발견하기에는 전적으로 불필요하다는 점을 충분히 보여 줄 수 있었다.

그가 이 책의 5장에서 직접 말했듯이 우선 무엇인가에서 잘못 생각하는 사람들은 많이 진척을 보일수록 수만 번 더 잘못 생각할 수 있다. 그의 저서 첫 두 장에서 자기가 말한 것을 그가 몰랐음이 분명하기 때문에 우리는 그의 근거들을 검토하지 않고 그의 권위를 인정하는 것이 확실치 않다고 믿어야 한다. 그러나 그 점을 훨씬 더 납득하기 위해서 나는 아리스토텔레스 책의 1권에서 엉뚱한 무엇이 들어가지 않는 장이 없음을 보일 것이다.

3장에서 그는 하늘은 부패하지 않을 뿐더러, 어떤 변질도 불가능하다고 말했다. 그는 그것이 불멸의 신들의 거처인 데다, 우리가 어떤 변화도 주목하지 못했기 때문이라는 등 대단히 익살맞은 여러 증거들을 댔다. 그 마지막 증거는 그가 어떤 사람에게 정신이 돌아왔고, 그 변화를 주목하기 위해 천구들에 충분히 가까이 접근했다고 말했다면 충분히 훌륭한 것이리라. 그렇지만 나는 망원경이 우리에게 반대의 것을 가르쳐 주기 때문에 지금 그의 권위를 따르는 것인지는 모르겠다.

그는 4장에서 원운동은 반대 방향의 운동을 갖지 않는다는 점을 증명했다고 주장한다. 그럼에도 동에서 서로의 운동은 서에서 동으로 이루어지는 운동의 반대라는 것이 명백하다.

5장에서 그는 물체들은 무한하지 않다는 것을 어설프게 증명한다. 그가 단순 물체들의 운동으로부터 그 증거를 뽑아내기 때문이다. 그의 최초의 원동력 위에 움직임이라고는 없는 어떤 연장이 또 있다는 것을 누가 막을 것인가?

6장에서 그는 원소들이 무한하지 않다는 점을 불필요하게 즐겨 증명한다. 그처럼 원소들을 둘러싼 하늘에 그 원소들이 포함되었다고 가정할 때 누가 그 점을 의심할 것인가. 그러나 그들의 중력과 그들의 가벼움에 의해 그가 이를 증명할 생각이라면 그는 스스로 우스꽝스러워지는 것이다. 그가 말하기를 원소들이 무한했다면 중력도 무한할 것이고 가벼움도 무한할 것인데 그럴 수는 없다는 것이다. 그러므로 그의 증거를 빠짐없이 알고자 하는 사람들은 그의 책에서 그것을 읽을 수 있다. 나는 그런 증거를 언급하는 일은 시간 낭비라고 생각한다.

7장에서 그는 물체는 무한하지 않다는 점을 계속 증명한다. 그의 첫 번째 증거의 가정대로 모든 물체는 운동하고 있음이 틀림없다. 그런데 그것은 그가 증명하지 않은 것이고 증명될 수도 없는 것이다.

8장에서 그는 동일한 유의 다수의 세계가 존재하지 않는다고 주장한다. 우리가 살고 있는 지구와 다른 지구가 있었다면 지구는 본성상 무게가 나가게 되고, 그 지구는 우리 지구 위로 떨어질 것임이 틀림없을 것이다. 우리 지구는 무게가 나가는 모든 물체들이 떨어지는 중심이기 때문이다. 그는 감각을 통해서가 아니라면 어디에서 이 점을 배웠을까?

9장에서 그는 여러 세계가 존재하는 것은 가능하지 않다는 점을 증명한다. 하늘 위에 어떤 물체가 있었다면 그것은 자연 상태에 있거나 격렬한 상태에서 단순하거나 복잡할 것이다. 그러나 이러한 근거로는 이미 언급되었던 운동의 세 종류를 도출할 수 없다.

10장에서 그는 세계가 영원하다는 점을 확신하는데, 세계는 존재하기를 시작할 수 없고, 계속 지속되기 때문이다. 우리가 만들어지는 모든 것이 시간이 지남에 따라 타락한다는 것을 알기 때문이다. 그는 이것을 그의 감각을 통해서 가르쳤다. 그런데 세계가 영원히 지속되리라는 것은 누가 그에게 가르쳐 주었는가?

11장에서 그는 우리가 부패할 수 없다는 것이 무엇을 의미하는지 설명하는데, 모호한 것만큼 두려워할 일이 없고, 그래서 대단히 자세하게 설명하지 않을 수 없었던 것처럼 그렇게 한다. 그러나 '부패할 수 없는 것incorruptible'이라는 용어는 그 자체로 대단히 명백해서 아리스토텔레스는 어떤 의미로 그것을 취할 수 있는지, 어떤 의미로 취하고 있는지 설명하는 데 어려움을 겪지 않는다. 이참에 그가 사용하고 있지만 감각적 관념들밖에는 일깨우지 않는 무한히 많은 용어들을 정의해 보는 것이 더욱 필요할 것이다. 그렇다면 그의 책들을 읽으면서 우리는 아마 무언가를 배울 수도 있겠다.

《천체론》 제 1권 마지막 장에서 그는 세계가 부패할 수 없음을 보여주려고 노력한다. 세계가 시작했기란 불가능하고, 영원히 지속될 것이라고 생각하기 때문이다. 그가 말하기를 만물은 유한하거나 무한한 시간 동안 존속한다. 그러나 한 가지 의미에서만 무한한 것은 유한한 것도, 무한한 것도 아니다. 그러므로 이런 방식으로는 무엇도 존속할 수 없다.

이상이 철학자들의 '군주'이자 자연의 '천재'가 추론하는 방식이다. 그는 명석판명한 관념들을 통해서 자연적 결과들의 진정한 원인을 깨닫게 하는 대신, 거짓되고 모호한 감각 관념들이나, 진리의 탐구에 유용하기에는 지나치게 일반적인 관념들에 기초하여 이교도의 철학을 세우는 것이다.

내가 여기서 아리스토텔레스를 비난하는 것은 그가 신이 자신의 역량과 피조물들의 의존을 깨닫게 할 목적으로 예전에 세계를 창조했으며, 신이 불변하고 자신의 의도를 결코 후회하지 않는다는 점을 알게끔 하려고 세계를 무無로 만들지 않으리라는 점을 몰랐기 때문이 아니다. 그런데 나는 아무런 힘도 없는 근거들을 통해서 세계가 영원하다는 것을 증명한 것에 대해서는 그를 비난할 수 있다고 믿는다. 그가 옹호하는 생각들 중에서 간혹 용서할 수 있는 것이 있지만, 그가 제시하는 근거들 가운데에서는 용서할 수 있는 것이 거의 없다. 내가 발췌한 책에서 마주친 모든 오류를 언급하지 않고, 우리가 흔히 하는 것 이상으로 명확하게 그의 입으로 말하게끔 노력했을지라도 아마 여러분께서는 내가 방금 말한 문제들을 통해 이 점을 벌써 납득했을 것이다.

그러나 '자연의 천재'가 사람들에게 그것의 비밀도, 동력도 발견하게 할 수 없으리라는 점을 충분히 납득시키기 위해서 이제 나는 이 철학자가 자연적 결과들을 설명하기 위해서 추론하는 원칙들이 전혀 견고하지 않다는 점을 보여 줄 때가 되었다.

가장 단순한 물체들, 즉 원소들로 시작하지 않는다면 자연학에서 아무것도 발견할 수 없으리라는 점이 명백하다.[3] 아리스토텔레스의 정의에 따르면 원소란 다른 모든 물체들이 귀착하는 물체들인데 이 원소들은 물체들 속에 포함되어 있거나 현재 그 역량 안에 있다. 그러나 아리스토텔레스의 책들에는 다른 물체들이 귀착한다고 주장하는 저 단순 물체들을 명확한 관념으로 설명해놓지 못하고 있다. 그 결과 그가

---

3 나는 아리스토텔레스주의자들의 생각에 따라 말하는 것이다.(De caelo, lib. III, cap. III)

말하는 원소들은 분명히 알려진 것이 아니기에 그 원소라는 것들로 구성된 물체들의 본성을 발견하기란 불가능하다.

아리스토텔레스는 불, 공기, 물, 흙의 4원소가 있다고 분명히 말했다. 그러나 그것들의 본성이 무엇인지는 명확히 알려주지 않았다. 뚜렷한 관념을 부여하지 않은 것이다. 그는 그 원소들이 우리가 보고 있는 불, 공기, 물, 흙이기를 바라지도 않았다. 결국 그것이 존재했다면 우리는 적어도 감각을 통해서 어떤 지식을 얻었을 수도 있었다. 그의 책 여러 군데에서 그는 열과 냉, 습함과 건조, 무거움과 가벼움이라는 특질들을 통해서 이를 설명하고자 노력했던 것이 사실이다. 그러나 이들을 설명하는 이런 방식은 대단히 격에도 맞지 않고 우스꽝스러워서 우리는 어떻게 수많은 학자들이 이런 설명에 만족했는지는 이해할 수 없다.

아리스토텔레스는《천체론》에서 지구가 세계의 중심이고, 모든 물질들은 그들의 본성에 따라 움직임에 틀림없다고 주장한다. 또 본성에 따라 움직인다고 가정하기 때문에 그가 즐겨 단순한 물체들이라고 했던 것들이 단순 운동을 통해 움직이는 것이라는 주장도 한다. 그는 자신이 단순하다는 점을 옹호하고, 그가 원운동을 한다고 가정하는 하늘은 하나의 단순 물체로서, 그렇게 원운동을 하고 있으니 단순 물체라고 확신한다. 단순 운동은 둘뿐인데 그중 하나는 위에서 아래로, 혹은 둘레에서 중심으로 이동하고, 다른 하나는 아래에서 위로, 혹은 중심에서 둘레로 이동한다. 이 단순 운동은 단순한 물체들에 적합하고, 그 결과 흙과 불은 단순한 물체들인데, 하나는 완전히 무겁고 다른 하나는 완전히 가볍다. 그런데 중력과 가벼움은 어떤 물체에 부분적으로나 전체적으로 적합할 수 있으므로, 그 결과 또한 단순한 두 물체가 있다는 결론을 내릴 수 있다. 이는 물과 공기로서 하나는 부분적으로 가볍고, 다른 하나는 부분적으로 무겁다. 이상이 그가 4원소의 존재를 증명하되 그 이상으로는 나아가지 않는 부분이다.

저만의 이성을 통해서 다른 이들의 의견을 검토하는 사람들에게 이 모든 명제들은 거짓이거나 적어도 명확하고 반박 불가능한 원칙들로 간주될 수 없음이 명백하다. 그 원칙들에 대해 대단히 명석하고 대단히 판명한 관념을 갖고 있으며, 이 원칙들을 자연학의 토대로 사용할 수 있을 것이다. 중력과 가벼움이라는 가상의 특질들을 통해 원소들이 몇 개인지 확립하고자 하는 것 이상으로 부조리한 것이 없다. 아무런 증거도 제시하지 않고서 무게가 나가는 물체들이 있고, 본성상 가벼운 다른 물체들이 있다고 말하는 것이다. 증거를 제시하지 않고서 말하기만 하면 된다면 모든 물체는 본성상 무게가 나가고, 그들의 휴식의 자리인 지구 중심으로 접근하기 위해 온갖 노력을 기울인다고 말할 수 있을 것이다. 반대로 물체들은 본성상 가볍고, 그들의 가장 완벽한 공간인 하늘을 향해 드높여지는 경향이 있다고 주장할 수 있을 것이다.

모든 물체는 무게가 나가고, 공기와 불은 가볍다고 말하는 사람에게 반박한다면, 불과 공기는 전혀 가볍지 않지만 물과 흙보다 무게가 덜 나가고, 바로 이 때문에 가벼워 보인다고 답하기만 하면 된다. 가벼워서 물에 뜨는 것처럼 보이는 나무 한 조각도 이 원소들과 사정이 같다. 공기 중에 있을 때 아래로 떨어지니 그 자체로 가벼워서가 아니라, 그보다 더 무게가 나아가는 물이 아래를 받치고 위로 올려 보내기 때문이다.

반대로 모든 물체가 본성상 가볍다고 주장하는 사람들에게 흙과 물은 무게가 나가지 않느냐고 반박한다면, 그는 마찬가지로 이 물체들은 그 주변의 다른 것들만큼 가볍지 않기 때문에 무게가 나가는 것처럼 보인다고 대답할 것이다. 예를 들어 나무 조각은 공중에 있을 때 무거워 보이지만 그것은 나무 조각이 물속에 있을 때 위로 떠오르는 것을 보면 알 수 있듯, 무거운 본성을 가지고 있어서 그런 것이 아니고 공기만큼 가볍지 않기 때문인 것이다.

그러므로 물체들은 본성상 가볍거나 무게가 나간다는 점을 논박할 수 없는 원리들로서 가정하는 것은 우스운 일일 것이다. 반대로 모든 물체는 자기 내부에 움직일 수 있는 힘을 갖지 않으며, 위에서 아래로 움직이든 아래에서 위로 움직이든, 동에서 서로 움직이든 서에서 동으로 움직이든, 남쪽에서 북쪽으로 움직이든 북쪽에서 남쪽에서 움직이든, 혹은 우리가 이해하고자 하는 것과는 다른 어떤 방식으로 움직이든 물체는 아무 관심도 갖지 않는다는 점이 명백하다.

그런데 아리스토텔레스가 바라는 대로 4원소가 있다는 데 동의해 보자. 본성상 불, 공기, 물, 흙 중 두 개는 무게가 나가고 다른 두 개는 가볍다. 우주의 지식을 얻는 데 이로부터 어떤 결과를 끌어낼 수 있을까? 이 4원소는 우리가 보는 불, 공기, 물, 흙이 아니라, 그에 따르면 다른 어떤 것이다. 우리는 감각으로 이들을 아는 것이 아니고, 이성으로는 훨씬 더 모른다. 우리는 이에 대해 뚜렷한 어떤 관념도 갖지 않았으니 말이다.

내 생각은 아리스토텔레스가 말했듯이 모든 자연물은 그것의 구성물이라는 것을 알아야 한다는 것이다. 그러나 이 복합 물체의 본성은 우리에게 알려져 있지 않다. 복합물체를 구성하는 단순 물체들이나 4원소를 알지 못하면 그것을 알 수 없다. 단순물체를 통해서만 복합물체를 아는 것이다.

아리스토텔레스가 말하듯 불은 본성상 가볍다. 아래에서 위로의 운동은 단순 운동이다. 그러므로 불은 단순 물체인 것이 운동과 동력은 비례하기 때문이다. 자연물은 단순 물체의 복합물이다. 그러므로 모든 자연물 속에는 불이 있다. 그러나 그 불은 우리가 보는 불과 닮지 않았다. 불은 그것을 구성하는 물체들 속에 '역량puissance'으로만 종종 존재하는 까닭이다. 이러한 아리스토텔레스주의자들의 논의로 우리는 무엇을 배울 수 있는가? 모든 물체에는 '현동적actuel'이든 '잠재적potentiel'이든 불이 있다는 것이며, 즉 모든 물체는 우리에게 보이지 않고, 우리가 그 본성을 알지 못하는 어떤 것으로 구성되어 있다는 것이다. 그러므로 이제 우리는 상당히 진전을 보았다.

그런데 아리스토텔레스가 불의 본성과, 모든 물체를 구성하는 다른 원소들을 우리에게 알려주지 않는대도 우리는 적어도 그가 그것의 특질과 주된 속성을 발견케 해준다고 상상할 수 있을 것이다. 그가 이 점에 대해 말하고 있는 것을 다시 검토해야 한다.

그가 우리에게 선언하기를[4] 촉각에 속한 네 가지 주요 특질들이 있다고 한다. 열, 냉, 습함, 건조함이 그것이고, 이들로부터 모든 다른 것들이 구성된다. 그리고 그는 이런 종류로 4원소에 이들 첫 번째 특질을 배분한다. 그는 불에 열과 건조함, 공기에 열과 습함, 물에 차가움

4 *De genr. et corrupt.*, lib. II, cap. II et III.

과 습함, 흙에 차가움과 건조함을 부여한다. 그는 열과 냉은 능동적인 특질들이고, 건조함과 습함은 수동적인 특질들이라고 확신한다.[5] 그는 열을 "동일한 유의 물질들을 모으는 것"으로, 냉을 "동일하거나 다양한 유의 모든 물질들을 모으는 것"으로, 습함은 "그것 고유의 한계에서는 쉽게 수용되지 않지만 낯선 한계에서는 수용되는 것"으로, 건조함은 "그 고유의 한계에서는 쉽게 수용되지만 그것을 둘러싼 물체들의 한계에서는 쉽게 일치하지 않는 것"이라고 정의한다.

그래서 아리스토텔레스에 따르면 불은 덥고 건조한 원소로서, 그러므로 동일한 본성의 물질들을 모으고, 자기 고유의 한계에서는 쉽게 수용되고, 낯선 한계에서는 수용되기 어려운 것이다. 공기는 덥고 습한 원소인데, 그러므로 동일한 유의 물질들을 모으고, 자기 고유의 한계에서는 쉽게 수용되지 않고 낯선 한계에서 수용되는 원소이다. 물은 차고 습한 원소인데, 그러므로 동일하고 상이한 본성의 물질들을 모으고, 자신 고유의 한계에 쉽게 수용되고, 낯선 한계에서는 쉽게 맞춰지지 않는 원소이다. 마지막으로 흙은 차고 건조한데, 그러므로 동일하고 상이한 본성의 물질들을 모으는 원소로, 자기 고유의 한계에 쉽게 수용되지만 낯선 한계에서는 쉽게 맞춰지지 않는다.

이상이 아리스토텔레스의 생각, 혹은 그가 주된 특질에 부여한 정의들에 따라 설명된 원소들이다. 우리가 이 점을 믿어본다면 원소란 모든 다른 특질로 구성된 단순 물체들이며, 원소들의 특질은 모든 다

5 cap. II.

른 특질들로 구성된 단순한 특질들이다. 이 원소들과 그 원소들의 특질들의 지식은 대단히 명확하고 대단히 분명해야 하는 것이 자연학 전체, 즉 자연학을 구성하는 감각 물체들의 지식은 대단히 명확하고 대단히 분명해야 한다. 자연학 전체, 즉 자연감각 물체들의 지식은 이로부터 추론되기 때문이다.

그러므로 이들 원칙에 빠져 있는 것이 무엇일지 살펴보도록 하자. 첫째, 아리스토텔레스는 특질이라는 말에 뚜렷한 관념을 부여하지 않았다. 특질이라는 말이 물질과 구분되는 실재 존재를 의미하는 것인지, 아니면 그저 물질의 변형을 의미하는 것인지 알 수 없다. 간혹 이런 의미로도 쓰고 간혹 저런 의미로도 쓴다. 《범주론》 8장에서 아리스토텔레스는 '특질'이라는 말을 "사물을 그렇게 불리도록" 하는 것으로 정의했다. 그런데 이는 우리가 묻는 것이 전혀 아니다. 두 번째로 아리스토텔레스가 열, 냉, 습함, 건조함이라는 네 개의 최초의 원소라는 말에 부여한 정의는 모두 거짓이거나 불필요한 것이다.

아래에 그가 열을 어떻게 정의했는지 살펴보자. "열은 동일한 본성의 대상들을 모으는 것"이다.

첫째, 우리는 이 정의가 열의 본성을 완벽하게 설명하고 있는지 모르겠다. 열이 항상 동일한 본성의 사물들을 모은다는 것이 사실이라도 말이다.

둘째, 열이 동일한 본성의 사물들을 모은다는 것은 틀렸다. 열은 물의 부분들을 모으지 못하고, 오히려 증기로 만들어 날려 보낸다. 열은 포도주를 구성하는 부분들도, 여러분이 좋아하는 모든 다른 술이나 액체는 물론, 심지어는 수은을 구성하는 부분들조차 모으지 못한다. 반대로 열은 동일하고 상이한 본성의 고체들과 유체들을 분해하고 분리한다. 그리고 불이 부분들을 분해할 수 없는 어떤 것이 있다면 그것은 본성이 동일한 것이 아니라, 불을 이루는 운동들이 걷어 내기에는 지나치게 크고 지나치게 견고한 것이다.

셋째, 진리에 따르면 열은 동일하거나 상이한 본성의 물체들을 모을 수도 없고 분해할 수도 없다. 어떤 물체들의 부분들을 모으거나, 걷어 내거나, 분리하기 위해서는 그 부분들을 휘저어야 한다. 그런데 열은 무엇도 휘저을 수 없거나, 적어도 열이 물체들을 휘저을 수 있는지는 명백하지 않다. 가능한 최대로 집중하여 열을 고려한대도 열이 갖지 않은 운동을 물체에 전달할 수 있음을 발견할 수는 없다. 불에 노출된 물체의 모든 부분들이 휘젓고 분리된다는 것은 잘 알려져 있다. 이것이 사실이기는 하지만 아마 불에서 나오는 열이 아닐 것이다. 불이 열을 가졌는지 명백하지 않으니 말이다. 그것은 오히려 계속적인 운동에서 뚜렷이 존재하는 부분들의 작용에 의해서이다.

어떤 물체에 불을 이루는 부분들이 부딪히면서 운동 일부를 전달하게 되는 것 같다. 불 속에 열이 있든, 불 속에 열이 없든 말이다. 이 물체를 구성하는 부분들이 전혀 견고하지 않다면 불은 그 부분들을 걷어내 버릴 것이 틀림없다. 또 그 부분들이 대단히 견고하고 대단히 거칠다면 불은 이를 휘젓고, 부분들을 서로 밀어내게 할 것이다. 마지막으로 그 부분들에 미세한 것들과 거친 것들이 섞여 있다면 그 부분들을 다른 것들과 완전히 분리할 만큼 충분히 강하게 밀어낼 수 있는 부분들만을 걷어낼 것이다. 그래서 불은 분리만 할 수 있을 뿐이다. 불이 모은다면 그것은 그저 우연일 따름이다. 그런데 아리스토텔레스의 주장은 완전히 반대이다. 그가 말하기를 "불이 어떤 것들을 분리한다는 것은 동일한 유의 사물들을 모으는 것일 뿐인 것이, 불이 상이한 유의 사물들을 없앤다면 그것은 그저 우연일 뿐이기 때문이다.'[6]

애초에 아리스토텔레스가 열이라는 것과, 우리가 뜨겁다고 부르는 물체들로 이루어진 작은 물체들의 운동을 구분하고, 그다음에는 열이 가시적 물체로 구성된 비가시적 부분들을 자극하고 분리한다고 하면서 열을 부분들의 운동으로 간주할 수 있다고 말했다면, 그는 열에 대해 충분히 용인할만한 정의를 제시했을 것이다. 그럼에도 그 정의에 완전히 만족할 수는 없을 텐데, 열은 뜨거운 물체들의 운동의 본성을 정확히 깨닫게 해 줄 수 없을 것이니 말이다.

아리스토텔레스는 차가움을 "동일하거나 상이한 본성의 물체들을 모으는 것"으로 정의한다. 이 정의 역시 아무런 가치가 없다. 차가움이 물체들을 모은다는 것은 거짓이니 말이다. 물체들을 모으기 위해서는 그것들을 휘저어야 하는데, 차가움은 아무것도 휘저을 수 없음이 분명하다. 사실 차가움이라는 말은 추울 때 느끼는 것이거나 차가움의 감각이 불러일으키는 것이다. 그런데 차가움의 감각은 아무것도 밀어낼 수 없으므로 아무것도 휘저을 수 없음이 명백하다.

그 감각을 일으키는 원인이 되는 것에 대해서 이성을 통해서 사물들을 검토한다면 그것은 그저 운동의 정지 혹은 중단이라는 점이 확실하다. 그래서 물체 속의 차가움은 열을 동반하는 이런 유의 운동의 중단일 뿐이므로 열이 분리한다면 차가움은 분리하지 않는다는 것이 명백

6 *De gener. et corrupt.*, lib. II, cap. II.

하다. 그래서 차가운 것은 동일한 본성의 사물도 상이한 본성의 사물도 모으지 못한다. 아무것도 밀어낼 수 없는 것은 아무것도 모을 수 없기 때문이다. 한마디로 말해서 차가움은 아무것도 하지 않고, 아무것도 모으지 않는다.

아리스토텔레스는 감각을 통해 사물들을 판단하면서 차가움이 열만큼 긍정적이라고 생각하는데 열과 차가움의 감각은 서로 실재적이고 긍정적인 까닭이다. 그리고 그는 또한 이 두 특질이 능동적이라고 생각한다. 사실 우리가 감각의 자극을 따른다면 우리는 차가움이 더욱 능동적인 특질이라고 믿어야 옳다. 차가운 물은 한순간에 약간의 물이 찬 도가니에 부은 녹은 금과 납을 단단하게 굳히고, 모으고, 단단하게 만들기 때문이다. 이 금속들은 뜨거운 열을 가지고 있어 그것에 자극된 신체 부분들이 분리될 정도로 충분히 크지만 말이다.

우리는 제1권에서 사물들을 통해 감각이 오류를 범한다고 말했다. 감각 물체들의 특질을 판단하기 위해서 감각에만 의존한다면 확실하고 이론의 여지 없는 진리를 발견하기란 불가능하다는 점이 명백하다. 그 진리가 자연의 지식에서 더욱 앞서 나아가기 위한 원칙으로 사용될 수도 있는데 말이다. 뜨거운 사물이 어떤 것인지, 차가운 사물이 어떤 것인지 이런 방식으로만 발견할 수 있는 것은 아니다.[7] 약간 미지근한 물에 손이 닿은 여러 사람들 중에 어떤 이들은 물이 뜨겁다고 생각하고 다른 이들은 물이 차갑다고 생각할 것이다. 더웠던 사람들은 차갑

7 제1권 11장에서 15장을 보라.

다고 생각하고, 추웠던 사람들은 뜨겁다고 생각하는 것이다. 물고기가 이런 감각을 가질 수 있다고 가정해 본다면 모든 사람들이 물이 차갑다고 생각할 때 여전히 물이 뜨겁다고 생각할 것이 분명하다.

공기의 경우도 마찬가지이다. 공기에 노출된 사람들은 신체의 다양한 배치에 따라 공기를 뜨겁게도 차갑게도 느낀다. 아리스토텔레스는 공기는 뜨겁다고 주장했으나 나는 북쪽에 사는 사람들도 그와 같이 생각하리라고 보지 않는다. 그리스 기후만큼 더운 풍토에 익숙한 사람들은 열이라는 단어에 뚜렷한 관념을 결부시키지 않는 만큼 덥다 아니다 하지 않을 것이다. 그러나 스콜라 학파에서 항상 중요했던 이 문제는 우리가 열이라는 말에 뚜렷한 관념을 부여할 수 없는 만큼 결코 해결되지 않을 것이다.

아리스토텔레스가 열과 냉에 대해 부여한 정의들로는 그 관념을 고정시킬 수 없다. 예를 들어 물과 공기조차 그것이 아무리 뜨겁고 작열할지라도 어떤 다른 금속의 부분들과 융해된 납의 부분들을 모으는 것이다. 공기는 송진이며, 무엇이든 다른 고체들과 결합한 유지油脂를 전부 모은다. 송진과 재灰를 분해하기 위해 유향乳香의 공기에 노출시킬 생각을 하거나, 이들을 분리하는 데 다른 복합물을 써볼 생각을 하려면 정말 아리스토텔레스주의자가 되어야 한다. 그러므로 공기는 아리스토텔레스가 열에 대해 부여한 정의를 따르면 뜨겁지 않다. 공기는 물체와 그 물체를 흡수하는 액체를 분리하고, 진흙을 단단하게 만들고, 비록 아리스토텔레스는 공기가 습하다고 했으나 널어놓은 빨래를 말린다. 그러므로 공기는 이런 정의를 따라 보자면 뜨거운 것이다. 공기는 진흙과 비교해보면 뜨거운 것이라고 확신할 수 있다. 물과 물에

젖은 흙을 분리하니 말이다.

그러나 우리가 호흡하는 공기에 열이 존재하는지 알기 위해서는 모든 물체에 대해 공기가 만들어 내는 다양한 결과들을 경험해야 할 텐데, 그렇다고 하더라도 이 점에 대해서는 아무것도 모를 것이다. 그러므로 차라리 우리가 호흡하는 공기에 대해서 철학하려 하지 말고, 지상에서 찾아볼 수 없는 어떤 순수하고 원소적인 공기를 상정하여, 아리스토텔레스처럼 아무런 증거도 제시하지 않은 채 그것이 뜨겁다고 단정하는 편이 더 간단하다. 이때 그것이 무엇을 의미하는지, 즉 그 공기가 무엇이며 그것의 열이 무엇인지 명확히 알지도 못한 채 말이다. 이런 방식으로 무너뜨리기 쉽지 않은 원칙들을 제시할 수 있다. 그것이 명백하고, 견고해서가 아니라 오히려 모호해서 신체를 갖지 않았기에 우리에게 상처를 입힐 수 없는 유령을 닮았기 때문이다.

나는 아리스토텔레스가 습함과 건조함에 내린 정의도 그냥 넘어가겠다. 이 두 정의가 그들의 본성을 설명하고 있지 못하다는 점이 명백하니 말이다. 아리스토텔레스의 정의를 따르면 불은 자기 고유의 한계에 쉽게 머물지 않기 때문에 건조하지 않다. 그리고 얼음은 습하지 않은데 자기 고유의 한계에 머물고 외부의 한계에 쉽게 부합하지 않기 때문이다. '습'하다는 말을 '유체fluide'의 의미로 이해한다면 얼음이 습하지 않은 것이 사실이다. 그런데 우리가 그런 식으로 이해한다면 불은 용융된 금과 납만큼 대단히 습하다는 것도 사실이다. 또한 '습'하다는 말을 얼음으로 자극받은 사물들에 쉽게 들러붙는 것으로 이해한다면 얼음은 습하지 않다. 그러나 이러한 의미로라면 송진, 지방, 기름은 물보다 더 결속하기에 훨씬 더 습하다고 말 수 있다. 이런 식으로라면 수은은 금속과 결합하므로 습하고, 물조차 금속과 쉽게 결합하지 않으므로 완전히 습하지 않다. 그러므로 아리스토텔레스의 의견을 변론하려면 감각의 증언에 도움을 구해서는 안 된다.

그러나 이 철학자가 기본 4원소에 부여한 경이로운 정의들은 더 이상 검토하지 말고, 우리가 감각을 통해 이들 특질에 대해 알게 된 모든 것이 반박의 여지가 없는 것이라고 가정해 보도록 하자. 그리고 다시 우리의 믿음을 고무해 보고, 감각 물체들의 모든 특질이 이 네 기본 원소로 구성되어 있음이 사실인지만 살펴보도록 하자. 아리스토텔레스는 그렇게 주장한다. 그는 이 기본적인 네 특질을 그의 자연학 책에서 우리에게 설명하고자 하는 문제들의 원칙으로 간주하기 때문에 그렇게 주장하는 것이다.

그러므로 그는 우리에게 색은 4개의 기본 특질들이 혼합됨으로써 생기고, 머리가 세는 노인들에게서처럼 습함이 열을 이길 때 흰색이 만들어지고, 저수통의 벽처럼 습함이 건조해질 때 검은색이 만들어지고, 모든 다른 색깔들도 비슷한 혼합으로 만들어지고, 냄새와 풍미는 '건조함'와 '습함'의 다양한 결합을 통해 만들어지고, 무거움 자체와 가벼움도 이를 따른다는 점을 가르친다. 한마디로 말해서 아리스토텔레스에 따르면 모든 감각적 특질은 열과 냉이라는 두 '능동적' 특질들의 결합이거나, 습함과 건조함이라는 두 가지 '수동적' 특질들의 결합이거나이다. 그 결과 그의 원칙들 가운데에 사실임 직한 어떤 연동과, 그가 이로부터 끌어내는 결과들이 생기게 된다.

그러나 우리가 지금까지 아리스토텔레스에 대해 언급한 모든 문제들 이상으로 이 문제들을 납득하기란 훨씬 더 어렵다. 이 철학자의 몇몇 박식한 주석자들이 확신시켜 주기는 했지만 흙과 다른 원소들은 순수한 본성 속에 있고, 기본적인 특질들이 전혀 섞이지 않았을 때 색을 띠지 않고 가시적이지도 않을 것이다. 아리스토텔레스는 노인의 습함이 그들의 열보다 더 강하므로 백발의 머리색은 습함의 결과라고 확신하는데 이것으로 그가 무슨 말을 하려는지 이해할 수 없다. 그의 사유를 밝히려면 정의를 정의된 개념의 자리에 두어야 한다. 노인이 백발이 되는 것을 "자기 고유의 한계에 쉽게 머물지 못하고 외부의 한계에 머무르는 것"이 "동일한 본성의 사물들을 모으는 것"을 뛰어넘기 때문이라고 말하는 것은 이해할 수 없는 횡설수설인 것 같기 때문인데, 그가 풍미란 건조함, 습합, 열의 혼합이라고 말할 때 그것이 제대로 설명되었다고 믿기 어렵고, 특히 이 철학자가 그런 용어들 대신 그것들이 옳았다면 유용하게 제시되었을 정의를 내릴 때 그렇다.

아리스토텔레스는 허기와 정의를 정의하면서 허기는 '열'과 '건조함'의 욕망이고, 갈증은 '냉'과 '습함'의 욕망이라고 했다.[8]

누가 이 말들의 정의를 대신해서 허기란 "동일한 본성의 사물들을 모으는 것과 자기 고유의 한계에는 쉽게, 외부의 한계에는 어렵게 머무는 것에 대한 욕망"이며, 갈증은 "동일하고 상이한 본성의 사물들을 모으는 것과 자기 한계에는 쉽게 머물지 못하면서 외부의 한계에는 쉽게 머무는 것의 욕망"이라고 바꿔 버린다면 우리는 웃음을 참지 못할 것이다.

확실히 정의된 개념을 놓는 자리에 정의를 두는 것이 종종 용어를

---

8 *De anima*, lib. II, cap. III.

옳게 정의했는지 알고 잘못 추론을 하지 않았는지 점검하는 데 대단히 유용한 규칙이다. 이로써 용어가 애매한 것은 아닌지, 관계들의 척도가 거짓이거나 불완전한 것은 아닌지, 혹은 논리에 맞게 추론했는지 알게 된다. 사정이 이러하니 이 규칙을 사용할 때 우스꽝스럽고 격에 맞지 않는 횡설수설이 되어 버리는 아리스토텔레스의 추론에 대해 어떻게 말해야 할까? 정확하고 견고한 추론 전체에 빛과 명백성을 보존하는 이 규칙이 그들의 담화에 혼란만을 야기한다고 감각에서 나오는 거짓되고 모호한 관념을 따라서만 추론하는 모든 사람들에 대해서는 뭐라고 말해야 할까?

아리스토텔레스가 모든 종류의 주제를 기이하고 괴상하게 설명하고 있음을 제시하기란 불가능하다. 그가 다루는 주제들이 단순하고 수월할 때 그의 오류들은 단순하며, 그 오류들을 발견하기란 아주 쉬운 일이다. 그러나 그가 복합적이고, 여러 원인들에 의존하는 문제들을 설명하겠다고 주장할 때 그가 범한 오류들은 적어도 그가 다루는 주제들만큼 복잡한 것이어서, 이들 오류를 다른 것으로 설명하겠다고 전개하기란 불가능하다.

올바로 정의하기 위해 그가 제시했던 규칙들에서 대단히 성공을 거두었다고들 하는 저 위대한 천재는 그저 어떤 것이 정의될 수 있는 사물들인지 알 뿐인 것만은 아니다. 그는 명석판명한 지식과 감각적 지식 간에 차이를 두지 않고, 판명한 관념도 갖지 않은 문제들을 알 수 있고 다른 이들에게 가르칠 수 있다고 생각한다. 정의란 사물의 본성을 설명해야 한다. 정의를 구성하는 용어들은 정신에 판명하고 특별한 관념들을 일깨워 주어야 한다. 그런데 원인과 결과를 혼동하고, 물체들의 운동과 그것에 동반하는 감각을 혼동할 때, 열, 냉, 색깔, 풍미 등의 감각적 특질들을 이런 식으로 정의하기란 불가능하다. 감각작용들은 영혼의 변형이고, 이들 변형은 분명한 관념들을 통해서 아는 것이 아니라, 오직 내적 감각에 의해서 알게 되는 것이므로, 내가 제 3권에서 설명했던 방식으로[9] 우리가 갖지 않은 관념들에 단어를 결부시키는 일은 불가능하다.

원, 사각형, 삼각형의 뚜렷한 관념을 갖고 있고, 그런 식으로 이들의 본성을 뚜렷이 알 때 올바른 정의를 내릴 수 있다. 이들 도형에 갖는 관념에서 모든 속성을 추론할 수 있으며, 이들 관념에 결부된 용어들을 통해 다른 사람들에게 설명할 수도 있다. 그러나 열도, 냉도, 감각 특질로서는 정의할 수 없다. 이 특질들은 관념을 통해 뚜렷이 알지 못하고, 의식이나 내적 관념을 통해서만 알 뿐이기 때문이다.

우리는 또한 어떤 결과들을 가지고 우리 외부에 존재하는 열을 정의해서는 안 된다. 자기 대신에 남이 자기에게 제시하는 정의를 대체한다면 그런 정의는 우리를 오류에 빠뜨리기에나 알맞으리라는 점을 알게 될 것이다. 예를 들어 열이란 “동일한 유의 사물들을 모으는 것”이라고 정의한 뒤 그 이상은 전혀 말하지 않는다면, 이 정의에 따라 열과 아무런 관련도 없는 것을 열이라고 간주할 수 있게 될 것이다.

자석은 쇠 줄밥을 모으고, 은은 뜨거운 것이니 그것을 은 줄밥과 분리한다고 말할 수 있을 것이다. 또한 비둘기는 삼의 씨를 먹고 다른 곡식은 남기는데 그것은 비둘기가 뜨거운 동물이기 때문이다. 한 수전노

---

9 2부, 7장, n°4.

가 루이 금화와 자신의 은화를 분리하는 것은 금이 뜨거운 금속이기 때문이다. 이런 정의를 따를 만큼 우리가 멍청했다면 이 정의는 온갖 괴상한 데로 이끌어갈 것이다. 그러므로 이 정의는 열의 본성을 설명하지 못하니, 열의 모든 속성을 추론하는 데 사용할 수 없다. 우리가 이 용어들에 바로 집중한다면 엉뚱한 결론이 날 것이고, 그 정의를 정의된 개념의 자리에 둔다면 횡설수설하게 된다.

하지만 열이라는 것이 우리가 명확한 관념을 갖지 못한 영혼의 변형이므로 설령 그것을 정의는 할 수 없더라도 열과 열을 일으키는 원인을 세심히 구분한다면 그것으로 열의 원인을 정의할 수는 있다. 운동에 대한 명확한 관념이 있으니 말이다. 그런 운동으로 간주된 열이 우리 안에 항상 열의 감각의 원인이 되는 것은 아니라는 데 주의해야 한다. 예를 들어 물을 이루는 부분들이 유체이고 운동하므로 뜨겁다고 하자. 필경 물고기는 물을 뜨겁다고 생각할 것인데, 적어도 물은 부분들이 더욱 정지 상태에 머물러 있는 얼음보다 더 뜨거우니 말이다. 그러나 물은 우리와 관련해서는 차가운 것이, 우리 몸을 이루는 부분들보다는 운동이 적기 때문이다. 한쪽보다 운동이 적은 것은 말하자면 그것의 관점으로는 정지 상태에 있으니 말이다. 그래서 열의 원인이나 열을 자극하는 운동을 정의해야 할 때는 우리 신체의 섬유 운동과 관련시켜서는 안 된다. 이렇게 말할 수 있다면 이 운동은 절대적으로, 그 자체로 정의해야 한다. 그리고 그때 우리가 제시하게 될 정의들은 열의 본성과 속성을 알려 줄 수 있을 것이다.

이제 나는 아리스토텔레스의 철학을 더 검토하고, 이 저자가 범한 극단적으로 모호하고 번잡한 오류들을 밝힐 필요가 없다고 생각한다. 내가 보기에 나는 아리스토텔레스가 자신의 4원소를 증명하지 못했으며, 정의도 잘못했다는 점을 증명했다. 아울러 그가 제시한 기본 특질은 그가 주장하는 바의 것이 아니고, 그는 그것의 본성을 몰랐고, 이차적인 특질 모두가 그것으로 구성되어 있지 않았고, 비록 우리가 모든 물체들은 제 1원소들이며 제 2원소들처럼 4원소로 구성되었다는 점에 합의를 보더라도 그의 체계 전체는 진리 탐구에 쓸모없으며, 그의 관념들은 우리 추론에 명백성을 항상 보존할 만큼 충분히 명확하지 않다는 점 역시 보여 주었다.

내가 아리스토텔레스의 실질적인 의견을 제시한 것인지 믿지들 않는다고 해도 여러분은 그가 지은《천체론》와《발생과 부패》를 직접 읽으면 이 점을 명확히 알 수 있다. 내가 말한 거의 모든 것을 바로 그 책들에서 취했기 때문이다. 나는 그의《자연학》여덟 권에 대해서는 전혀 언급할 마음이 없는 것이 그 책들은 문자 그대로 일종의 논리학이라 할 것이고, 여기서 찾을 것이란 모호하고 확정되지 않은 단어들뿐이다. 그런 단어들로 아리스토텔레스는 이해는 전혀 하지 못하더라도 어떻게 자연학에 대해 말하는 법을 배울 수 있는지 가르친 것이다.

아리스토텔레스는 종종 모순되는 말을 하고 우리는 그의 책에서 끌어낸 몇몇 단락이면 거의 모든 종류의 생각을 뒷받침할 수 있으므로, 확신컨대 내가 아리스토텔레스의 것이라고 주장했던 생각들과 반대되는 어떤 생각들조차 아리스토텔레스는 증명할 수 있으리라고 다들 믿으실 것이다. 하지만 내가 그의 권위자도 아니고, 나로서는 내가 말한 내용의 증거로 방금 인용했던 책을 가지고 있다는 것으로 충분하다. 또한 나는 그 책들이 정말 아리스토텔레스의 것인지 아닌지, 그 책들이 제대로 된 것인지 아닌지 하는 논쟁에 끼어들고 싶지도 않다. 나는 아리스토텔레스를 있는 그대로 취하고, 그것을 평범하게 수용한다. 별반 존경하지도 않는 사람의 실제 계보학까지 추적할 고생을 왜 해야 한단 말인가. 그뿐만이 아니라 파트리티우스의 《아리스토텔레스주의자들 논쟁》을 통해서 이를 볼 수 있으므로 더 해명하기란 불가능하다.

6장

진리의 탐구에서 올바른 순서를 거치기 위해 필요한 일반적 의견들

내가 이 책에서 확실하고 반박의 여지가 없는 것은 전혀 세우지 않고 계속 허물어뜨리기만 한다는 말을 듣지 않으려면 이제 몇 마디 말로 연구를 할 때 오류에 빠지지 않기 위해 지켜야 할 질서를 제시해야 할 때이다. 또 이참에 나는 동의하지 않을 수 없는 그런 명백성을 마주치는 데 반드시 필요한 몇몇 진리와 학문도 지적할 것이다. 이 진리들과 학문들을 모조리 설명하지도 않겠는데, 이는 이미 다 끝난 일이기 때문이다. 나는 다른 저자들의 책들을 다시 출판할 생각도 아니기 때문에 있는 작품을 참조하면 되는 것이다. 나는 그저 사람들이 맡고자 하는 연구에서 반드시 지켜야 할 질서를 보여줌으로써 이를 통해 지각의 명백성을 항상 유지하고자 한다.

우리 모든 지식들 가운데 첫 번째는 우리 영혼의 존재이다. 우리의 모든 사유는 영혼이 존재한다는 이론의 여지 없는 증명이다. 지금 생각하는 존재가 지금 무엇이라는 점 이상으로 명백한 것은 없다. 그러나 자기 영혼의 존재를 아는 것이 쉽다고 해도 영혼의 본질과 본성을 아는 일은 쉽지 않다. 영혼이 무엇인지 알고자 한다면 무엇보다 영혼이 결합되어 있는 사물들과 혼동하지 않기 위해 주의해야 한다. 우리가 의심하고, 의욕하고, 추론한다면, 영혼은 의심하고, 의욕하고, 추론하는 무엇이라고 믿기만 하면 된다. 우리가 영혼 속에서 그것과 다른 속성을 경험한 적이 없다는 조건이라면 그 이상은 필요 없다.

우리가 자신의 영혼을 아는 것은 오직 우리가 가진 내적 감정에 의해서일 뿐이니 말이다. 영혼을 신체로도, 피로도, 동물정기로도, 불火로도, 철학자들이 간주하는 무한히 많은 다른 것들로도 보아서는 안 된다. 그 존재를 믿지 않을 수 없을 것이며, 자기 자신의 내적 감각을 통해 완벽하게 확신하는 것이 아니라면 영혼을 믿어서는 안 된다. 다른 식으로라면 우리는 잘못 생각하게 될 것이니 말이다.

그래서 영혼에 대해 알 수 있는 모든 것은 오류가 개입될 수도 있을지 모를 추론을 행하지 않고도 그저 보는 것으로 혹은 내적 감각으로써 알게 될 것이다. 추론할 때는 기억이 작동하기 마련이다. 기억이 있는 곳에는 오류가 있을 수 있다. 우리 지식 속에서 우리가 의존할 수도 있을 어떤 악령이 있어서 우리가 잘못 생각하도록 주의를 돌리게 할 수 있다고 가정해 본다면 말이다.

예를 들어 내 판단을 속이는 일을 즐기는 신을 가정했다고 해도, 나는 그 신이 그저 보는 것으로 얻은 내 지식에서 내가 잘못 생각하게 할 수 없으리라고 정말 확신한다. 내가 사유하는 것으로 내가 존재한다는 것을 알게 되고, 내가 생각하는 것이 무엇인지, 혹은 2 곱하기 2가 4라는 지식을 확신하듯 말이다. 내가 실제로 그런 신을 가정했을지라도, 또 내가 그 신을 속일 수 있을 만큼 강력하더라도 나는 이 기상천외한 가정에서 기억을 사용하는 일 없이 그저 보는 것으로 얻은 이 문제들을 지각하여 내가 존재하거나 2 곱하기 2는 4임을 의심할 수 없다는 것을 느낀다.

그런데 내가 추론할 때 내 추론의 원칙들을 명백히 보지 않는 대신 그저 내가 명백히 그것을 본 적이 있다는 것만을 기억하므로 이 기만적인 신이 거짓 원칙들에 이 기억을 결합했다면 나는 거짓 추론밖에 할 수 없을 것이다. 이는 오랫동안 계산을 해왔던 사람들이 9 곱하기 9가 72라거나, 21이 소수素數라거나, 거짓 결론을 끌어낸 어떤 유사한 오류를 범했음을 깨달았음을 뚜렷이 기억하는 것과 마찬가지이다.

그래서 신을 반드시 알아야 하고, 우리가 산술학과 기하학처럼 가장 확실한 학문이 진정한 학문임을 전적으로 납득하고자 한다면 신은 기만하는 존재가 아님을 반드시 알게 될 것이다. 그렇지 않다면 명백성은 완전하지 않게 되므로 신의 동의consentement를 잊지 말아야 한다. 그리고 신이 기만하는 존재가 아니라는 점은 추론이 아니라 그저 보는 것으로 알아야 한다. 신이 기만자라고 가정한다면 추론은 항상 그릇될 수 있으니 말이다.

신의 존재 방식과 완전성을 보여 주는 모든 일상적인 증거들을 그의 피조물의 존재 방식과 완전성에서 끌어낼 때 이 증거들은 내가 보기에는 이러한 결함을 갖고 있다. 그저 보는 것만으로 정신을 설득하지 못하는 것이다. 이 모든 증거들은 그 자체로 입증된 추론들이기는 하다. 그러나 추론은 추론이므로 우리를 기만하는 한 악령을 전제한다면 입증되지 못한다. 추론은 우리보다 상위의 역량이 존재함을 충분히 입증한다. 심지어 이런 기상천외한 가정조차 그 점을 확고히 하니 말이다.

그런데 신이나 어떤 무한히 완전한 존재가 있음을 충분히 확신하지 않는다. 그래서 추론에서 결론은 원칙보다 명백하다.

세상이 존재한다는 것이 명백한 것 이상으로 우리보다 우월한 역량이 존재한다는 것이 더욱 명백하다. 우리를 기만하는 것을 즐기는 악령을 가정하면서 세상이라는 것이 존재한다는 것을 증명하기란 불가능하다고 하는 대신 저 우월한 역량을 증명할 수 없도록 만드는 가정이란 존재하지 않으니 말이다. 우리는 항상 이 악령이 존재하지 않는 사물들의 생각을 우리에게 부여하리라고 항상 생각할 수 있다. 잠을 잘 때나 어떤 병을 앓을 때 존재하지 않는 사물들을 보게 되고, 심지어는 우리가 더 이상 갖지 못하거나 가진 적이 없었던 상상의 팔다리에서 고통을 느끼기도 하는 것처럼 말이다.

그런데 우리가 가진 무한의 관념에서 끌어낸 신의 존재와 완전성의 증거는 그저 보는 것으로도 증거가 된다. 우리는 무한無限을 보자마자 신의 존재를 알게 된다. 필연적 존재는 무한의 관념을 함축하고 있거나, 보다 명백하게 말하면 우리는 그에게서만 무한을 볼 수 있을 뿐이다. 우리 지식의 제일 원리는 무無는 가시적이지 않다는 것이다. 그 결과 무한을 생각한다면 무한은 존재하는 것임이 틀림없다.[1]

신이 자신이 무한히 완전하고 무한은 완전성을 결코 결여할 수 없음을 알기에 그 존재는 우리를 잘못 이끌지 않으며, 심지어 그럴 수도 없는 존재임을 명백히 알게 된다. 신은 그가 원하는 것 혹은 그가 의욕할 수 있는 것만을 할 수 있으니 말이다. 그래서 비록 우리에게 항상 빛을

---

1 《형이상학에 대한 대화》의 첫 두 대화와 이 책 4권 11장을 참조.

내려주지는 않고, 우리에게 빛을 내려주지 않을 때도 우리를 종종 속이지는 않지만, 신이, 우리를 결코 잘못 생각하게 하지 않는 진정한 신이 존재한다.

우리가 여기서 다른 사람들에게 제시할 목적으로 추론하고 있기는 하지만 주의 깊은 정신을 가진 사람들은 그저 보는 것으로 이 모든 진리를 알게 된다. 추론의 토대로 삼을 수 있는 이론의 여지 없는 원리로 이를 가정할 수 있다. 신이 우리를 잘못 생각하는 것을 즐기지 않는다는 점을 잘 아는 것에서 비로소 우리는 추론할 수 있게 된다.

신앙의 확실성 또한 이 원칙에 의존하며, 우리를 속일 수 없는 신이 존재한다는 점이 명백하다. 신 존재와 신적 권위의 무無오류성은 신앙 개조를 위한 것보다는 오히려 진지하게 집중할 수 있는 정신에게 공통된 개념들이고 자연적 지식들이다. 신이 선사한 선물이기는 하나 이들 진리가 필요함을 이해하고, 이를 이해하기 위해 전심전력을 다하기 위해서 충분한 주의를 기울일 수 있는 정신을 갖는다는 것은 얼마나 대단한 일인가.

"신은 기만하는 자가 아니"라는 이 원칙에서 끌어낼 수 있는 결론은 우리가 특별한 방식으로 결합되어 있는 신체를 실제로 갖고 있으며, 여러 다른 신체들로 둘러싸여 있다는 점이다. 우리는 내면에서 그것들의 존재를 신이 우리에게 산출하는 연속적 감정을 통해 납득한다. 그 감정을 교정할 때 신앙은 상처를 입게 마련이다. 우리 주변 존재들은 갖지 못하는 어떤 특질들과 어떤 완전성들을 담아 우리 마음속에 재현하는 감정을 이성으로 바로잡을 수 있다고 한다고 하더라도 마찬가지이다. 그래서 우리는 주변 존재들이 우리가 보거나 상상하는 그대로의 존재라고 믿거나, 그저 그 존재들이 존재하고 우리가 이성을 통해 이해하는 그대로 존재하고 있다고만 믿어서는 안 된다.

그런데 순서대로 추론하려면 우리에게 신체가 있는지, 우리 주변에 다른 신체들이 있는지, 혹은 주변에 신체들이 없지만 단지 그 생각만 하고 있는지는 아직 검토해서는 안 된다. 이 문제는 지나치게 커다란 난점을 포함하고 있으며, 우리의 상상으로 가능할 테니 우리가 상상할 수 있을 지식의 완벽성을 기한다거나, 자연학, 도덕 및 어떤 다른 학문들의 정확한 지식을 갖기 위해 이 문제를 해결할 필요는 아마 없을 것이다.

우리는 우리 안에 수數와 연장에 대한 관념을 갖추고 있으며, 그 관념들이 존재한다는 점은 반박의 여지가 없으며 그 본성은 불변하다. 우리가 그 모든 관계를 알고자 했었다면 그것으로 우리는 영원히 사유할 거리를 마련할 수 있을 것이다. 또한 제시하는 것이 불필요하지 않은 근거들을 위해서라면 이 관념들에 사유를 기울이는 것으로 시작할 필요가 있다. 주요한 세 가지 근거가 있다.

첫째, 이 관념들은 모든 관념들 중 가장 명석판명하다는 점이다. 오류를 피하기 위해서 추론 시 명백성이 보존되어야 한다면 자연학, 도덕, 역학, 화학 및 다른 모든 학문들의 모호하거나 복잡한 관념들보다는 수數와 연장의 관념을 기초로 추론하는 것이 명백한 사실이다.

두 번째, 이 관념들은 모든 관념들 중에서 가장 뚜렷하고 가장 정확하다는 것이다. 특히 수의 관념이 그렇다. 그래서 우리가 산술학과 기하학을 공부하며 사물의 관계를 정확하게 아는 것으로 만족하지 않는 습관을 들인다면 정신에는 사물에 대한 어떤 정확함이 생긴다. 이것은 다른 학문들을 가득 채우는 사실임 직함으로 만족하는 사람들에게는 없는 것이다.

세 번째이자 가장 중요한 것은 이 관념들은 불변하는 규칙들이고, 우리가 알고 있고 우리가 알 수 있는 다른 모든 것을 비교할 수 있는 공동의 척도라는 것이다. 수와 도형의 관계들, 더 자세히 말하자면 그 관계를 알기 위해 반드시 필요한 비교를 할 줄 아는 기술을 완벽하게 아는 사람들은 일종의 보편 학문, 혹은 명백하고 확실하게 정신의 흔한 한계들을 넘어서지 않는 모든 것을 발견하기 위해 든든한 수단을 갖고 있다. 그러나 이 기술을 갖지 않은 사람들이라면 그들이 알고자 노력하는 복합적 관계들로 이루어진 사물들에 대해 대단히 명백한 관념을 가졌다고 한들 조금이라도 복잡한 진리를 발견할 수 없다.

이런 이유나 비슷한 이유들로 몇몇 고대인들은 젊은이들에게 산술학, 대수학, 기하학을 가르치고자 했다. 필경 고대인들은 산술학과 대수학이 다른 연구를 통해서는 얻을 수 없는 어떤 통찰력을 주고, 정신의 폭을 넓히며, 기하학은 상상력을 올바로 조정하므로 쉽게 혼란스러워지지 않는다는 점을 알고 있었다. 영혼의 이 능력은 학문을 하는 데 없어서는 안 되는 것이어서 기하학의 용례를 통해 상당한 정확성의 폭을 얻게 된다. 가장 복잡한 난점에까지 정신의 명확한 시선을 보존하고 밀고나가는 것이 바로 이런 것이다.

그러므로 지각에 항상 명백성을 유지하고 추론에 완전한 확실성을 보존하고자 한다면, 먼저 산술학, 대수학, 분석과 단순기하학과 복합기하학을 연구해야 한다. 내가 알고 있는 책 중에 산술학, 분석, 대수학을 배우는 데 가장 좋은 책은 말 그대로 정확한 학문들의 진리 발견을 위한 기술로서, 오라토리오회 사제 레노 신부의《크기 일반을 계산하는 학문*La Science du calcul des grandeurs en général*》과《증명된 분석*L'Analyse démontrée*》1권이다.

일반기하학은 부르고뉴 공작 왕세자 전하의 책으로 배울 수 있다. 복합기하학을 배우려면 분석을 사용해야 하기 때문에 이 학문을 분석적으로 다룬 책들을 읽어야 한다. 원추곡선과 원추 절단면의 주요 특질만을 배울 생각이면《증명된 분석》의 2권 1장을 읽으면 만족할 것이다. 그런데 원추곡선과 원추 절단면의 대부분의 속성들만을 배울 생각이면 로피탈 후작의 사후에 출판된《원뿔곡선의 분석적 논고》라는 제목의 책을 읽어야 한다. 여기에 데카르트의《기하학》을 추가할 수 있는데 이는 저 박학한 사람의 명성 때문이다. 그렇지만 앞에 제시한 책들을 읽고 나면 그 이상은 필요 없다.

결국 미분微分과 적분積分이라는 새로운 계산식과, 자연학에서도 사용되는 곡선을 이해하기 위해 이로부터 끌어낸 방법들을 열심히 공부하도록 하자. 미분 계산 및 그 용례를 철저히 다루고 있는 데다, 질서가 바로잡혀 있고 명확하기 이를 데 없는 로피탈 후작의 탁월한 저서《무한소에 관하여*Des infiniment petits*》도 읽어야 한다.《증명된 분석》의 2권 2부에서는 미분 계산 및 그 용례를, 이 책의 3부에서는 적분의 문제를 다루는데 곡선과 자연학과 수학이 결부된 문제들에 이를 적용하는 방식을 읽을 수 있다. 이 책들을 읽으면서 혼자서 발견할 수 있을 것이고 과학아카데미 논문집 및 외국인들의 책에 실린 발견을 이해할 수 있을 것이다.

이 보편 학문들을 세심하고 열심히 연구를 하게 되면 정확하고 개별적 학문 전체의 수많은 풍요로운 진리들을 명백하게 알 수 있을 것이다. 그렇지만 나는 이 문제에 지나치게 시간을 들여 집중하는 일은 위험하다고 말해야 한다고 생각한다. 말하자면 자연학과 도덕을 연구하기 위해서는 그것들을 경멸하거나 무시해야 한다. 뒤의 학문들은 정신을 정확하게 만들고 통찰력을 마련해 주는 데는 대단히 적합하지는 않으나, 훨씬 더 유용하기 때문이다.

우리의 지각에서 계속 명백성을 유지하려면 명백하지 않은 어떤 원칙에 줄기차게 몰두하지 않도록 정말 조심해야 한다. 우리는 중국인들이 그 원칙을 올바로 고려하고 난 뒤에는 동의하지 않았으리라 생각할 수 있다.

그래서 자연학에서는 모든 사람들의 공통개념들, 즉 기하학자들의 공리公理만을, 연장, 형상, 운동, 정지라는 명확한 관념들만을, 또 앞에서 든 것만큼 명백한 다른 관념들이 있다면 그것만을 받아들여야 한다. 흔히들 물질의 본질은 연장이 아니라고들 할지 모르겠다. 그런데 그것이 무엇이 중요한가? 우리가 연장으로 형성되었다고 이해할 세계와, 우리가 지금 보는 세계가 똑같아 보이는 것으로 충분하다. 정작 우리는 아무것도 모르지만 다들 떠들썩하게 말하는 이 무용지물의 분야는 전혀 물질적이지 않다.

이 관념들에 대응하는 존재들이 외부에 실제로 존재하는지 검토하는 일은 절대 필요하지 않다. 우리는 이 존재들이 아니라 그 존재들의 관념에 대해 추론하는 것이니 말이다. 사물의 속성에 대해 행하는 추론들이 우리가 그 존재에 갖는 생각과 일치한다는 것, 즉 우리가 생각하는 것이 완벽하게 경험과 일치한다는 점에 주의해야 한다. 자연학에서는 원인과 결과의 질서와 관계를 발견하도록 노력하기 때문이다. 그런 질서와 관계가 있다면 신체에서, 그런 질서와 관계가 없다면 우리가 그것에 대해 가진 감정에서 말이다.

신이 기만하는 자가 아니라는 점을 고려할 때 실제로 물체들이 존재하고 있다는 점과, 자연적 마주침이나 자연적으로 이해할 수 없는 것을 믿게끔 하려고 일어나게 될 마주침에는 우리 생각의 이미 결정된 질서가 존재한다는 점을 의심해서는 안 된다. 그런데 우선 누구도 의심하지 않고, 진정한 학문으로 간주된 자연학 지식에 별달리 소용되지 않는 어떤 것을 깊은 성찰을 통해 검토할 필요가 없다.

우리를 둘러싼 물체들에 우리가 가진 명확한 관념들과 다른 어떤 특질들이 들어 있는지 들어 있지 않은지 고생스럽게 알 필요가 없다. 우리의 추론은 오직 우리의 관념만을 따르기 때문이다. 명확하고 분명하고 특별한 관념을 갖지 않는 어떤 다른 것이 있다면 우리는 그것을 전혀 알지 못하고 정확히 추론하지도 못할 것이다. 아마 우리 관념에 따라 추론하면서 우리는 본성에 따라 추론하게 될 것이며, 우리가 이를 흔한 일로 상상할 만큼 본성이 숨겨진 것이 아니라는 점을 알게 될 것이다.

수數의 속성을 연구하지 않았던 사람들이 어떤 문제들이 대단히 단순하고 대단히 수월할지라도 이를 해결하는 일이 종종 불가능하다고 생각하는 것과 마찬가지로, 연장, 형상, 운동의 속성을 깊이 생각하지 않았던 사람들은 우리가 자연학에서 형성하는 모든 문제들은 설명이 불가하다는 점을 극단적으로 믿고 지지하는 경향이 있다. 아무것도 검토하지 않았거나 필요한 노력을 기울여 검토하지 않았던 사람들의 생각에 머물러서는 안 된다. 완전히 증명된 자연물들에 관해서 비록 적은 수의 진리뿐이라고 해도, 그것을 생각하지 않고, 알지 못하고, 부정할 수 있다고 해도 의심할 수 없는 몇몇 보편적인 진리들이 존재한다는 점이 확실하니 말이다.

질서를 따라, 온 시간을 들이고 필요한 열의를 쏟아 깊이 생각하고자 한다면 내가 말한 그런 확실한 진리들을 많이 찾아낼 것이다. 그렇지만 이런 진리들을 대단히 쉽게 발견할 수 있으려면 데카르트의《철학의 원리》를 주의 깊게 읽을 필요가 있다. 그가 내세운 근거들의 힘과 명백성을 전혀 의심할 수 없을 때가 아니라면 그의 근거들의 힘과 명백성을 전혀 받아들이지 않아도 상관없다.

도덕이 모든 학문들 중 가장 필수적인 것이므로 도덕을 더 세심하게 연구해야 한다. 인간의 의견들을 따르는 것이 위험한 학문이 바로 도덕이다. 그런데 잘못 생각하지 않고, 지각을 명백하게 유지하기 위해 방탕으로 마음이 타락한 모든 사람들, 오만으로 맹목적 정신을 갖지 않은 사람들에게는 이론의 여지가 없는 원칙들만을 가지고 추론해야 한다. 살과 피의 정신을 갖고 자유사상가의 특질을 갈망하는 정신들에 대해서 이론의 여지 없는 도덕의 원칙은 존재하지 않으니 말이다. 이런 유의 사람들은 가장 단순한 진리도 이해하지 못하거나, 이해한다손 쳐도 항상 모순의 정신을 통해서, 자유사상가로서의 자기들의 명성을 보존하기 위해 반박하는 것이다.

가장 일반적인 이 도덕 원칙들 중 몇몇은 다음과 같다. 신은 모든 것을 자신을 위해 만들었으므로 우리 정신은 그를 알도록, 우리 마음은 그를 사랑하도록 지었다. 신은 정의롭고 전능하므로 신의 질서를 따르지 않을 때 우리는 행복할 수 없고, 신의 질서를 따른다면 불행해질 수 없는 것이다. 우리 본성은 타락했고, 우리 정신은 우리의 신체에 의존하고, 우리 이성은 감각에 의존하고, 우리 의지는 정념에 의존한다. 분명히 우리는 의무라고 보는 것을 수행할 힘이 없고, 그래서 우리에게는 구세주가 필요하다. 몇 가지 다른 도덕 원칙도 있다. 은둔과 고행은 우리와 감각대상들의 결합을 감소시키고 지성적 이득과 갖는 결합을 증가시키는 데 필수적이다, 노예가 되지 않고서는 엄청난 즐거움을 맛볼 수 없다, 정념으로는 결코 무엇도 시도해서는 안 된다, 이 생生에 정착하려고 해서는 안 된다, 등등이다.

그런데 이 마지막 원칙들은 선행하는 원칙들과 인간의 지식에 달렸으므로 처음에는 이론의 여지가 없는 것이라고 간주되지 않았다. 이 원칙들을 순서대로, 이 대단한 주제에 기울여야 마땅한 정성과 열정을 다해 성찰한다면, 그리고 결과적으로 이들 원칙에서 끌어낸 결과들만을 진리로 받아들인다면, 확실한 도덕을 갖게 될 것이다. 그 도덕은 대단히 완전하지도 폭이 넓지도 않지만 복음서의 도덕과 완벽하게 일치할 것이다. 나는 개별 논고에서2 이 도덕의 근거들을 순서대로 증명하고자 노력했다. 그러나 나는 나를 위해서, 또한 다른 사람들을 위해서 더욱 정확하고 더욱 완성된 작품을 내놓고 싶은 마음이 간절하다.

도덕 추론에서 몇몇 다른 학문들만큼 명백성과 정확성을 유지하기란 쉽지 않으며, 이 학문을 약간 멀리 밀고 나가고자 하는 사람들에게 인간의 지식이 절대적으로 필수적이라는 점은 사실이다. 바로 이런 이

---

2 [옮긴이] 말브랑슈, 《도덕론》(*Traité de morale*), 1684.

유로 대부분의 사람들은 이 일에 실패한다. 그들은 자기들 본성의 유약함을 인정하기 위해 제 자신에게 묻고자 하지 않는다. 그들은 스승에게 묻는 일에 싫증을 낸다. 스승은 제 자신의 의지를 우리 마음속에 가르쳐 주는데 그의 의지가 곧 불변하고 영원한 법칙이요, 도덕의 진정한 원칙이다. 그들은 자기 감각을 자극하지 못하고, 자기 욕망에 부응하지 않고, 자기 은밀한 오만에 부응하지 않는 자의 말을 유쾌히 들으려하지 않고, 화려한 광채를 띠지 않아 상상력을 자극하지 못하고, 조용히 말하는 사람이며, 피조물이 침묵하는 가운데에서나 명확하게 이해되는 이의 말을 전혀 듣지 않는다. 그러나 아리스토텔레스, 세네카 및 사람들을 유혹하거나 모호한 말이나 표현법, 근거들을 사실임직하게 늘어놓는 어떤 새로운 철학자들을 우러러 기꺼이 그들의 의견을 묻는다.

최초의 인간의 원죄 이후에 우리는 신체의 보존과 삶의 편리와 관계된 것에만 값을 매긴다. 감각의 방식으로 이런 유의 이득을 발견할 것이므로 우리는 어떤 경우라도 그 이득을 사용하고자 한다. 우리의 진정한 삶인 영원한 지혜와, 우리에게 빛을 밝혀줄 수 있는 유일한 빛3이 이성의 비밀 속에서만 말할 때 종종 맹인盲人들에게만 비치고, 종종 농아聾兒들에게만 말하는 것이다. 우리는 거의 항상 밖으로만 넘쳐 있기

---

3 [옮긴이] "그 안에 생명이 있었으니 이 생명은 사람들의 빛이라, 빛이 어둠에 비치되 어둠이 깨닫지 못하더라."(〈요한복음〉, 1장 4~5절) "예수께서 또 말씀하여 이르시되 나는 세상의 빛이니 나를 따르는 자는 어둠에 다니지 아니하고 생명의 빛을 얻으리라."(〈요한복음〉, 8장 12절) "너희에게 아직 빛이 있을 동안에 빛을 믿으라 그리하면 빛의 아들이 되리라."(〈요한복음〉, 12장 36절)

때문이다. 우리가 구하는 이득의 무슨 새 소식을 들으려고 모든 피조물에게 끊임없이 묻지만, 내가 다른 곳에서 말했듯이 이 지혜는 우리 밖으로 나오는 일 없이 우리 앞에 현전하는 것임에 틀림없다. 그래야 우리에게 뚜렷한 말로, 타당한 예를 들어서 진정한 행복에 이르는 길을 알려줄 수 있는 것이다.

신은 우리 내부에 끊임없이 신 자신을 향한 자연스러운 사랑을 각인하여 우리로 하여금 그를 끊임없이 사랑하도록 하는데, 바로 이런 사랑의 움직임을 따라 우리는 끊임없이 신과 멀어지고, 신께서 우리에게 금지한 감각적 이득을 향해 그가 우리에게 준 모든 힘을 다해 달려간다. 그리하여 우리의 사랑을 받고자 하여 신은 우리 앞에 뚜렷이 나타나 우리의 모든 헛된 동요를 그분의 은총의 다정함으로 멈추게 하고, 우리의 질병이 비롯했던 선행적 즐거움도 아니면서 그것과 유사한 감각이나 열락을 통해서 우리의 치료를 시작하려고 스스로 감각적이 되지 않을 수 없었다.

그런 까닭에 나는 사람들은 정신의 힘을 통해 구원에 필요한 모든 도덕 규칙들을 발견하는 일이 쉬운 일일 수 있다고 말하는 것이 아니다. 사람들이 자신의 빛에 따라 행동할 수 있기란 더욱 어려운 일이다. 그들의 마음은 그들의 정신보다 훨씬 타락했기 때문이다. 그들이 단지 명백한 원리들만 받아들이고, 그 결과 그 원리에 따라서 추론한다면 우리가 복음서에서 배우는 것과 동일한 진리를 발견하게 되리라고만 나는 말할 뿐이다. 바로 그 지혜야말로 명백한 추론에서 진리를 발견하는 사람들에게, 그 의미를 올바로 찾는 사람들에게 성경을 통해서 가르쳐지는 것이다.

그러므로 성찰의 수고를 덜고, 우리의 풍속을 바로잡을 때 따를 법칙을 확실하게 배우기 위해서 도덕을 성경聖經에서 연구해야 한다. 확실성이란 정신을 비추는 일 없이 그저 납득하도록 할 뿐이므로 이에 만족하지 않는 사람들은 이 법칙들을 세심하게 성찰하고 이를 자연적 원칙으로 추론해야 한다. 그래야 그들이 이미 신앙을 통해 온전히 확실하게 알고 있던 것을 이성을 통해 알게 되는 것이다. 그런 식으로 그들은 복음서가 모든 책들 가운데 가장 견고하고, 예수 그리스도는 완벽하게 자연의 질병과 무질서를 알고 있고, 우리에게 가장 유용한 방식으로, 그에게 생각할 수 있는 가장 마땅한 방식으로 그를 고쳤던 것임을 확실할 것이다. 그러나 철학자들의 빛은 그저 두터운 어둠일 뿐이고, 그들의 눈부신 미덕은 그저 견딜 수 없는 오만인 것이니, 한마디로 말해서 아리스토텔레스, 세네카 및 다른 철학자들은 그저 인간일 뿐으로 더는 아무 말도 하지 말아야 한다.

7장

개별적 문제들과 관련된 첫 번째 규칙의 사용법에 대하여

지금까지 방법의 일반 규칙을 설명하고 이 방법을 데카르트는 세계의 체계에 정말 잘 적용했고 아리스토텔레스와 그의 신봉자들은 이 방법을 전혀 지키지 않았다는 점을 충분히 설명했다. 이제는 모든 종류의 문제들을 해결하는 데 필요한 개별 규칙들로 내려가야 할 때다.

어떤 종류의 주제가 되었든 제기할 수 있는 모든 문제들의 유형은 쉽게 열거할 수 없을 정도로 다양하기는 하지만, 다음이 핵심적 유형이다. 간혹 어떤 알려진 결과들의 알려지지 않은 원인들을 찾으며, 간혹 알려진 원인들을 통해 알려지지 않은 결과를 찾는다. 불은 나무를 태워 사라지게 만든다. 불이란 나무를 이루는 부분들의 대단히 커다란 운동이다. 그래서 불로 진흙을 굳힐 수 있고, 철을 녹일 수 있다면 이 운동으로 어떤 결과들이 산출될 수 있는지 알고 싶다.

간혹 어떤 사물의 본성을 그것의 속성들에서 찾으며, 간혹 어떤 사물의 속성을 그것의 본성에서 찾기도 한다. 빛의 이동 속도는 찰나라고 가정하지만, 빛은 오목거울을 통해 반사되고 한데 모이기도 하여,

더없이 단단한 물질을 사라지게 하거나 녹이기도 한다. 빛의 본성을 찾기 위해 이런 속성들을 이용하고자 한다. 반대로 지구부터 하늘까지 공간이란 공간은 모두 극단적으로 자극된 구형球形의 작은 소용돌이로 가득 차 있고, 이 소용돌이들이 끊임없이 태양에서 멀어지고 있음이 알려져 있다. 이들 작은 소용돌이가 응력으로 찰나의 순간에 이동할 수 있을지, 오목거울에서 반사되면서 서로 모이고, 더없이 단단한 물질을 사라지게 하거나 녹일 수 있는 것인지 알고자들 한다.

간혹 어떤 전체를 이루는 모든 부분들을 구하고, 부분들을 통해 어떤 전체를 구하기도 한다. 어떤 수로 '나누어떨어지는aliquotes' 모든 부분을 구하고, '방정식équation'의 모든 '근racines'을 구하고, 어떤 도형이 포함하는 모든 각을 구할 때, 어떤 알려진 전체의 미지의 모든 부분을 구하는 경우이다.

또 여러 수의 합, 여러 도형의 면적, 여러 단지의 용적을 구한다면 모든 부분이 알려진 어떤 미지의 전체를 구하는 경우이다. 한 전체라도 그중 한 부분만 알려졌거나, 여러 부분이 알려지지 않았지만 알려지지 않은 것과 어떤 알려진 관계를 포함하는 경우가 있다. 15로 알려진 한 부분과 그 미지수를 구성하는 다른 부분이 알려지지 않은 수의 절반이나 3분의 1인 수를 구할 경우나, 15 및 알려지지 않은 이 수의 근의 두 곱과 합과 동일한 수를 구하는 경우가 그렇다.

간혹 어떤 사물들이 다른 사물들과 같거나 닮은 것인지, 부등이나 차이는 어느 정도인지를 찾는다. 토성이 목성보다 더 큰지, 크다면 어느 정도나 큰지 알고자 하며, 로마의 공기가 마르세유의 공기보다 더 뜨거운지, 뜨겁다면 어느 정도나 뜨거운지 알고자 한다.

이 모든 문제들의 일반적인 점은 어떤 진리를 알기 위해서만 그 문제들을 제기한다는 것이다. 진리란 관계들일 뿐이므로, 일반적으로 모든 문제들에서 사물들 간의 관계가 됐든, 관념들 간의 관계가 됐든, 사물과 그것들의 관념들 사이의 관계가 됐든 어떤 관계들의 지식을 연구할 뿐이라고 말할 수 있다.

관계들의 여러 유형이 있는데, 사물들의 본성, 크기, 부분들, 속성들, 특질들, 결과들, 원인들의 관계가 있다. 그러나 이 유형들은 둘로 귀결하는데 '크기'의 관계와 '특질'의 관계들이 그것이다. '크기'의 관계는 최대와 최소가 가능하다고 간주된 사물들 사이의 모든 관계이며, '특질'의 관계는 그 외의 다른 관계들이다. 그래서 모든 문제들은 크기가 됐든 특질이 됐든 어떤 관계들을 발견하는 것이라고 말할 수 있다.

모든 규칙들 중 가장 기본적이고 가장 중요한 규칙은 해결하고자 하는 문제의 상태를 대단히 명확하게 알고, 문제를 구성하는 용어들의 관념을 가져야 한다는 것이다. 관념들을 비교할 수 있고, 그것으로 알려지지 않은 관계들을 깨달을 정도로 충분히 명확한 관념들을 말이다.[1]

첫째, 그러므로 우리가 구하는 알려지지 않은 관계를 대단히 명확히

---

1 [옮긴이] "문제가 문제이기 위해서는 알려지지 않은 것(incognitum)이 그 안에 있어야 하지만, 우리가 다른 어떤 것이 아니라 바로 그것을 고찰하도록 규정하는 어떤 조건에 의해 문제는 지시되어야 한다. (…) 우리가 그것에 정신의 눈을 돌려 그 각각을 판명하게 직관하고, 이때 그 각각이 우리가 찾고 있는 알려지지 않은 것을 어느 정도로 한계 지워 나타나게 하는지를 자세히 고찰한다면 이런 일은 이루어질 것이다."(《정신지도를 위한 규칙》, 규칙 13, t. X, pp. 434~435)

지각해야 한다. 알려지지 않은 그 관계를 깨닫기에 충분한 증거가 없었으므로 이를 발견해야 했을 때 그 관계를 찾아봤자 헛일일 것임이 분명하기 때문이다.

둘째, 할 수 있는 한, 문제의 용어들에서 모호함을 제거하면서 이 용어들에 대응하는 관념들을 분명하게 만들고, 가능한 모든 주의를 집중하여 용어들을 고려하면서 관념들을 명확하게 만들어야 한다. 이들 관념이 대단히 모호하고 대단히 난해하여 우리가 구하는 관계들을 발견하는 데 필요한 비교를 행할 수 없다면 이 문제를 아직 해결할 수 없는 상태인 것이다.

셋째, 어떤 조건들이 있다면 한 문제에서 피력된 조건들을 가능한 모든 주의를 집중하여 고려해야 한다. 이런 조건들은 흔히 문제를 해결하기 위한 길을 보여 주는데, 이를 고려하지 않는다면 이 문제의 상태를 모호하게 이해할 수밖에 없다. 그래서 어떤 문제의 상태와 그 조건들을 일단 올바로 생각했을 때 구하는 것이 무엇인지 알게 되고, 심지어 간혹 이를 찾기 위해 무엇부터 해야 할지도 알게 된다.

문제에 피력된 어떤 조건들이 항상 존재하는 것이 아님은 사실이다. 그러나 이 문제들은 확정되지 않았고,[2] 제곱수, 밑변이 주어진 직각삼각형, 혹은 곱이 합과 동일한 두 수 등을 그 이상의 명시 없이 묻기라도 하는 것처럼 여러 가지 방식으로 풀 수 있기 때문이거나, 그 문제들을

---

2 [옮긴이] "한 문제가 완전하기 위해서는 주어진 자료로부터 연역될 수 있는 것보다 더 구할 것이 아무것도 없음을 명확하게 규정해야 한다."(《정신지도의 규칙들》, 규칙 13, t. X, p. 431)

제시한 이가 해법을 모르거나, 혹은 문제를 복잡하게 만들고자 고의로 감춰 버렸기 때문이다. 원과 포물선, 원과 타원 등을 교차시켜 추가하지 않고도 두 선 사이의 두 비례 중앙을 발견했다고 묻기라도 하듯 말이다.

그러므로 무엇을 구하는지 알려 주는 표지가 대단히 뚜렷하고, 모호해서는 안 되고, 불명확해서도 안 되고, 구하는 것이 무엇인지만을 지시할 수 있어야 할 필요가 있다. 다른 식이라면 제시된 문제를 해결했다고 확신할 수 없을 것이다. 마찬가지로 문제를 복잡하게 만드는 모든 조건들을 문제로부터 세심히 제거해야 한다. 그런 조건들이 제거되어야 문제만 고스란히 남게 된다.[3] 그런 조건들은 정신의 능력을 불필요하게 분할하고, 심지어는 어떤 문제에 동반된 조건들이 불필요한 것이라면 우리는 문제의 상태를 뚜렷하게 알 수조차 없기 때문이다.

예를 들어 다음의 용어로 문제가 제기되었다고 하자. 무슨 술을 마시고 화관을 쓴 사람은 그를 자극할 수 있는 것을 전혀 보지 못하더라도 휴식을 취하도록 할 수 없다. 여기서 사람이라는 단어가 은유적이지 않은지, 휴식이라는 말이 불명확한 것은 아닌지, 그 말을 국소적 움

---

3 [옮긴이] 데카르트는 중앙에 목마른 인간의 모습을 한 탄탈로스의 동상을 지닌 기둥이 있는 용기의 구조가 어떻게 되어 있는가의 질문에 대해 "이 모든 기예는 탄탈로스 동상의 구조에 있는 것처럼 보이지만, 그것은 사실 문제를 규정하는 것이 아니라 부수적인 것에 불과하다. 왜냐하면 전체의 어려움은 용기의 구조가 어떠하길래 물이 어떤 높이에 이르자마자 이전과는 달리 그 전체가 흘러나올 수 있는지를 고찰하는 것에 있기 때문이다"(《정신지도의 규칙들》, 규칙 13, t.. X, p. 436) 라고 말했다.

직임에 관해서 썼는지 정념에 관해서 썼는지 알아야 한다. "그를 자극할 수 있는 것을 전혀 보지 못하더라도"라는 말이 이 점을 가리킨다. "무슨 술을 마시고 화관을 쓴"이라는 조건이 본질적인 것인지 알아야 한다. 그다음에 이 우스꽝스럽고 확정되지 않은 문제의 상태가 분명히 알려진다면 문제에 피력된 조건들에 따라 사람을 배船에 태우기만 하면 된다고 말하면서 문제를 대단히 쉽게 풀 수 있게 된다.

유사한 문제들을 제기하는 사람들은 교활하게도 몇 가지 조건들을 결부시킨다. 여기 결부된 조건들은 사실은 필요하지 않은 것이지만 반드시 필요한 것처럼 보여서 질문을 받은 사람들의 정신을 불필요한 것으로 돌려 문제를 풀지 못하게 하는 것이다.

흔히 하녀들이 아이들에게 던지는 질문이 그렇다. 아이들에게 내가 사냥꾼이나, 더 좋게는 낚시꾼을 봤는데 잡은 것은 물속에 던지고 잡지 않은 것은 가지고 왔더라, 고 말하는 것이다. 정신이 물고기를 낚는 낚시꾼에 팔렸으니 무슨 말을 하는 것인지 이해할 수가 없다. 이 익살맞은 문제를 못 풀게 만드는 어려움은 그 문제를 명확히 이해하지 못한 데서 온 것이다. 다른 사람들만큼이나 사냥꾼과 낚시꾼은 어떤 작은 동물을 그들의 의복에서 찾는데 잡았다면 버리고 못 잡았다면 가져오는 것이다.

가끔이지만 문제를 푸는 데 반드시 필요한 모든 조건을 문제에 넣지 않기도 한다. 이 때문에 적어도 불필요한 것들을 집어넣은 것만큼이나 문제가 어려워진다. 이런 것이다. 어떤 사람을 묶지도 않고 상처도 입히지 않고서도 꼼짝 못하게 만들기. 더 자세히 말하자면 어떤 사람의 새끼손가락을 그 사람 귀에 집어넣고 이 자세로 그를 꼼짝 못하게 만들어서, 그가 귀에서 새끼손가락을 뺄 때까지 그가 있던 곳에서 나오지 못하게 하여 꼼짝 못하게 만드는 것이다. 우선 이는 불가능한 것이고, 실제로도 그렇다. 새끼손가락을 귀에 넣어도 잘 걸어 다닐 수 있으니 말이다. 그래서 한 가지 조건이 빠진 것이다. 그 조건이 표시되었다면 전혀 어렵지 않게 되었을 것이다. 그 조건은 새끼손가락을 귀에 넣은 사람이 어떤 침대 다리나 그것 비슷한 것을 껴안게 해서 그 침대 다리를 팔과 귀 사이에 넣게끔 하는 것이다. 그는 이 자세를 풀지 않으면 그 자리에서 나올 수 없고 귀에서 새끼손가락을 뺄 수도 없다. 이 문제의 조건에서 해야 할 다른 일이 하나 더 있다는 것을 추가하지 않았으니, 정신은 이를 계속해서 구하기는 해도 해답을 발견할 수는 없다.

그런데 이런 유의 문제들을 풀고자 노력하는 사람들은 어려움이 비롯하는 지점이 명확해지도록 반드시 필요한 질문을 해야 한다. 이 임의적 문제는 익살스럽고 실제로 어떤 의미로 그렇다. 그 문제들을 풀 때 아무것도 모르고 푸는 것이니 말이다. 그렇지만 이런 임의적 문제들은 자연적 문제들과 그렇게 다르지 않아서 양쪽의 문제들을 풀 때 거의 동일한 방식으로 푼다. 교활하고 심술궂은 이들이 문제를 임의적이게 만들고, 얽히고설키게 만들고, 풀기 어렵게 만든다면, 자연적 결과들 역시 본성상 난해함과 모호함에 싸여 있다. 정신을 집중하고, 조물주에게 던지는 여러 종류의 질문이라고 할 수 있는 경험으로써 이 난해함을 날려 보내야 한다. 이는 정신을 집중하고 우리에게 질문을 던진 사람들에게 능숙하게 질문을 던지면서 임의적 문제에서 불확실하고 불필요한 정황들을 제거하는 것과 같다. 이 문제들을 순서에 따라, 보다 진지하고 교육적으로 설명해 보도록 하자.

문제를 이해하지 못하기 때문에 어렵게 보이고, 실질적 문제라기보다는 오히려 설명을 필요로 하는 공리들로 간주해야 할 것 같은 수많은 문제들이 있다. 내가 보기에는 용어들을 뚜렷하게 이해하게 되면 이론의 여지가 없는 어떤 명제들을 문제로 제시해서는 안 될 것 같다.

예를 들어 영혼의 불멸성은 풀기 어려운 문제이다. 이 문제를 해결하는 사람들이나 해결했다고 주장하는 사람들이 용어들을 뚜렷하게 이해하지 않기 때문이다. '영혼'과 '불멸의'라는 단어가 다른 문제들을 의미하고, 문제를 받은 사람들은 어떻게 이를 이해해야 할지 모를 때, 영혼이 불멸인지의 문제를 해결할 수 없는 것이, 무엇을 묻는 것인지 무엇을 구하는 것인지 정확히 알지 못하기 때문이다.

'영혼'이라는 말로 사유하고, 의욕하고, 감각하는 등의 실체를 의미할 수 있다. 영혼을 피의 운동이나 순환으로 간주할 수 있고, 신체 부분들의 구성으로 간주할 수도 있다. 또 영혼을 피 자체나 동물정기로 볼 수도 있다. 마찬가지로 '불멸의'라는 말은 자연의 통상적 힘이 가해져도 사라질 수 없고, 변화할 수 없고, 부패할 수도, 증기나 연기처럼 흩어져 버릴 수도 없는 것을 의미한다. 그래서 '영혼'과 '불멸의'라는 말을 이런 의미들 중 어떤 하나로 들었다고 가정한다면 조금만 정신 집중을 해도 영혼이 불멸인지, 불멸이 아닌지 판단할 수 있게 된다.

첫째, '불멸의'라는 말을 첫 번째 의미, 즉 자연의 통상적 힘이 가해져도 사라질 수 없는 것으로 이해한다면 '영혼'이라는 말이 사유하는 실체라는 의미임은 명백한 사실이다. 어떤 실체도 무無가 될 수 없다는 것은 이해할 수 없는 일이다. 그것이 가능한지 이해하려면 대단히 특별한 신의 역량의 힘을 빌어야 한다.

둘째, '불멸의'라는 말을 두 번째 의미, 즉 부패할 수 없고, 증기나 연기처럼 흩어져 버릴 수도 없다는 의미로 간주한다면 영혼은 불멸이다. 무한한 부분으로 나뉠 수 없는 것이 부패하거나 증기로 화할 수 없음이 명백하기 때문이다.

셋째, '불멸의'라는 말을 세 번째 의미, 즉 변할 수 없다는 의미로 취한다면 영혼은 불멸이 아니다. 우리 영혼이 변화한다는 설득력 있는 증거들이 많기 때문이다. 때로 영혼은 고통을 느끼고 때로 영혼은 즐거움을 느끼고, 간혹 어떤 사물을 원하고, 그 사물을 더 이상 원하지 않고, 신체와 결합한 영혼은 신체와 분리불가능하다, 등등의 이유를 댈 수 있다.

영혼이라는 말을 어떤 다른 의미로 취한다고 해도 영혼이 불멸인지 아는 일은 마찬가지로 대단히 쉬울 것이다. '불멸의' 라는 말을 고정되고 확정된 의미로 쓴다면 말이다. 그래서 이 문제가 어려워지는 것은 우리가 그 문제를 뚜렷이 이해하지 않기 때문이고, 이 문제를 표현하는 용어들이 모호하기 때문이다. 이 문제는 증거보다는 설명을 필요로 하는 것이다.

끊임없이 영혼을 두뇌를 이루는 부분들의 집합이고 정기의 운동이라고 간주할 정도로 대단히 우둔한 사람들이나 상상력이 풍부한 사람들이 있다는 점은 사실이다. 그래서 이런 유의 사람들에게는 영혼이 불멸이고 사라질 수 없음을 증명하기가 확실히 불가능하다. 반대로 그들이 이해하는 의미로 영혼은 가멸적인 것이 분명하다. 그래서 이는 풀기 어려운 문제가 아니라, 우리와 동일한 관념을 갖지 않았을 뿐 아니라, 그 관념들을 가지려 하지 않고 스스로 앞을 보려 들지 않으려고 온갖 노력을 경주하는 사람들에게 이해시키기란 어려운 명제이다. 그러므로 영혼이 불멸인지 물을 때나 어떤 것이 됐든 문제를 제기할 때 우선 모호한 용어들은 제거하고, 그 용어를 어떤 의미로 썼는지 알아야 그 문제의 상태를 뚜렷하게 이해하게 된다.

문제를 제기하는 사람들이 그 문제를 어떻게 이해하는지 모른다면 그들에게 물어 명확히 해주고 확정하게끔 해야 한다. 그들에게 물어보고 그들의 관념과 우리의 관념이 부합하지 않는다는 점을 깨닫게 되면 대답해봤자 헛일이다.

예를 들어 욕망이란 무슨 정기들의 운동에 불과하고, 사유란 대상이나 정기가 두뇌에 형성한 흔적이나 이미지일 뿐이며, 인간의 모든 추론은 머릿속에 다양하게 배치되는 어떤 작은 물체들이 이루는 다양한 위치에 불과하다고 생각하는 사람들에게 뭐라고 대답할 것인가? 그런 사람이 이해하는 의미로 말하는 영혼이 불멸이라고 대답하는 것은 그를 속이려는 일이거나 그에게 빈축을 받을 일이다. 그러나 그 사람에게 영혼이 가멸적이라고 대답하는 것은 어떤 의미로 그의 오류의 중대한 결과를 확인한다는 것이다. 그러므로 그에게 대답해서는 안 되고, 그저 그가 제 자신 속에 들어가 보고, 그를 환히 밝혀줄 수 있는 유일한 존재로부터 우리가 가진 것과 동일한 관념을 받아들이도록 해야 한다.

풀기 대단히 어려워 보이는 또 다른 문제는 짐승이 영혼을 가졌느냐는 것이다. 그러나 모호한 부분을 제거하고 나면 이 문제는 더 이상 어려워 보이지 않는다. 짐승이 영혼을 가졌다고 생각하는 대부분의 사람들은 자기도 알지 못하면서 짐승이 영혼을 갖지 않았다고 생각하는 사람들의 생각을 따르는 것이다.

영혼을 신체 전체를 통해 확산되어 운동과 생명을 부여하는 어떤 신체적인 것이나 어떤 정신적인 것으로 간주할 수 있다. 동물에게 영혼이 없다고 말하는 사람들은 이를 두 번째 의미로 이해하는데, 동물의 생명과 운동의 원리일 신체적인 것이 동물에게도 있음을 부정할 사람은 없다. 괴물의 존재를 부정할 수조차 없으니 말이다. 반대로 동물이 영혼을 가졌다고 확신하는 사람들은 이를 첫 번째 의미로 이해한 것으로, 동물이 정신적이고 분리될 수 없는 영혼을 가졌으리라고 믿는 사람들은 극히 적기 때문이다.

그래서 아리스토텔레스주의자들과, 데카르트주의자들이라 불리는 사람들의 차이는 전자는 짐승이 영혼을 가졌다고 믿고 후자는 그렇게 믿지 않는다는 것이다. 전자는 동물이 고통, 즐거움을 느끼고, 색을 보고, 소리를 듣고, 일반적으로 우리 인간이 갖는 모든 감각작용과 정념을 느낄 수 있다고 믿지만, 데카르트주의자들은 그 반대로 생각한다. 후자는 용어에서 모호함을 제거하기 위해 감정의 단어들을 제거한다.

예를 들어 그들은 불에 대단히 가까이 다가가면 나무를 구성하는 부분들이 손에 부딪혀, 손의 섬유들을 동요시키고, 이렇게 발생한 동요가 두뇌까지 전달되어, 두뇌에 들어 있던 동물정기가 불로부터 신체를 거두는 적합한 방식으로 신체 외부 부분들로 퍼져나가게 된다고 말한다. 그들은 이 모든 일이나 비슷한 일들이 동물에서도 일어나고, 이런 일들은 신체의 속성일 뿐이므로 동물에게도 실제로 일어난다는 점에 동의한다. 아리스토텔레스주의자들도 이 점에 동의한다.

데카르트주의자들은 한 걸음 더 나아가서 사람들에게서 두뇌 섬유의 동요는 열의 감각을 동반하고, 심장과 내장 쪽으로 동물정기가 흘러가면서 증오나 혐오의 정념이 동반된다고 말한다. 그러나 그들은 짐승에게도 영혼의 이 감정과 정념이 있다는 점은 부정한다. 이와는 반대로 아리스토텔레스주의자들은 짐승도 우리처럼 이 열을 느끼고, 불편을 주는 모든 것을 혐오하고, 우리가 느끼는 모든 감정들과 모든 정념들을 마찬가지로 느낀다고 확신한다. 데카르트주의자들은 짐승이 고통이나 즐거움을 느낀다고도, 어떤 대상을 사랑하거나 증오한다고도 생각하지 않는다. 짐승에게서 물질적인 것만을 인정하고, 감정이며 정념이, 존재할 수 있을 물질의 속성이라고 믿지 않는다. 반대로 몇몇 아리스토텔레스주의자들은 그들 말로 물질이 섬세해질 때 물질도 감정과 정념을 느낄 수 있으며, 짐승도 동물정기의 수단, 즉 극도로 섬세하고 미세한 물질을 수단으로 느낄 수 있고, 영혼 자체도 이런 물질과 결합되어 있으므로 감정과 정념을 느끼는 것이 가능하다고 생각한다.

그래서 짐승에게 영혼이 있는지의 문제를 해결하기 위해서는 자기 안으로 들어가서 가능한 모든 주의를 집중하여 우리가 가진 물질의 관념을 고려해야 한다. 사각형, 원, 타원형처럼 그런 방식으로 형상을 띤 물질을 고통, 즐거움, 열, 색, 냄새, 소리 등이라고 생각한다면 짐승의 영혼이 아무리 물질적이더라도 느낄 수 있음을 확신할 수 있다. 그러나 그렇게 생각하지 않는다면 그렇게 말하면 안 된다. 생각하는 것만 확신해야 하는 까닭이다.

마찬가지로 아래에서 위로, 위에서 아래로, 원, 나선, 포물선, 타원형 등으로 물질이 자극을 받았을 때 그것이 사랑, 증오, 기쁨, 슬픔 등이 된다고 생각한다면 짐승도 우리 인간과 똑같은 정념을 가졌다고 말할 수 있다. 그렇게 생각하지 않는다면 그렇게 말해서는 안 된다. 안 그러면 무슨 말을 하는지도 모르고 말하려는 꼴이 된다.

그렇지만 나는 진지하게 생각한다는 조건으로 물질의 어떤 운동도 사랑이나 기쁨일 수 있음을 믿지들 않으리라 확신할 수 있다. 그래서 짐승도 느끼는가, 하는 문제를 해결하려면 데카르트주의자들이라고들 불리는 사람들이 하듯이 문제에서 모호한 것을 세심히 떼어내는 수밖에 없다. 이 문제를 이런 식으로 대단히 단순한 문제로 환원하게 된다면 평범한 정신 집중만으로도 문제를 충분히 풀게 될 것이다.

성 아우구스티누스가 모든 사람이 다 갖고 있는 편견에 따라 짐승도 영혼이 있다고 가정했대도, 나는 적어도 그가 자기 책에서 이 점을 진지하게 검토했던 것을 읽은 적이 없었음이 사실이다. 영혼이나 사유하고, 느끼고, 의욕하는 등의 어떤 실체를 물질이라고 말하는 것은 모순임을 잘 알고 있었으니, 그는 짐승의 영혼은 실제로 정신적이며, 분리될 수 없는 것[4]이라고 믿었다. 그는 대단히 명백한 근거를 제시하면서 모든 영혼, 즉 느끼고, 상상하고, 두려워하고, 욕망하는 등의 존재는 틀림없이 정신적이라는 점을 증명했다. 그러나 나는 성 아우구스티누스가 짐승에도 영혼이 있음을 확신했던 것이 옳았다는 점에 주목하지 않았다. 그에게는 이 점을 증명하기란 어려운 일이 아니었다. 그의 시대에 이 점을 의심하는 사람은 없었던 것 같기 때문이다.

이제 편견을 완전히 벗어나려고 노력하고, 명백하고 설득력 있는 추론에 근거하지 않는 모든 의견들에 이의를 제기하는 사람들이 있으니, 우리는 동물이 우리 인간들과 동일한 감정과 정념을 가질 수 있는 영

---

4 *De anima et ejus origine*, lib. IV, cap. XXIII; *De animae quantitate*와 그 외의 부분에서.

혼이 있는지 의심하기 시작한다. 그러나 언제나 짐승이 느끼고, 의지하고, 사유하고, 훨씬 불완전한 방식이기는 해도 심지어 우리처럼 추론도 한다고 주장하는 편견의 옹호자들도 여럿 있다.

그들 말을 들어보면 개는 제 주인을 알아보고, 주인을 사랑하고, 매를 맞아도 참고 견디는데 그것은 개들이 버림받지 않는 것이 유리하다고 판단해서라고 한다. 그런데 개는 낯선 이가 쓰다듬어주는 것은 견딜 수 없을 정도로 싫어한다. 동물치고 새끼를 사랑하지 않는 것이 없다. 나뭇가지 끝에 둥지를 트는 새들에게는 어떤 동물이 와서 그들을 잡아먹으면 어쩌나 두려워하는 모습이 보인다. 그 새들은 그 나뭇가지가 적을 지탱하기에 지나치게 약한 동시에 자기 새끼들과 둥지를 동시에 지탱하기에는 충분히 강하다고 판단하는 것이다.

거미며 작디작은 곤충들에 이르기까지 이들에게 생명을 불어넣는 어떤 지성이 있다는 증거를 제시하지 않는 것이 없다. 어떤 동물은 아무리 약하더라도 그물을 던져 눈과 날개를 갖고, 우리가 본 것 중 가장 거대한 동물을 공격할 정도로 과감한 다른 동물들을 기습하는 수단을 찾았는데 그들의 행동을 보면 감탄하지 않을 수 없다.

짐승이 하는 행동들을 보면 지성이 있다는 흔적이 보이는 것이 사실이다. 규칙적으로 돌아가는 모든 것이 그 점을 보여 주는데, 이는 시계조차 그렇다. 시계를 이루는 톱니바퀴가 우연히 구성이 되었을 리 없고, 시계의 운동을 규칙적으로 만들어 주는 것이 바로 지성 같은 것임이 틀림없다. 씨앗을 반대 방향으로 심었다. 뿌리가 지상 밖으로 나왔다가 다시 땅 속으로 들어간다. 싹은 땅 쪽으로 났다가 몸을 돌려 땅 밖으로 나온다. 이것은 지성이 있다는 흔적이다.

이 식물은 공간에서 공간으로 이어져 힘을 강화한다. 씨를 껍질에 싸서 보존하고 주위에 가시를 둘러 방어한다. 이것은 지성이 있다는 흔적이다. 마지막으로 동물도 그렇지만 식물도 마찬가지로 행동한다는 것을 보면 이는 확실히 지성이 있다는 흔적이다. 진정한 모든 데카르트주의자들은 이렇게 세심히 구분하는데, 그들이 할 수 있는 만큼 모호한 용어들을 제거하기 때문이다.

짐승과 식물의 운동은 지성이 있다는 흔적이기는 하지만 이때 지성은 물질과는 관계없다. 지성과 짐승이 다른 것은 시계 톱니바퀴를 배치하는 지성이 시계와 다른 것과 같다. 이 지성은 무한한 지혜, 무한한 역량을 갖춘 것 같다.

어머니 뱃속에서 우리가 만들어지고 성장하지만, 우리로서는 정신의 의지로 노력을 온전히 쏟는대도 이 지성을 한 치도 키울 수 없다.[5] 그러니까 동물은 우리가 흔히 이해하는 지성도 영혼도 갖추지 않은 것이다. 먹으면서도 즐거움을 못 느끼고, 고통이 없다면 울부짖지 않고, 자라는 줄 알지도 못하며 자란다. 아무런 욕망도, 아무런 두려움도, 아무런 지식도 없다. 지성의 흔적을 갖추기라도 한 것처럼 행동한다면 신이 생명의 보존을 위해 그렇게 창조했기 때문이고 그 동물을 죽일 수 있는 모든 것에 두려움을 느끼지 않는 기계적 방식으로 지었기 때문이다. 다른 식으로 말하자면 인간의 가장 정신적인 부분에서나, 한 알의 씨앗에서나 가장 작은 동물들이 더 많은 지성을 갖는 것임이 틀

5 [옮긴이] "너희 중에 누가 염려함으로 그 키를 한 자라도 더할 수 있겠느냐."(〈마태복음〉, 6장 27절)

림없을 것이다. 우리가 알 수 있는 이상으로 상이한 부분들을 더 많이 갖고 더 많은 규칙적 운동을 가졌음이 분명하니 말이다.

그러나 사람들이 만사를 혼동하는 데 습관이 들어 있고 영혼은 신체에서 일어나는 거의 모든 운동과 변화를 산출한다고 생각하므로, 영혼이라는 단어와 신체의 생산과 보존이라는 관념을 잘못 결부해 버린 것이다. 그래서 영혼이 생명을 부여한 신체가 어떻게 구성되었는지 모를지라도 절대적으로 생명 보존에 필요한 모든 것이 자기들 속에 존재한다고 판단하는 것이다.

사람들은 짐승에게 일어나는 모든 운동과 변화를 산출하기 위해 짐승에도 영혼이 있다고 틀림없이 판단한다. 짐승의 운동과 변화는 우리 신체에서 일어나는 것과 대단히 유사하기 때문이다. 짐승도 인간처럼 생식을 하고 영양을 섭취하고 신체를 강화된다. 우리처럼 마시고, 먹고, 잠을 잔다. 신체만 놓고 보면 우리는 짐승과 완전히 똑같으며, 차이가 있다면 우리에게는 영혼이 있는데 짐승은 없다는 것이다.

그런데 우리의 영혼은 신체를 형성하지 않고, 음식을 소화시키지 않고, 피에 운동과 열을 전하지 않는다. 영혼은 느끼고, 의지하고, 추론한다. 영혼은 신체와 관련된 감정과 정념을 가졌다는 그런 의미에서 신체를 활성화한다. 그러나 영혼은 감각과 생명을 우리 팔다리로 전달하기 위해 그곳까지 퍼지지는 않는다. 우리의 신체는 우리 정신에서 마주치게 되는 그 무엇도 수용하지 않으니 말이다. 그러므로 대부분의 문제들이 해결될 수 없게 되는 이유가 동일한 단어가 의미하는 다양한 문제들을 구분하지 않고, 구분할 생각도 하지 않기 때문이다.

그렇다고 간혹 구분해 볼 생각을 안 하는 것은 아니다. 그런데 종종 대단히 잘못 구분하여 이로써 용어의 모호성을 제거하는 대신, 더욱 모호하게 만들기만 할 뿐이다. 예를 들어 신체는 생명을 갖고 살아가는 것인지, 살아간다면 어떻게 살아가는지, 이성적인 영혼은 어떤 방식으로 신체를 활성화하는지, 동물정기, 피, 다른 체액들도 생명을 갖고 살아가는지, 치아, 머리카락, 손톱도 활성화된 것인지 등을 묻는다면, 살아간다는 말과 활성화된다는 말과, 이성적인 영혼이나 감각 영혼과 식물 영혼으로 활성화된다는 말을 구분하는 것이다. 그런데 이 구분은 문제의 상태를 계속 모호하게만 만들게 되는데, 이 단어들 자체가 설명이 필요하고, 아마 뒤의 식물 영혼과 감각 영혼이라는 말은 우리가 보통 이해하는 방식으로는 설명할 수도 없고 이해할 수도 없는 것이다.

그런데 생명이라는 단어에 명확하고 분명한 어떤 관념을 결부하고자 할 때 영혼의 생명은 진리의 지식과 선의 사랑, 더 정확히 말하자면 영혼의 사유가 영혼의 생명이요, 신체의 생명은 피의 순환과 체액의 기질, 더 정확히 말하자면 신체의 생명은 자기 보존을 위해 필요한 신체 부분들의 운동이라고 말할 수 있다. 그때 생명에 결부된 관념들이 명확하다면 다음 역시 대단히 명백할 것이다.

(1) 영혼은 자기 생명을 신체에 전달할 수 없는데, 영혼으로는 신체의 사유가 불가능하기 때문이다.

(2) 영혼은 영양분을 섭취하고 성장하도록 하는 생명을 신체에 제공할 수 없는 것이, 섭취한 음식물을 소화하기 위해 무엇을 해야 하는지 모르기 때문이다.

(3) 영혼으로는 신체가 감각을 느낄 수 없으니, 물질이 감각을 느끼

는 것은 불가능하기 때문이며, 등등이다.

결국 이 주제에 대해 제기할 수 있는 모든 다른 문제들을 어렵지 않게 해결할 수 있게 되었다. 그 문제를 진술하는 용어들로 명확한 관념이 일깨워진다는 조건에서이다. 그리고 반대로 그 문제를 표현하는 용어들의 관념이 모호하고 난해하다면 해결은 불가능하다.

그러나 우리가 관계들이 어떻게 이루어져 있는지 검토하고자 하는 문제들을 완벽하게 재현하는 관념들이 항상 필요한 것은 아니다. 종종 불완전하고 초기 단계의 지식으로도 충분한데, 종종 그 관계들을 정확하게 알고자 하지는 않기 때문이다. 아래가 이의 설명이다.

진리나 관계에는 두 종류가 있다. 정확하게 알려진 진리나 관계가 있고, 불완전하게만 알려진 진리나 관계가 있다. 이런 정사각형과 저런 삼각형의 관계는 정확하게 알고 있다. 그런데 파리와 오를레앙의 관계는 불완전하게밖에 모른다. 정사각형의 면적이 삼각형의 면적과 같거나, 두세 배 더 크다는 것은 알지만, 파리가 오를레앙보다 더 크다는 것 정도는 알아도 정확히 얼마나 더 큰지는 모른다.

더욱이 불완전한 지식들 사이의 지식의 단계들은 무한하고, 심지어는 이런 불완전한 지식들은 더욱 완전한 지식들과의 관계에서만 불완전한 것이기도 하다. 예를 들어 파리가 루아얄 광장보다 더 크다는 것은 완벽하게 알고 있다. 그러나 이 지식은 파리에 소재한 이 광장보다 파리가 정확히 얼마나 더 큰지 알려 주는 정확한 지식에 따라서만 불완전할 뿐이다.

그런 식으로 문제들의 종류는 여럿이다.

(1) 둘 혹은 여럿의 사물들이 맺는 정확한 관계들의 지식을 찾는 문

제들이 있다.

(2) 둘 혹은 여럿의 사물들이 맺는 어떤 정확한 관계의 완벽한 지식을 찾는 문제들이 있다.

(3) 둘 혹은 여럿의 사물들이 맺는 정확한 관계에 충분히 접근하는 어떤 관계의 완벽한 지식을 찾는 문제들이 있다.

(4) 그저 대단히 모호하고 확정되지 않은 관계를 알고자 연구하는 문제들이 있다.

다음은 명백한 사실이다.

첫째, 첫 번째 종류의 문제들을 해결하고, 둘 혹은 여럿의 사물들이 맺는 크기와 특질의 정확한 모든 관계들을 완벽하게 알기 위해서는 이를 완벽하게 재현하는 분명한 관념들을 가져야 하고, 가능한 모든 방식에 따라 이 문제들을 비교해야 한다. 예를 들어 2와 8의 정확한 관계들을 찾으려는 모든 문제들을 해결할 수 있는 것은 2와 8이 정확히 알려져 있으므로 이 두 수의 크기나 특질의 정확한 관계를 인정하는 데 필요한 모든 방식으로 함께 비교할 수 있기 때문이다. 그러니까 8은 2보다 네 배 크고, 8과 2는 짝수이고, 8과 2는 제곱수가 아님을 알 수 있는 것이다.

둘째, 두 번째 종류의 문제들을 해결하고, 둘 혹은 여럿의 사물들이 맺는 크기 혹은 특질의 어떤 관계를 정확하게 이해하려면 면들을 대단히 뚜렷하게 알아야 하며 그렇게 아는 것으로 충분하다. 그 면들에 따라 사물들을 비교해서 구하는 관계를 찾는 것이다. 예를 들어 4와 16의 정확한 어떤 관계를 찾으려는 몇몇 문제들, 그러니까 4와 16이 짝수이자 제곱수라는 것을 찾으려는 문제들을 해결하려면 4와 16은 절반의 수로 나누면 우수리 없이 떨어지고, 두 수는 스스로의 제곱수임을 정확하게 아는 것으로 충분하다. 두 수의 실질적인 크기가 얼마나 되는지 검토할 필요까지는 없다. 사물들이 맺는 특질의 관계를 정확히 알려면 실질적 특질을 연구할 필요 없이 크기만 정확히 아는 것으로 충분하다.

셋째, 세 번째 종류의 문제들을 해결하고, 둘 혹은 여럿의 사물들이 맺는 정확한 관계에 충분히 접근하는 어떤 관계를 알기 위해서 그 면이나 변들을 대체로 아는 것으로 충분하다. 면이나 변을 따라서 이들을 비교할 수 있고, 그렇게 되면 크기가 됐든 특질이 됐든 구하는 근사近似한 관계를 발견하게 된다. 예를 들어 나는 $\sqrt{8}$의 실제 크기를 어림잡아 알고 알 수 있으므로 $\sqrt{8}$이 2보다 크다는 점은 분명히 알지만, $\sqrt{8}$이 2보다 얼마나 더 큰지는 알 수 없는 것이, 내가 $\sqrt{8}$의 실제 크기를 정확히 알 수 없기 때문이다.

마지막으로, 네 번째 종류의 문제들을 해결하고, 모호하고 확정되지 않은 관계들을 발견하려면 이들을 비교할 필요에 비례하는 방식으로 사물들을 아는 것으로 충분하다. 그렇게 되면 구하고자 하는 관계들을 발견할 수 있다. 그래서 모든 종류의 문제들을 해결하는 데 용어들의 대단히 뚜렷한 관념을 갖거나 용어들이 의미하는 사물들을 완벽하게 알아야 할 필요까지는 없다. 그런데 구하고자 하는 관계들이 더 정확하고 더 많은 수가 있다면 그만큼 더 정확히 알아야 할 필요는 있다. 우리가 조금 전에 말했듯이 불완전한 문제들에서 고려하는 사물들에 대한 불완전한 관념들을 갖는 것으로 충분한 것이다. 그래도 이들 문제를 완벽하게, 다시 말하면 그 문제들에 포함된 것에 따라 해결하게 된다. 문제를 표현하고 있는 용어들의 뚜렷한 관념을 전혀 갖지 못했대도 문제를 풀 수 있는 것이다. 불이 소금을 녹이고, 진흙을 굳히고, 납을 기화시키고, 그 외에도 이와 비슷한 수많은 다른 일을 할 수 있는가의 질문을 받는다면 이 문제들을 완벽하게 이해하고 있는 것이다. 불, 소금, 진흙 등에 대한 뚜렷한 관념을 전혀 갖지 않는대도 이 문제들은 대단히 훌륭하게 해결되니 말이다. 이런 질문을 하는 사람들은 단지 우리가 불이 이런 결과를 만들어 냈다는 어떤 감각 경험이 있는지 묻는 것이므로 이런 이유로 우리는 감각에서 끌어낸 지식에 따라 그들의 질문을 만족시킬 수 있는 방식으로 대답하는 것이다.

8장

개별적 문제들에 대한 다른 규칙들의 적용

문제들에는 단순하고 복잡한 두 종류가 있다. 단순한 문제들을 해결할 때는 그 문제들을 표현하는 용어들의 명확한 관념에 그저 정신을 집중하는가가 관건이다. 복잡한 문제들은 세 번째나 여러 다른 관념들과 비교를 통해서만 해결이 가능하다. 문제의 용어들로 표현된 알려지지 않은 관계들을 표현한다면 우리는 이 용어들과 관념들을 즉각 비교하면서 그 관계들을 구할 수 없는데, 이때 관념들은 서로 만날 수 없거나 비교될 수 없는 까닭이다. 그러므로 하나나 여럿의 매개 관념을 이용해서 이들 관계를 비교해서 발견할 수 있게 된다. 더 정확하고 더 많은 수의 관계를 구하려고 한다면 그 정도에 따라 이 매개 관념들이 명석판명한 것인지 관찰해야 한다.

이 규칙은 첫 번째 규칙의 연속이며 중요성도 동일하다. 비교 대상이 되는 사물들의 관계를 정확하게 알기 위해서 이에 대한 명석판명한 관념들이 반드시 필요하다면 마찬가지 이유로 이런 비교를 행할 수 있게끔 해주는 매개 관념을 제대로 알 필요가 있다. 척도와, 측정 대상들

각각과의 관계를 분명히 알아야 그 관계들을 구할 수 있으니 말이다. 아래에 몇 가지 사례들을 제시한다.

자석의 속성에 대한 설명

아주 가벼운 작은 그릇에 자철광磁鐵鑛을 넣고 자유롭게 물에 띄우고, 이 자석의 북극에, 손에 다른 자석을 들고 그것의 동일한 극을 제시하면 곧 먼젓번 자석이 강한 바람에 밀려나기라도 한 것처럼 뒤로 물러나는 것을 보게 된다. 이 결과의 원인을 알아보자.

이 자석의 운동을 설명하려면 그것이 다른 자석과 갖는 관계를 아는 것으로는 충분하지 않다는 점이 대단히 명백하다. 이 관계를 완벽하게 알더라도 이 두 물체가 어떻게 서로 만나는 것이 아니라 밀쳐낼 수 있는지 이해할 수 없을 것이니 말이다.

그러므로 자연의 질서에 따라 어떤 물체를 밀어낼 수 있다고 분명히 알고 있는 사물이 무엇인지 검토해야 한다. 자석은 확실히 물체인데 그것의 운동의 자연적 원인을 발견하는 것이 관건이니 말이다. 그래서 물체를 밀어낼 수 있는지를 확실히 모르는 어떤 특질, 어떤 형태, 어떤 독립체entité에, 심지어는 어떤 지성에 기대서는 안 된다. 지성이 물체를 자연적으로 움직이게 하는 흔한 원인인지, 운동을 산출할 수 있기나 한 것인지 확실히 모르고 있기 때문이다.

물체들이 만나서 서로 밀어낼 때 그것이 자연의 법칙이라는 점은 명백히 알려져 있다. 그러므로 자석과 어떤 물체가 만나게 되는지 살펴보는 방식으로 자석의 운동을 설명하도록 노력해야 한다. 자석을 밀어내는 물체와는 다른 어떤 물체가 있을 수 있다는 점은 사실이다. 그런데 이 사물에 대한 뚜렷한 관념이 없다면 구하는 것을 찾기 위해서도, 그것을 다른 사람들에게 설명하기 위해서도 받아들여질 수 있는 방법 같은 것을 사용해서는 안 된다. 아무도 명확하게 이해하지 못하는 일을 원인으로 삼아서는 결과를 설명할 수 없는 법이다.

그러므로 물체들의 운동의 다른 자연적 원인이 있다든지 없다든지 하는 것으로 수고를 들일 필요가 없다. 오히려 그런 원인은 없다고 가정하든지, 어떤 물체가 이 자석을 만나고 밀칠 수 있는지 주의 깊게 고려해야 한다.

먼저 손에 들고 있는 자석이 아니라는 것은 알고 있다. 밀쳐진 것과 접촉하지 않았으니 말이다. 그러나 손에 든 자석이 가까이 다가와서야 밀쳐졌고, 스스로 밀쳐진 것은 아니므로 먼젓번 자석을 밀친 것은 손에 든 자석이 아님에도 후자에서 어떤 작은 물체들이 나와서 다른 자석을 향해 밀어냈다는 결론을 내려야 한다.

이 작은 물체들을 발견하려고 눈을 크게 뜨고 이 자석에 다가갈 필요는 없다. 감각은 이성을 압도하겠고, 자석에서는 무엇이 나온다는 것은 누구도 보지 못하니 자석에서는 아무것도 나오지 않는다고 판단하게 될 것이다. 우리는 아마 가장 세찬 바람도, 모든 자연적 결과들을 처음으로 산출한 미세한 물질도 보지 않았음을 기억조차 못할 것이다.[1] 대단히 명확하고 대단히 이해하기 쉬운 이 방법을 단호히 따르고, 자석의 모든 결과들을 섬세하게 관찰해야 한다. 그래야 어떻게 손에 든 자석이 작아지는 일 없이 이 작은 물체들이 그 자석 외부로 밀려나

---

1 16번째 주해에서 그 근거를 부분적으로 살펴볼 것이다.

올 수 있는지 검토해야 한다. 우리가 실험을 해본다면 이 작은 물체들이 한쪽에서 나와 즉각 다른 쪽으로 들어간다는 점을 알게 될 것이다. 이 실험을 통해 이 문제를 해결하는 방식에 맞서 제시될 수 있는 모든 난점들이 설명될 것이다. 그런데 우리가 처한 수많은 것들의 무지로 인한 어떤 난점들에 대답할 수 없을지라도, 이 방법을 포기해서는 안 된다는 점에 주목해야 한다.

검토하고자 하는 것은 오히려 두 자석이 동일한 극을 향하도록 놓을 때 서로 밀쳐내는 것은 어찌 된 일인지의 문제이지, 한 자석의 북극 쪽에 다른 자석의 남극 쪽을 놓을 때 두 자석이 서로 달라붙는다는 것은 어찌 된 문제인가가 아니다. 그렇게 되면 문제는 더욱 어려워지고, 한 가지 유일한 방식으로는 이 문제를 해결할 수 없을 것이다. 이 문제는 이 두 자석의 극 사이의 관계를 정확하게 알고, 먼젓번 문제를 위해 취했던 방식의 힘을 빌리는 것으로는 충분하지 않다. 반대로 이 방법은 우리가 구하는 원인으로부터 나올 결과를 방해하게 될 것 같다. 물체가 운동하는 흔하고 자연적인 원인임을 우리가 정확히 알지 못하는 만큼 어떤 문제들의 힘도 빌려서는 안 되며, 이들을 서로 끌어당기게 하는 자석의 '불가사의한 특질qualité occulte'에 대한 모호하고 확정되지 않은 관념을 제기함으로써 문제의 난점으로부터 벗어나서도 안 된다. 정신으로는 어떤 물체가 다른 물체를 끌어당길 수 있다는 점을 명확하게 이해할 수 없으니 말이다.

물체의 불가입성은 운동이 충돌을 통해 전달될 수 있음을 명확하게 이해하게 해주며, 실제로 운동은 이러한 방식으로 전달된다는 점은 경험으로 증명된다. 그러나 '인력attraction'의 운동을 명확하게 증명해 주는 것은 이성도 아니고 경험도 아니다.

이런 유의 운동을 증명하는 데 가장 적합해 보이는 경험들을 통해 보자면, 인력의 실질적이고 확실한 원인이 증명될 때 인력으로 이루어지는 것처럼 보이는 것은 충돌을 통해 이루어진다는 점을 인정하게 된다. 그래서 충돌을 통해 이루어지는 것과는 다른 운동의 전달에 대해 오랫동안 이야기할 필요가 없다. 이러한 방식은 확실하고 이론의 여지가 없는 것이고, 상상할 수 있을 다른 방식들은 적어도 모호할 것이다. 그렇지만 순전히 유형적 사물들에서는 물체들의 충돌과 다른 운동의 원칙들이 존재한다는 점을 증명할 수 있을지라도, 이 운동을 이성적으로는 부정할 수 없을 것이다.

이 점을 다른 모든 것보다 선호해서 오랫동안 연구해야 하는데, 그것은 그것이 가장 명확하고 가장 명백하며, 이론의 여지가 전혀 없어 보이므로 모든 시대 모든 민족이 공히 수용했던 것임을 주저 없이 확신하는 것이다.

물 위에 자유롭게 띄운 자석과 손에 든 자석의 어떤 면을 제시할 때 이 둘이 서로 접근하게 된다는 점은 경험으로 아는 일이다. 그러므로 먼젓번 자석이 다른 쪽 자석으로 끌려가는 것이라고 결론 내려야 한다. 그러나 손에 들고 있는 자석을 제시하지 않았다면 물에 띄운 자석을 밀어내는 것은 손에 들고 있는 자석이 아니다. 물에 띄운 자석은 손에 들고 있는 자석에 가까이 접근하지만, 물에 띄운 자석은 밀려나지는 않을 것이니 말이다. 적어도 운동의 전달에 대해 널리 받아들여진 원칙에 따라 이 문제를 설명하려면 이 두 방법에 도움을 구해야 한다.

자석 d가 자석 C에 접근한다. 그 자석을 밀어낼 수 있는 다른 물체가

없으니 그것을 둘러싼 공기나 비가시적 유체가 그 자석을 밀어내는 것이다. 이것이 첫 번째 수단이다. 자석 d는 자석 C가 앞에 있을 때만 접근할 뿐이다. 그러므로 자석 C는 공기를 밀어내는 방향을 자석 d를 밀어내는 쪽으로 결정한 것이다. 이것이 두 번째 수단이다. 이 수단이 절대적으로 필요하다는 점이 명백하다. 그래서 지금 난점은 이 두 수단을 함께 결합하는 것으로 귀착했다.

그래서 우리는 다음 두 방식을 쓸 수 있다. 하나는 자석 d를 둘러싼 공기 속에 알려진 무엇인가로 시작하는 것이고, 다른 하나는 자석 C에서 알려진 무엇인가로 시작하는 것이다.

공기의 부분들과 유체 전체의 부분들이 끊임없이 동요 중에 있음을 안다면 이들 부분과, 여기에 둘러싸인 자석 d가 끊임없이 충돌한다는 것을 확신할 수 있을 것이다. 그 부분들은 모든 쪽에서 자석과 부딪히므로 한쪽과 다른 쪽에 공기나 미세 물질의 양이 동일한 만큼 한쪽을 다른 쪽보다 더 많이 밀어내는 것은 아니다. 사정이 이러하므로 자석 C는 우리가 말한 공기가 a 쪽만큼이나 b 쪽을 향하지 못하게끔 한다. 그러나 이는 C와 d 사이의 공간에 어떤 다른 물체들을 퍼트리면서가 아니면 이루어질 수 없다. 그러므로 이 공간을 채우기 위해 자석에서 작은 물체들이 나와야 한다. 자석 주위에 철가루를 뿌릴 때[2] 경험으로 알게 되는 것이다. 철가루가 이들 보이지 않는 작은 물체들의 흐름을 가시적으로 만들어 주니 말이다.

그래서 이 작은 물체들은 a 쪽을 향하는 공기를 쫓아내고 그렇게 되면 자석 d는 다른 쪽보다 그쪽으로 덜 밀려나간다. 그 결과 자석 d가 자석 C에 가까이 접근하게 되는 것임이 틀림없는 것이 어떤 물체가 됐든 덜 밀려나는 쪽으로 움직이게 되는 까닭이다.

그러나 자석 d가 극 a 쪽으로 구멍이 여러 개 나 있어서, 다른 자석의 극 B에서 나오는 작은 물체들을 딱 맞게 수용할 수 있고, 미세한 만큼 굵은 공기의 물질들을 수용하기에는 지나치게 작다면, 이 작은 물체들은 자석들 사이에서 공기를 내몰게 될 것이므로 공기보다 더욱 자극된다. 그래서 그 작은 물체들은 자석 d를 밀어내거나 자석 C로부터 멀어질 것이므로 자석 d에 서로 다른 극을 제시하면 자석 C에서 나온 작은 물체들은 a 쪽 방향을 통해 자석 d를 밀어내지 않고 자유롭게 지나가고, b 쪽을 통해서는 자석 d를 밀쳐낸다. 내가 두 자석 중 하나에 대해 말한 것은 다른 나머지 자석의 경우와 같다고 이해해야 한다.

명확한 관념들과 이론의 여지 없는 원칙들에 따라 추론하는 이러한 방식을 통해 항상 무언가를 배운다는 점이 분명하다. 자석 d 주변 공기는 끊임없이 두 극에서 나오는 몇몇 물체들을 통해 자석들 사이에서 밀려나, 한쪽으로는 자유롭게 지나가고, 다른 쪽으로는 통행이 막혀 있다. 이 작은 물체들이 가로지르는 자석에 난 구멍들의 크기며 모양이 대략적으로 어떠한지 알고자 했다면 다른 실험을 해보아야 하는데,

---

2 데카르트《철학의 원리》4부를 참조.

이 실험으로 우리는 이르고자 하는 곳이 아니라 우리가 바로 길을 잃을 수 있는 곳에 이르게 된다.

이 문제들에 대해서 데카르트의《철학의 원리》를 참조할 수 있는데, 그 목적은 저 박식한 철학자의 생각을 맹목적으로 따르기 위해서가 아니라 그가 따른 철학 방법에 익숙해지기 위해서이다. 먼저 내가 이 작은 물체들이 나온 구멍으로 다시 돌아갈 수 없는 것은 어찌 된 일인지에 관련된 반박에 답하기 위해 그 구멍들을 이루는 작은 가지들이 휘어져 있기 때문에 한 방향으로는 그 구멍을 가로지르는 작은 물체들을 따르고, 다른 방향으로는 통행을 막는다고만 말하겠다. 자석 구멍들에서 미세한 물질이 한 극에서 다른 극으로 끊임없이 흘러간다는 점만 가지고도 그 물질이 나온 구멍으로 다시 들어가지 못하게 방해를 받는다는 사실을 충분히 알 수 있다. 이 물질을 이루는 어떤 부분은 그것이 나온 구멍으로도, 반대 방향으로 흐르는 동일한 이름의 극의 구멍으로도 다시 통과하려 한다면 그 흐름의 저항을 이겨낼 수 없다. 그래서 자석의 극들이 이렇게 차이가 난다는 점에 지나치게 놀라서는 안 된다. 이 차이는 여러 방식으로 설명될 수 있고, 어려움이란 가장 실질적인 방법이 무엇인지 알아내는 일일 뿐이다.

자석 C에서 나온다고 가정한 작은 물체들로 시작해서 방금 검토한 문제를 해결하고자 했어도 동일한 결과에 이를 수 있을 것이며, 아울러 미세한 것과 굵은 것으로 된 공기는 계속 동요하고 있는 무한히 많은 부분들로 구성되어 있다는 점 역시 발견할 수 있을 것이다. 그렇지 않는 이상 자석 d가 자석 C에 가깝게 접근하기란 불가능하다. 나는 이 점이 전혀 어렵지 않으므로 이 설명은 여기서 마칠까 한다.

팔다리 운동원인 연구

이 문제는 여러 규칙들을 동원해야 하기 때문에 이전 문제보다 더 복잡하다. 팔다리 운동의 기계적·자연적 원인은 무엇인지 묻고들 한다.

선행 문제에서 설명한 방식으로 이해한다면 자연적 원인의 관념은 명확하고 뚜렷하다. 그러나 팔다리 운동을 설명하는 용어는 모호하고 막연하다. 수의적隨意的이고, 자연적이고, 경련적인 운동이 있고, 우리 인간의 신체에는 다양한 사지四肢가 있다. 그래서 첫 번째 규칙에 따라 나는 이들 운동 중 무엇의 원인을 알고자 하는지 물어야 한다. 그러나 문제를 확정하지 않은 채 방치하고 있다면 나는 내 의향에 따라 문제를 이용하여 이런 종류의 문제를 검토하려 한다.

나는 이 운동의 속성들을 주의 깊게 고려해 본다. 우선 수의隨意 운동은 보통 경련 운동보다 신속히 이루어진다는 것을 내가 알고 있으므로 나는 두 운동의 원인이 상이한 것일 수 있다는 결론을 내린다. 따라서 나는 이 문제를 여러 부분으로 나누어 검토할 수 있고 또 반드시 그래야 한다. 이 문제는 오랜 논의가 필요하기 때문이다.

우선 나는 수의 운동만 고려하는 것으로 그칠까 한다. 이 운동에 소용되는 부분들이 여럿 있기에 나는 팔에만 집중하겠다. 나는 팔이 여러 근육으로 구성되어 있다는 점을 고려한다. 이 여러 근육들 모두는 어떤 물체를 땅에서 들어 올리거나 여러 방식으로 움직일 때 무슨 행동을 한다. 그러나 나는 다른 운동들도 거의 동일한 방식으로 형성되었다고 가정하면서 한 가지에만 집중한다. 나는 무슨 해부학 책을 통해 그 구성을 연구했다. 더 정확히 말하자면 어떤 능숙한 해부학자를 시켜 섬유와 근육을 해부하도록 하고 직접 눈으로 바라보면서 공부했다. 이런 것으로 나는 이후에 내가 구하는 것을 찾는 어떤 방식이 정신에 떠오를 수 있도록 한 것이다.

그러므로 온갖 문제를 주의 깊게 고려하면서 내 팔의 운동 원리가 그것을 구성하는 근육의 수축에 달렸음을 확신했다. 그리고 지나치게 많은 문제들에 얽히지 않으려면 통념에 따라 이 수축이 이 근육들의 불룩한 내부를 채우고 그런 식으로 그 말단에 가깝게 다가가는 동물정기의 수단을 통해 이루어진다고 가정한다면, 수의隨意 운동에 관련된 모든 문제는 어떻게 팔에 든 다소의 동물정기가 의지의 명령에 따라 백百 혹은 그 이상의 무게가 나가는 짐을 들어 올리는 데 충분한 힘으로 갑작스럽게 근육을 부풀릴 수 있는가의 문제를 아는가로 귀결한다.

이 점을 성실히 성찰해 볼 때 상상력에 떠오르는 첫 번째 수단은 흔히 신속하고 강렬한 비등沸騰으로, 이는 화약이나, 알칼리 염鹽이 가득 든 어떤 독주를 산성염으로 포화시켰거나 독한 술과 섞을 때 나타나는 비등과 유사하다.[3] 일정량의 화약에 불이 붙으면 1백 리브르의 짐은 물론, 탑이나, 심지어 산 하나를 날려버릴 수 있다. 도시를 파괴하고 지방 전체를 뒤흔드는 지진 또한 화약과 거의 마찬가지로 지하에서 불붙은 정기가 작용한 것이다. 그래서 팔 내부에 정기의 발효와 팽창의 원인을 가정한다면 그것은 대단히 신속하고 대단히 강렬한 운동을 만들어 내기 위해 사람이 가진 이 힘의 원리라고 말할 수 있다.[4]

---

3 [옮긴이] 산과 알칼리의 이원성은 타케니우스(O. Tachenius, *Chimca Hippocratis*, Venis, 1666)가 수용했다. F. 앙드레는 이를 입자로 설명했다〔Entretiens sur l'acide et sur l'alcali où sont examinées les objections de M. Boyle contre ces principes (…), Paris, 1672〕. 말브랑슈의 장서에 소장된 도서이다.

그러나 감각을 통해서만 정신이 알 수 있고 우리로서는 명석판명한 지식을 갖지 못한 이 수단들은 경계해야 하므로 우리는 이 수단을 그렇게 쉽게 써서는 안 된다. 결국 비교로써는 우리의 운동의 힘과 신속성을 설명하는 데 충분치 않다. 이 근거는 불명료하지만 더 큰 문제는 불완전하다는 데 있다. 이 자리에서 수의隨意 운동을 설명해야 하는데, 발효는 수의적隨意的인 것이 아니다.5 열이 날 때 피는 과도하게 발효하는데 이는 막을 수 없다. 동물정기는 두뇌에서 불타오르고 동요하는데 우리의 의지로 감소되지 않는다.

동물정기가 우리의 의지로 감소된다는 설명에 따르면 어떤 사람이 다양한 방식으로 팔을 움직일 때 크고 작으며, 신속하고 느린 수만 가지 발효가 이루어지겠고, 발효는 그 사람이 원할 때 시작되고 원할 때 끝나게 되는데, 이 가정에 따르면 후자가 설명하기 더욱 어렵다. 이런 발효가 대상이 되는 모든 물질을 사라지게 하는 것은 아니라서, 이 물질은 불타오를 준비가 항상 되어 있다. 어떤 사람이 10리외lieue를 걸었

---

4 [옮긴이] 화약의 폭발과 근육 운동에 대한 비유는 토머스 윌리스의 것이다. 《신경의 기술》(旣述, *Nervorum descriptio et usus*), Opera omnia, Lyon, 1681, t. I, p. 368; 《근육 운동에 대하여》(*Exercitatio II medico-physica de motu musculari*), Ibid., p. 680이하

5 [옮긴이] 데카르트는 심장에서 비롯하는 열과 발효를 비교하고 있다. "나는 예전에 신은 인간의 신체를 만들고 이성적 영혼은 물론이고 식물적 혹은 감각적 영혼으로 사용될 수 있는 그 어떤 것도 처음에는 그 신체 안에 집어넣지 않았으며, (…) 빛 없는 불만을 그 심장 안에 붙여 놓았다고 가정하는 것으로 만족했다. 그런데 이 불은, 건초를 마르게 하기 전에 밀폐시켜 두면 그것을 뜨겁게 하는 불이나, 새 포도주를 찌꺼기와 함께 발효시킬 때에 포도주를 끓게 하는 불과 다른 것이라고는 생각하지 않았다."(《방법서설》, 5부, t. VI, p. 46)

다면 걸을 때 사용되는 근육은 몇천 번이나 채워지고 비워져야 할까? 한 발짝씩 걸을 때마다 발효로 인해 동물정기가 소진되고 완화된다면 동물정기는 얼마나 필요할까? 그러므로 이런 이유는 우리 신체의 운동이 의지에 전적으로 의존한다는 점을 설명하는 데 결함이 있다.

지금 이 문제는 다음과 같은 역학의 문제임이 명백하다.

"공기펌프를 통해 100의 무게를 갖는 그런 힘에 1온스의 무게처럼 우리가 바라는 만큼 아주 작은 다른 힘을 통해 저항하는 수단을 발견해야 하고, 이 작은 힘의 결과를 산출하기 위해 이 힘을 적용하는 것은 의지에 달린 것이다."

이 문제는 해결하기 쉽고, 증명도 깔끔하다. 입구가 둘인 관vase을 통해 이 문제를 해결할 수 있다. 관 입구의 한쪽은 다른 쪽보다 1,600배 크다. 이 두 입구 안에 주름진 풀무 두 개를 똑같이 삽입하고, 큰 입구의 풀무에 다른 입구보다 1,600배 더 큰 힘을 가한다. 그때 1,600배 더 작은 힘이 더 큰 힘을 압도할 것이다. 이 점은 역학을 통해 명확하게 증명된다. 힘은 입구와 정비례하지 않기 때문이다. 작은 입구와 작은 힘의 관계는 큰 힘과 큰 입구의 관계보다 더 크다.

그런데 방금 제시한 것 이상으로 근육의 효과를 더 잘 나타내주는 기계를 통해 이 문제를 풀기 위해서는 공에 조금 바람을 불어넣고, 다음에는 절반만 바람을 불어넣은 이 공에 700이나 600의 무게가 나가는 돌을 올려 누른다. 그것을 평평한 곳에 올려 두고 널빤지로 덮고, 이 널빤지는 대단히 큰 돌로 덮거나, 널빤지 위에 가장 무거운 사람 하나를 앉힌다. 그 사람은 부풀어 오른 공에 저항하기 위해 무엇인가에 매달릴 수도 있게 한다. 이 공 속에 입으로 다시 한번 바람을 불어넣으면 그것을 누르는 돌이나, 그 위에 앉은 사람이 들려 오르게 된다. 바람을 공으로 들여보내는 관에 숨을 돌릴 때 바람이 빠지지 않게 하는 밸브가 있어야 한다. 이것은 공의 입구가 돌의 무게로 저항하는 그 공의 용적 전체에 비하여 아주 작다고 가정할 때, 아주 작은 힘으로도 이러한 방식으로 대단히 큰 힘을 배겨내도록 하기 위함이다. 또한 숨을 내쉬는 것만으로 숨의 힘은 사라지지 않고 끊임없이 다시 생겨나므로 취관吹管을 통해 납으로 된 공에 압력을 가해 밀어낼 수 있음을 고려한다면 공의 입구와 용적 사이에 필요한 비율이 제시되면 숨을 불어넣는 것만으로 대단히 큰 힘에도 쉽게 저항할 수 있다.

그러므로 근육 전체, 혹은 근육을 구성하는 섬유 하나하나가 이 공처럼 동물정기를 수용하는 데 적합한 용적을 가지며, 정기가 들어가는 구멍들이 아마 방광 목이나 공의 구멍에 비례하여 아마 훨씬 작고, 정기는 취관 속에 숨을 불어넣다시피 하는 것으로 신경 속에 잡아 두고 밀려나가고, 정기는 폐의 공기보다 더 자극되고 공 속에서보다 근육 속에서 더 강한 힘으로 밀려나간다면, 근육 속에 가득 찬 정기가 운동할 때 짊어질 수 있는 가장 무거운 짐들의 힘을 배겨낼 수 있으며, 더 무거운 짐을 짊어질 수 없더라도 그런 힘이 부족한 것은 근육을 구성하는 섬유와 피부만큼이나 정기에 원인이 있음을 알게 될 것이다. 지나치게 힘을 가하면 근육은 파열하고 말 것이다. 더욱이 영혼과 신체의 결합 법칙에 따라 여기서 정기의 운동을 결정하는 것은 사람의 의지에 달렸다는 점을 소홀히 하지 않는다면 팔의 운동이 수의적隨意的임에 틀림없음을 알게 될 것이다.

우리가 팔을 당장 믿을 수 없어 보일 정도로 빠른 속도로 흔든다는 것이 사실이다. 그래서 팔을 구성하는 근육에 정기가 쏟아져 나오면서 그만큼 충분히 빨라질 수 있는 것이다. 그런데 우리는 이 정기가 극단적으로 동요했고, 한 근육에서 다른 근육으로 항상 들어갈 채비가 되어 있는 데다, 필요한 만큼 거의 근육을 부풀게 하지 못할 정도로 정기가 부족하지는 않다는 점을 고려해야 한다. 정기가 부족한 경우는 근육만 혼자 움직이게 되겠고, 바닥에서 무언가 대단히 가벼운 것을 들어 올릴 때이다. 우리가 무언가 무거운 것을 들어 올려야 할 때 이를 신속하게 할 수 없는 것이다.

짐이 무거우면 근육을 많이 부풀리고 팽창시켜야 한다. 이런 경우에 근육을 부풀리려면 이웃해 있는 근육이나 길항근拮抗筋에 있는 것보다 더 많은 정기가 필요하게 된다. 그러므로 이 정기들을 멀리서 불러오고, 중력에 저항할 만큼 정기를 밀어내는 데는 약간의 시간이 필요하다. 그래서 짐을 짊어지고 있는 사람들은 달릴 수 없고, 바닥에서 어떤 무거운 것을 들어 올리는 사람들은 지푸라기 하나를 들어 올리는 사람들만큼 신속하게 행동하지 못하는 것이다.

또 남들보다 불을 많이 가진 사람들, 살짝 취한 사람들이 다른 사람들보다 훨씬 신속하기 마련이고, 새들처럼 정기가 더욱 동요된 동물은 개구리 같은 찬피동물보다 더 신속히 움직이고, 카멜레온, 거북, 그리고 다른 몇몇 곤충들은 정기가 거의 동요하지 않기 때문에 우리가 바람을 불어 넣는 작은 공 이상으로 신속하게 채워지지 않는다는 점을 성찰해 보고, 이 모든 것들을 제대로 고려해 본다면 방금 제시한 설명을 아마 믿게들 될 것이다.

그러나 수의隨意 운동과 관련되어 제시된 이 분야의 두 번째 문제가 충분히 해결되었더라도 완벽하게 해결되었다고 속단할 수 없으며, 언급된 것 이상으로 이 운동에 이바지하는 우리 신체 내부에는 아무것도 없다고 확신할 수는 없다. 필경 우리 근육에는 동맥의 피와 미세 물질에서 수용하는 것으로 이 운동을 수월하게 해주는 수많은 태엽장치가 마련되어 있다. 이 운동들은 무엇보다 신의 창조물을 가장 잘 꿰뚫어 보는 사람들조차 영원히 알 수 없을 것이다.

검토해야 할 이 문제의 두 번째 부분은 자연적 운동, 혹은 기이한 것, 그러니까 경련적 운동을 전혀 갖지 않은 그런 유의 운동에 관련된 것이다. 그러나 이런 운동은 이 기계의 보존에 절대적으로 필요하고, 그 결과 우리의 의지에 전적으로 의존하지 않는다.

그러므로 내가 기울일 수 있는 주의를 온전히 쏟아 이 조건들을 갖춘 운동이 무엇인지, 그 운동들이 전적으로 닮은 것인지부터 우선 고려하기로 한다. 그러나 나는 우선 이 운동들이 서로 상이하다는 점을 알고 있으므로 귀찮을 정도로 지나치게 많은 문제를 떠맡지 않기 위해서 심장의 운동에만 집중하기로 한다. 이 부분은 대단히 잘 알려져 있으며, 심장의 운동 이상으로 눈에 띄는 것이 없다. 그러므로 나는 그 구조를 검토하고, 여러 다른 것들 중 두 가지 문제에 주목한다. 첫 번째는 심장은 다른 근육처럼 섬유로 구성되어 있다는 것이고, 두 번째는 대단히 큰 두 개의 공동空洞이 있다는 것이다.

그러므로 나는 심장도 근육이므로 그것의 운동도 동물정기를 수단으로 이루어질 수 있겠고, 공동이 있으므로 그곳에서 발효와 팽창이 이루어진다고 판단한다. 첫 번째 판단의 근거는 내가 방금 언급한 점에 있으며, 두 번째 판단의 근거는 심장은 신체의 다른 모든 부분들 훨씬 이상으로 뜨겁다는 데 있다. 심장이 우리 팔다리 전체에 피와 함께 열을 퍼뜨리며, 이 두 공동은 피의 팽창을 통해서만 형성되고 유지될 수 있고, 그런 식으로 두 공동이 만들어진 이유에 부합하여 사용된다. 그러므로 나는 정기가 심장을 자극한다는 점과, 피가 발효할 때 팽창하게 된다는 점으로 심장의 운동을 넉넉히 설명할 수 있다. 내가 심장의 운동을 일으키는 것으로 제시한 원인은 아마 실질적 원인이 아닐 수도 있겠지만, 그 원인이면 운동을 산출하는 데는 충분하다는 점이 확실해 보인다.

액체가 발효하고 팽창하는 원리는 아마 이 부분을 읽게 될 독자들이 일반적으로 원인을 발효로 제시했을 때 결과를 충분히 설명했다고 생각할 만큼은 충분히 모를 것임이 사실이다. 그러나 최초의 원인까지 거슬러 올라가면서 개별적 모든 문제들을 해결할 수는 없다. 그런 식으로 명확한 관념에만 머무르는 경우 모든 개별적 결과들이 따르는 실질적 체계를 발견할 수 없어서가 아니다. 이런 철학의 방식이 가장 정확하지도, 가장 짧지도 않아서이다.

내가 말하려는 것을 깨우쳐 주려면 문제가 두 종류가 있음을 알아야 한다. 첫 번째 종류의 문제들은 어떤 사물의 본성과 속성을 찾는 것이 핵심이다. 두 번째 종류의 문제들의 경우에는 이런 사물이 저러한 속성을 가졌느냐, 가지지 않았느냐, 또는 그 사물이 이런 속성을 가졌음을 알고 있느냐만을 알고자 한다. 그것의 원인이 무엇인지만을 발견코자 하는 것이다.

첫 번째 종류의 문제들을 해결하고자 한다면 사물들을 그 처음 만들어진 상태에서 고려하고, 사물들은 항상 가장 단순하고 가장 자연스러운 길을 통해 발생한다는 점을 이해해야 한다. 두 번째 종류의 문제들을 해결하고자 한다면 아주 다른 방식을 취해야 한다. 그 문제들은 가정들로써 해결하고, 이 가정들이 어떤 부조리에 빠지게 되지 않을까, 명확히 알려진 어떤 진리로 이끄는 것은 아닐까 검토해야 한다.

예를 들어 '룰렛 궤적'6의 속성이나, '원뿔곡선' 중 하나의 속성을 발견하고자 한다면 이 선을 기원부터 고려해야 하고, 가장 단순하고 가장 복잡하지 않은 방식으로 그려보아야 한다. 그것의 본성과 속성을 발견하는 데 가장 훌륭하고 가장 짧은 길이니 말이다.

룰렛 궤적의 현弦, la sous-tandante이 이를 형성한 원과 합동임은 누구나 어렵지 않게 알고 있다. 이런 방법을 통해서 많은 속성들을 쉽게 발견하지 못한다면 그것은 선을 형성하도록 된 곡선이 충분히 알려지지 않아서이다.

그러나 원뿔곡선이 그렇듯이 순전히 수학적이거나, 그 관계를 더욱 명확하게 알 수 있는 선의 경우에는 무수히 많은 그것의 속성들 중 하나를 발견하려면 이 선들을 그것의 발생에서 고려하는 것으로 충분하다. 단지, 그저 여러 가지 방식으로 정확히 맞춰진 운동을 통해 생성될 수 있으므로 모든 종류의 발생이 정신을 환히 밝혀 주는 데 똑같이 적합하지 않으며, 가장 단순한 것이 가장 훌륭한 것이고, 그렇기는 해도 어떤 개별적 속성을 증명하는 데는 어떤 방식이 다른 방식들보다 더

---

6 [옮긴이] 룰렛, 혹은 사이클로이드는 직선 위에서 미끄러짐 없이 회전하는 바퀴의 주어진 한 점이 공간에 그리는 곡선을 말한다. 데카르트처럼 말브랑슈는 이 '역학적' 곡선(오늘날에는 초월적이라고 부른다)과 "순수하게 수학적인" 곡선의 차이를 분명히 명시하고 있다.

적합하다는 점에 주의해야 한다.

그런데 문제는 어떤 사물의 모든 속성을 대체적으로 발견하는 것이 아니라, 어떤 사물이 어떠한 속성을 갖는지 아는 데 있다. 그때 그 사물에는 실제로 그 속성이 있다고 가정하고, 그 속성이 명백히 터무니없는 것으로 이끌어가거나, 우리가 구하고자 하는 바를 발견하기 위한 수단을 사용할 수 있을 이의를 제기할 수 없는 어떤 진리로 이끌어 가는지 주의를 기울여 검토해야 한다.

또 이 점이 기하학자들이 문제 해결을 위해 사용하는 방식이다. 기하학자들은 구하는 것을 가정하고, 이로부터 어떤 지점에 이르게 될지 검토한다. 그들의 가정의 결과인 관계들을 주의 깊게 고려하고, '방정식'을 통해서 문제의 조건들을 포함하는 이 모든 관계들을 재현하고, 그다음에는 이 '방정식'을 그들이 지키는 규칙에 따라 단순화하는데, 이렇게 되면 알려지지 않은 것이 우리가 고스란히 알고 있는 하나 혹은 여러 문제들과 일치하는 것이다.

그러므로 불의 본성과, 여러 다양한 발효의 본성을 발견하는 것이 문제라고 하자. 이때 발효는 자연적 결과들의 가장 보편적 원인인 것이다. 그러면 나는 가장 짧고 가장 확실한 길은 이 본성을 그것의 원칙에서 검토하는 것이라고 말하겠다. 가장 동요된 물체들과, 그 물체의 운동이 발효 중인 물체들에게로 확산되는 그런 물체는 어떻게 형성되는지 고려해야 하는 것이다. 명확한 관념들과 가장 단순한 길을 통해 운동을 통해 물질은 무엇을 산출할 수 있는지 검토해야 한다.

또한 불과 다양한 발효란 대단히 일반적인 사실들인 데다가 그 결과, 의존하는 원인의 수가 아주 적으므로, 발효의 본성을 그것의 원칙에서 인정하는데 물질이 운동을 통해 활성화되었을 때 어떻게 될 수 있는지 오랫동안 고려할 필요는 없을 것이다. 또 자연학 지식을 얻기 위해 절대적으로 필요한 여러 문제들을 동시에 배워야 하겠다.[7] 최초의 원인으로까지, 또 만물을 형성하는 자연의 법칙으로까지 그런 식으로 거슬러 올라가기 위해 이 문제를 가정의 방법을 통해 추론하고자 했다면 아무짝에도 쓸모가 없을 수많은 거짓 가정을 제시하게 되었을 것이다.

발효를 일으키는 원인이 비가시적 물질의 운동이며, 그때 물질은 자극을 받은 물질의 부분들로 전달되는데, 이 점은 누구라도 올바로 인정할 수 있을 것이다. 불과, 물체의 상이한 발효들이 동요에 들어가고, 자연의 법칙에 따라 물체들은 더욱 동요된 어떤 다른 물체들과 마주치게 되면 즉각적으로 그 운동을 수용한다는 점은 잘 알려져 있기 때문이다. 그래서 동요되면 발효를 통해 가시적 물체들로 전달되는 비가시적 물체가 존재한다는 사실을 발견할 수 있을 것이다.

그런데 이런 일이 어떤 방식으로 이루어지는지를 가정의 방법을 통해 발견하기란 심증으로는 불가능한 일일 것이다. 원소들 혹은 동일한 본성의 더 많은 수의 물체들이 어떻게 형성되는가를 검토할 때 이 점을 발견하기란 어려운 일은 아닌데, 이는 데카르트의 체계를 통해 부분적으로 알 수 있다.[8]

---

7 16번째 주해에서 내가 불의 발생에 대해 말한 부분부터 마지막까지를 보라.

8 [옮긴이] "지금 우리는 두 개의 유(genera)를 획득했는데, 이것들은 이 가시 세계의 첫 번째 두 원소라고 할 수 있다. 물질의 첫 번째 유는 매우 커다란 운동력을 가지고 있기 때문에 다른 물체들과 부딪히면 부정(不定)하게 작은 아주 작은 부분들

문제의 세 번째 부분은 경련을 일으키는 운동에 관한 것으로 신체에 어떤 발효가 가능한 동물정기 및 신경 구멍으로 비집고 들어갈 수 있을 정도로 충분히 관통력이 강한 체액이 있다고 가정한다면, 또 경련을 일으키는 운동에 이바지하는 비가시적 부분들이 실제로 어떻게 배치되어 있는지 확정하려고 하지 않는다면 지나치게 어렵지 않게 해결될 수 있을 것이다. 이때 정기는 바로 이 신경의 구멍들을 통해 근육으로 퍼지게 된다.

근육과 근육을 제외한 신체의 나머지 부분을 분리해서, 근육을 말단에서 당길 때 불룩 튀어나온 부분으로 그 근육을 찌르면 짧아지려고 한다는 점을 분명히 알고 있다. 이는 근육을 구성하는 극히 작은 부분들의 구성에 달린 것 같다. 지각되지 않는 그 작은 부분들이 그만큼의 태엽처럼 바늘에 찔릴 때 어떤 운동을 하게 될지 결정된다. 그러나 이 운동을 산출하는 데 소용되는 부분들이 실질적으로 어떻게 배치되어 있다고 확신할 수 있는 사람은 누구일 것이며, 이 점을 이론의 여지 없이 증명해 낼 수 있을 사람은 또 누구일 것인가? 이 점을 깊이 생각하

로 쪼개지며 또한 자신들의 모양을 그 물체들의 모소리들 사이에 생겨난 좁은 틈들에 맞추어 그 틈들을 채운다. 다른 유는 둥근 작은 부분들로 나누어진 물질인데, 이 작은 부분들은 당연히 우리가 눈으로 식별할 수 있는 물체들보다 훨씬 작다. 그럼에도 이 작은 부분들은 일정한 크기를 가지고 있으며 훨씬 더 작은 것으로 나누어질 수 있다. 세 번째 유는 매우 두껍고 운동에 그리 적합지 않은 모양을 지닌 물질의 부분들이다. 그리고 나는 이 세 가지 유의 물질로부터 가시 세계의 모든 물체들이 구성되어 있다는 것을 보일 것이다. 태양과 항성들은 첫 번째 유의 물질로, 하늘은 두 번째 유의 물질로, 지구와 행성들은 세 번째 유의 물질로 구성되어 있다."(《철학의 원리》, 3부 522절)

여 우리가 그것을 가능하다고 보는 모든 운동을 만드는 데 적합한 신경들의 구축을 상상할 수 있다고 해도 확실히 이는 불가능해 보인다.

그러므로 근육의 진정한 구성이 어떤지 결정할 생각을 하지 말아야 한다. 그러나 우리가 어떤 미세한 물질이 혼합됨에 따라 어떤 발효가 가능한 정기가 있음을 이성적으로 확신할 수 있고, 자극적이고 날카로운 체액들이 신경 속에 비집고 들어갈 수 있음을 확신하므로 그렇게 가정할 수 있다.

그러므로 주어진 문제를 해결하려면 경련을 일으키는 운동의 종류가 몇 가지인지 우선 검토해야 한다. 몇 가지인지 정확히 확정되지 않아 보이므로, 원인이 상이해 보이는 중요한 것을 집중적으로 살펴보아야 한다. 그 운동들이 이루어지는 내부의 부분들, 선행하고 뒤따르는 질병들을 고려해야 한다. 고통이 동반되거나 동반되지 않는지, 모든 문제에서 신속함과 강렬함은 얼마만 한 것인지를 말이다. 신속하고 강력한 운동이 다르고, 신속하지만 강력하지 않은 운동이 다르고, 강력하지만 신속하지 않는 운동이 다르고, 강력하지도 신속하지도 않는 운동이 다르다. 끊임없이 끝났다가 다시 시작했다가 하는 운동이 있는가 하면, 얼마 동안 억세지만 움직이지는 않는 운동이 있고, 운동의 용도를 완전히 제거하고 훼손하는 운동이 있다.

이것들을 모두 고려한다면, 조금 전에 자연적 운동과 수의隨意 운동에 대해 말한 뒤에 경련을 일으키는 운동이 어떻게 일어나는지 일반적으로 설명하기란 어렵지 않다. 그것이 근육에 포함된 정기와 그 정기를 발효시킬 수 있는 어떤 물질을 섞는다고 가정한다면 이 근육은 부풀어 오르고 이 부분에서 경련을 일으키는 운동이 산출될 것이다.

이 운동에 쉽게 저항할 수 있다면 그 증거는 신경은 무슨 체액으로 막히지 않으리라는 것이다. 근육에 들어간 정기를 근육에서 비워 버릴 수 있고, 길항근을 부풀어 오르게끔 결정할 수 있으니 말이다. 그러나 그렇게 할 수 없다면 자극적이고 날카로운 체액이 적어도 이 운동에 관여한다는 결론을 내려야 할 것이다.

이 체액이 경련을 일으키는 운동의 원인이 되는 일이 간혹 일어날 수 있다. 그 이유는 체액이 정기의 흐름의 방향을 어떤 근육 쪽으로 결정할 수 있기 때문이다. 체액이 구멍으로 비집고 들어가면서 힘줄과 섬유들을 수축시키는 것 말고도, 정기를 그 근육으로 이동할 수 있게 문을 열어주고 다른 방향은 닫는 방식으로 그렇게 될 수 있다.

대단히 무거운 저울추가 줄 끝에 달려 있을 때 이 줄을 물로 적시기만 하는 것으로 그 저울추가 현저하게 들려 올려진다. 물을 구성하는 부분들이 줄을 구성하는 그물망 사이에 그만큼의 작은 공간 속에 스며들어 자리를 채우면서 줄을 짧고 넓게 만들기 때문이다. 마찬가지로 자극적이고 날카로운 체액이 신경의 구멍들로 비집고 들어서면서 신경을 짧게 만들고, 신경에 부착된 부분들을 늘이고, 신체에 경련을 일으키는 움직임을 만들어 낸다. 이 운동은 극단적으로 느리고, 강력하고, 고통을 주는데, 종종 상당한 시간 동안 대단히 몸을 비틀려진 상태로 놓아둔다.

경련을 일으키는 움직임이 신속하게 이루어진다면 그 원인은 정기에 있다. 그런데 정기가 반드시 어떤 발효를 수용하는 것은 아니다. 이렇게 되는 데는 정기가 통과하는 관들이 한쪽보다 다른 쪽이 더 열려 있기만 하는 것으로 충분하다.

신체를 구성하는 모든 부분들이 자연적 위치에 있을 때 동물정기는 신체라는 기계의 필요에 따라 고르고 신속하게 퍼지고, 의지의 명령을 충실히 수행한다. 그런데 체액이 두뇌의 배치에 장애를 일으키고, 신경의 벌어진 부분을 다양하게 변화시키거나 뒤흔들거나, 근육 속으로 스며들어 태엽을 자극하게 되면 정기는 아주 새로운 방식으로 모든 부분으로 퍼지고 의지가 관여하지 않는 기이한 운동을 산출하게 된다.

그러나 이미 습관이 들었더라도 간혹 강력하게 저항함으로써 이들 운동 중 어떤 것들을 억제하고 심지어는 이 운동을 산출할 때 쓰이는 흔적을 조금씩 감소시킬 수도 있다. 그런 운동이 일어나면 어쩌나 조심하는 사람들은 신체가 어떤 표정과 태도를 취하게끔 배치되었더라도 아주 쉽게 싫은 표정을 짓거나 단정치 못한 태도를 취하지 않도록 자제한다. 습관이 들어 이런 표정과 태도가 확고해졌을지라도 훨씬 더 많은 수고를 기울여야 하지만 결국 극복해 내기까지 한다. 태어날 때 항상 억제해야 하고, 정기의 흐름이 일단 갖춰지고 나면 그 길을 막기가 대단히 어려워진다.

이 운동들의 원인은 간혹 자극이 이루어진 근육에 있다. 어떤 체액은 근육을 자극하고, 어떤 정기는 근육에서 발효한다. 그런데 그 원인은 두뇌에 있다고 판단해야 한다. 특히 신체의 개별적 한두 부분뿐 아니라 거의 모든 부분에 경련이 이루어지거나 피와 정기의 자연적 구성을 변화시키는 여러 질병을 앓고 있을 때 그렇다.

간혹 신경 한 줄기에 여러 가지들이 달려 있고, 그 가지들이 신체의 아주 먼 곳까지 퍼지기도 하는데 얼굴이나 장腸에서 그렇다. 그럴 때 일어나는 경련의 원인은 종종 그 가지 중 하나가 들어간 신체 부분이 다른 가지들이 대응하는 부분들과 전달될 수 있다는 데 있다. 이 경우에 두뇌는 경련의 원인이 아니고 정기가 부패한 것도 아니다.

그런데 경련을 일으키는 운동이 신체 거의 모든 부분에 공통된 경우 정기가 특별한 방식으로 발효한다거나, 두뇌를 이루는 부분들의 질서와 배치가 깨졌거나 이 두 가지가 모두 일어난다고 말해야 한다. 나는 이 문제를 더 이상 다루지 않을 텐데, 문제가 대단히 복잡해졌거나, 제시된 규칙들을 명확하게 설명하는 데 쉽게 쓰일 수 없는 개별적인 것으로 내려갈 때 많은 사물들에 의존하기 때문이다.

기하학과 특히 대수학 이상으로 이 규칙들이 유용하다는 점을 보여주는 적합한 사례들을 제공하는 학문은 없다. 이 두 학문은 이 규칙들을 계속 사용한다. 기하학은 항상 가장 단순한 사물로부터, 가장 적은 관계를 포함하는 사물로부터 시작할 필요성을 뚜렷하게 깨닫게 해준다. 기하학은 뚜렷이 알려진 여러 척도들을 통해서 이 관계들을 항상 검토한다. 기하학은 그 관계들을 발견하는 데 불필요한 모든 것을 제거한다. 기하학은 복합적인 문제를 부분들로 나누고, 이들 부분을 정돈하고 순서대로 검토한다.

마지막으로 이 학문에서 만날 수 있는 유일한 결함은 내가 다른 곳에서 이미 말했듯이 발견된 관계들과 관념들을 축약하기 위한 대단히 적합한 수단이 없다는 것이다. 그래서 기하학이 비록 상상력을 조절하고 정신을 정확하게 만들지라도, 그 폭을 대단히 넓히지 못하며, 대단히 복잡한 진리들을 발견하게 만들 수는 없다.

그런데 대수학代數學은 연속적으로, 또 모든 사람에게 가장 짧은 방식으로 관념들과 관념들의 관계를 축약하는 법을 가르치므로 정신의 능력을 극도로 증가시킨다. 크기들의 관계에서 우리는 정말 복잡한 것은 그 무엇도 이해할 수 없기에 정신은 무슨 길을 취해야 할지 알고 있을 때도 대수학이 제공하는 수단들을 통해 이를 발견할 수 없는 것이다.

다섯 번째 규칙과 나머지 규칙들에서는 관념들을 축약하는 방식에 대해 말했는데 이는 오직 이 학문에만 관련되어 있다. 관념들을 축약하는 편리한 방법이 다른 학문들에는 없으니 말이다. 그래서 나는 이를 계속 설명하겠다. 수학에 대단한 성향을 갖고 자기 최대의 힘과 폭 전체를 정신에 부여하고, 그런 식으로 그들 스스로 무수히 많은 새로운 진리를 발견하고자 하는 사람들은 진지하게 대수학에 열중하므로, 이 학문이 진리 탐구에 유용하다면 그것이 우리가 규정한 규칙들을 준수하기 때문이다. 그러나 나는 대수학을 데카르트와 몇몇 다른 사람들이 사용했던 학문으로 이해한다는 점을 알린다.

이 책을 끝내기 전에 나는 약간 확장된 사례를 제시해서 이 책 전체에서 얻을 수 있는 유용성을 더 잘 알려 보고자 한다. 나는 이 사례에서 아주 중요한 한 가지 문제를 검토하고자 한다. 이로써 나는 편견에서 벗어나기 위해 노력을 기울이는 정신의 과정을 재현하려는 것이다. 나는 그런 정신을 가진 사람이 어떤 오류에 빠지도록 하기까지 하는데 이는 그것이 내가 다른 곳에서 말했던 점을 다시금 상기시키기 위한 것이다. 그러나 그가 주의를 기울이면 그는 결국 그가 구하는 진리에 도달하게 되니, 그가 검토했던 문제를 이미 해결했다고 주장하는 사람으로서 나는 이 점을 적극적으로 그에게 촉구하는 것이다.

9장

이 책의 유용성을 알리기 위한 마지막 사례: 강도 혹은 물체들을 이루는 부분의 상호 결합의 자연적 원인 연구

물체들은 세 가지 방식으로 서로 결합되어 있는데 '연속성', '인접성' 및 특별한 이름을 갖지 않는 세 번째 방식이 그것인데, 이 세 번째 방식을 나는 넓은 의미로 '결합union'이라고 부를 것이다.

'연속성' 혹은 연속성의 원인을 내가 발견하고자 노력하는 무언지 모를 것으로 나는 이해한다. 그것이 한 물체를 구성하는 부분들을 대단히 강력하게 서로 묶어주고, 부분들을 분리하기 위해서 노력을 기울여야 하고, 그 부분들이 하나의 전체를 이루도록 간주하도록 해주는 것이다.

'인접성'은 내게 두 물체가 즉각적으로 인접해 있고, 그 두 물체 사이에는 아무것도 없다고 판단하게끔 하는 무언지 모를 것으로 이해된다. 그렇지만 나는 이 두 물체를 쉽게 분리할 수 있으므로 긴밀히 결합되어 있다고 판단하지 않는다.

마지막으로 세 번째 용어인 '결합'을 마찰을 일으켜 표면을 닳게 하고 매끄럽게 한두 장의 유리판, 혹은 두 대리석을 서로 미끄러지게 하면 쉽게 분리할 수 있기는 하지만 다른 방향으로 서로 결합하게 하는 데 애를 먹게 하는 무언지 모를 것으로 나는 이해한다.

그런데 이 두 유리판이나 두 대리석이 이런 식으로 결합되어 있지만 어떤 의미로 대단히 쉽게 분리할 수 있으며 그저 하나의 전체로 생각되지 않으므로 이 세 번째 것은 '연속성'이 아니다. 두 유리판이나 두 대리석이 충분히 밀접하게 결합되어 있고, 심지어 버터와 물을 이루는 부분들처럼 무르고柔 유체의 물체를 이루는 부분들 훨씬 이상으로 결합되어 있기 때문에 서로 바짝 접근해 있지만 그저 '인접성'도 아니다.

용어들을 이렇게 설명했으니, 이제는 물체들을 결합하는 원리 및 내가 확정한 의미에 따라 '연속성' '인접성' '결합' 사이에 존재하는 차이를 연구해야 한다. 먼저 나는 '연속성'의 원인, 혹은 단단한 물체를 이루는 부분들이 서로 강력하게 결합을 유지하게 하여 둘을 가르는 데 힘을 써야 하고 이들을 하나로 간주하게 하는 무언지 모를 것이 무엇인지 연구할 것이다. 이 원인이 이미 발견되었기에 나머지를 발견하는 데 큰 어려움이 없기를 기대한다. 지금 내가 보기에는 내가 손에 들고 있는 이 철 조각의 가장 작은 부분들을 잇는 이 무언지 모를 것이 어떤 대단한 역량을 가진 어떤 것임에 틀림없어 보인다. 그 단단한 물체에서 아주 작은 한 부분이라도 쪼개는 데 대단한 힘이 필요하기 때문이다. 하지만 내가 잘못 생각하는 것은 아닌가? 내가 지금 아주 작은 이 철 조각을 쪼개어 내는 데 들이는 어려움은 철의 강도 때문이 아니라 내가 약해져서이지 않을까? 내가 잡고 있는 것과 똑같은 철 조각을 쪼개는 데 지금 내가 들이는 것보다 더 큰 힘을 들였던 기억이 있다.

내가 병에 걸렸다면 대단히 큰 힘을 들인대도 나는 결국 쪼개지 못할 것이다. 나는 서로 꼭 결합되어 있는 철을 이루는 부분들을 깨뜨리는 데 들이는 노력으로써, 그 부분들의 단단함을 절대적으로 판단해서는 안 된다는 것을 잘 알고 있다. 나는 단지 그 부분들이 서로 대단히 강하게 이어져 있거나, 내 살肉을 이루는 부분들보다 더 강하게 이어져 있다고 그저 판단하는 것이다. 내가 지나치게 큰 노력을 들이면서 느끼는 고통의 감각은 철의 부분들이라기보다는 내 신체의 부분들을 떼어내면서라는 것을 알려준다.

그러므로 내가 절대적으로 강하지 않거나 절대적으로 약하지 않은 것과 마찬가지로, 다른 물체들이 절대적으로 단단하거나 잘 휘어지는 것이 아닌 것과 마찬가지로, 내가 기울이는 노력은 철의 강도와 경도에 저항하는 데 필요한 힘의 크기를 측정하기 위한 척도로 사용될 수 없다. 척도는 불변해야 하고, 내가 들이는 노력은 시간에 따라, 동물정기가 얼마나 풍부한가에 따라, 살의 단단함에 따라 변한다. 내가 항상 동일한 노력을 기울이면서 동일한 결과를 산출할 수 있는 것은 아니기 때문이다.

이렇게 성찰하면 예전에 가지고 있던 한 가지 편견에서 벗어나게 된다. 그 편견 때문에 나는 물체들의 부분들을 결합하기 위한 강한 끈을 상상했는데 이제는 그런 끈이란 것이 아마 존재하지 않으리라고 생각했다. 나는 이런 성찰이 나중에 불필요해지지 않으리라고 희망한다. 내게는 모든 것을 나와 관련해서 판단하고, 더 세심한 주의를 기울여서 조심해야 하는 내 감각의 자극을 따르는 이상한 성향이 있으니 말이다. 하지만 계속해 보자.

잠시 생각해 보고 열의를 다해 내가 아무것도 발견할 수 없을지라도 이 밀접한 결합의 원인을 구해 본 다음에 나는 여러 다른 사람들처럼 내 부주의와 내 본성에 의해, 물체들을 이루는 부분들을 계속 결합을 유지하게 만드는 것은, 그 부분들이 그것과 같은 부분들과 갖는 친화력l'amitié과 성향을 갖게 만드는 것은 물체들의 형태라고 판단하는 경향이 있음을 느낀다. 때로 유혹에 빠져 적은 비용을 들여 단번에 박학해지는 것 이상으로 편리한 것이 없기 때문이다.

그러나 내가 모를 수 있다고 믿고 싶지 않으므로 내 게으름으로 그렇게 쓰러져서도 안 되고 그저 약한 빛에 내맡겨서도 안 된다. 그러므로 뚜렷하고 개별적인 관념이 아니라 모호하고 일반적인 관념만을 가진 이 형상과 이 성향을 떠나도록 하자. 내가 보기에 우리는 여러 사람들과 아마 여러 나라들이 합의하지 않는 우리의 본성과 존재와 관련해서만 그런 관념들을 형성하는 것 같다.

나는 단단한 물체들을 구성하는 부분들의 이러한 밀접한 결합의 원인을 알고 있는 것 같다. 모든 사람이 인정하는 모든 것이나 적어도 모든 사람이 뚜렷하게 존재할 수 있다고 생각하는 모든 것과는 다른 것을 받아들이지 않고 말이다. 모든 사람은 모든 신체가 작은 부분들로 구성되고 구성될 수 있다는 것은 이해한다. 그래서 갈고리처럼 굽어 있고 가지들처럼 무성하고, 다른 부분들을 강하게 멈춰 세울 수 있는 작은 끈들과 같은 것이 있으리라거나, 그 부분들 모두가 서로 가지들 속에 얽혀 있어서 우리가 쉽사리 결합을 끊을 수 없으리라고 생각할 수 있을 것이다.[1]

---

1 [옮긴이] 말브랑슈는 우선 갈고리가 있는 원자들의 외형이 어떠한지 설명을 검토

나는 이런 생각에 젖어 버리는 경향이 심하다. 내가 거친 물체들의 가시적 부분들이 멈춰서고 이런 방식으로 서로 결합한다는 것을 알기 때문에 그만큼 더 그런 경향이 심한 것이다. 그러나 나는 선입견이며 내 감각의 자극을 지나치게 경계할 수 없을 것이다. 그러므로 나는 더 가까이 다가가서 사물을 검토하고, 물체의 가장 작은 부분들과 가장 단단한 부분들, 한마디로 말해서 이 끈들 하나하나를 구성하는 부분들 자체가 서로 결합되어 있는 이유가 무엇인지 연구해야 한다. 그 부분들을 내가 단단하다고 가정했으니, 이들은 훨씬 더 작은 끈으로 결합되어 있을 수 없기 때문이다. 혹은 내가 그 부분들은 이런 식으로 결합해 있다고 말한다면 사람들은 그 부분을 다른 부분들과 함께 묶게 될 것은 무엇이 될 것인지 내게 정당한 이유로 물을 것이다. 그리고 이런 식으로 무한히 계속된다.

그래서 지금 문제의 핵심은 이 작은 끈들 혹은 무성히 얽혀 있는 이 부분들이 어떻게 지금 그 부분들이, 예를 들면 A와 B처럼 내가 가정한 작은 끈으로 결합된 부분들과 마찬가지로 함께 꼭 결합될 수 있는지 아는 일이다.

한다. 가상디는 "단단함의 최초이자 주요한 원인(firmitas) 낚시 바늘이나 갈고리 모양(hamuli uncinulive)"(*Syntagma philosophicum*, Pars physics, sect. I, liv. VI, ch. VII)이라고 제시하고 있는데 말브랑슈는 두 물체 A와 B를 붙들 준비가 되어 있든지, 이미 얽혀있든지 두 형상으로 재현한다.(본문 그림 참조) 말브랑슈의 비판은 라이프니츠와 가깝다. 라이프니츠는 Theoria motus abstracti에서 "응집의 성격을 설명하는 것은 아무것도 없다. 무성한 나뭇가지들이며, 낚시 바늘이며, 갈고리며, 고리들이며, 다른 물체들이 무엇에 소용되는가? (…) 갈고리에 갈고리가 무한히 필요할 것이니 말이다."

A ∽ B

혹은 같은 문제인데, 물체들이 더욱 단단하고 구멍이 더 적을 때 그만큼 더 견고하므로 지금 문제는 구멍이 하나도 없는 한 물질을 이루는 기둥의 부분들이 어떻게 서로 강력하게 결합할 수 있는 것이며, 대단히 견고한 물체를 구성할 수 있는지 아는 일이다. 이 기둥에 구멍이 없다고 가정한다면 그 부분들은 개별 형상을 전혀 갖지 않으니 기둥의 부분들이 작은 끈들로 결합한 것이라고는 말할 수 없다.

또한 나는 기둥이 그것의 '본성상' 단단하다거나, 단단한 물체들을 구성하는 작은 끈들은 바로 원자들이라고 정말 말하고 싶어진다. 이들 원자의 부분들은 물체의 본질적이고 최종 단계2로서, '본질적으로' 갈고리나 무성한 가지로 결합되어 있거나 복잡한 형태를 띤다.

그러나 솔직히 말해서 나는 이것이 난점을 설명하는 것이 아니며, 내 감각의 선입견들과 환상들을 버렸다면 내가 구하고 있는 원인에 대

---

2 [옮긴이] 물체들 속에서 예전의 통일성 가설만이 원자들, 혹은 나뉠 수 없는 것들의 존재를 요청할 것이다. 코르드무아는 물질의 무한한 가분성이라는 데카르트의 견해를 보존하면서 원자와 물체를 구분했다. "각각의 물체는 단지 동일한 실체일 뿐이며, 나뉠 수 없다. 물체의 형상은 바뀔 수 있다. 물체는 아주 필연적으로 연속되어 모든 다른 물체를 배제한다."(《구분》(*Discernement*), disc. I, *Œuvres*, p. 95~96.)) 말브랑슈는 연속성의 필요에 문제를 제기한다. 그때부터 논리학의 순수한 전체로서 모든 '형상'은 배제된다. 그는 여전히 분리가능한 물질의 각각의 부분이 고립되어 이해될 수 있기 때문에 어떤 실체이고, 이것이 미세 물질에서처럼 실체의 먼지에 귀결한다. 그러나 그는 여러 부분들의 응집 혹은 연속성인 이 '양상'을 설명하지는 않는다.

해 논리적 환상을 신봉하는 일은 틀린 일일 것임을 인정한다. 내가 하려는 말은 알려진 것만을 표현할 뿐인 '본성'이니 '본질'이니 하는 모호한 관념을 실재하고 뚜렷한 어떤 것처럼 이해하는 것은 틀린 일이며, 그런 방식으로 대단히 실재적인 한 결과의 자연적 원인처럼 추상적이고 보편적인 형태를 취하는 것은 틀린 일이라는 것이다.

내가 아무리 경계해도 지나치지 않는 두 가지 문제가 있다. 첫 번째는 내 감각의 자극이고, 두 번째는 추상적 본성들이며, 논리적 일반 관념을 실재하고 개별적 관념으로 간주하는 수월성이다. 기억건대 나는 여러 번 이 두 오류의 원칙에 속은 적이 있다.

난점 이야기로 다시 돌아오자면 나는 이 작은 끈들이 어떻게 본성상, 그리고 본질상 불가분한 것일지, 그 결과 어떻게 휘어질 수 있을지, 나는 이해할 수 없다. 반대로 나는 이 작은 끈들이 본질상, 본성상 대단히 가분적이고 필연적으로 가분적이라고 생각하는 것이다.

A가 실체가 아니라고 말하는 것은 가능하지 않은 것이, 나는 B를 생각하지 않고 A를 이해할 수 있기 때문이며, 우리가 이해할 수 있는 모든 것은 양상 같은 것이 아닌데, 그것만으로, 혹은 그것이 방식이 되는 존재 없이 이해될 수 없는 것은 양상이나 존재 방식뿐이기 때문이다. 그러므로 부분 A는 양상이 아니라 실체이다. 존재 전체가 필연적으로 하나의 실체이거나 하나의 존재 방식이니 말이다.

존재하는 모든 것은 홀로 이해될 수 있거나 그럴 수 없다. 모순적 명제들 사이에 중간은 없다. 이해될 수 있는 것, 결과적으로 홀로 창조될 수 있는 것을 존재 혹은 실체라고 부른다. 그러므로 부분 A는 부분 B 없이, 혹은 말할 것도 없이 B와 분리되어 존재할 수 있음이 명백하다.

그래서 이 끈은 A와 B로 나뉠 수 있다.

더욱이 이 끈이 분리불가능하거나 본성상, 또 본질상 갈고리로 걸려 있다면 우리가 경험을 통해 본 것과는 완전히 반대 상황이 벌어질 것인데, 어떤 물체도 끊을 수 없을 것이니 말이다.

앞에서처럼 철 한 조각이 서로 얽혀 있는 무한히 작은 끈들로 구성되어 있다고 가정해 보자. 이때 A-a와 B-b가 그중 둘이다. 나는 그것의 연결을 떼어낼 수 없으니, 그 결과 이 철을 쪼갤 수 없을 것이라고 말하는 것이다. 철을 쪼개려면 그 철을 구성하는 끈들을 구부려야 할 것인데, 그 끈들은 본성상 그리고 본질상 휘어질 수 없다고 간주했던 까닭이다.

그 끈들이 휘어질 수 없는 것이 아니라 본성상 분리불가능한 것일 뿐이라고 가정한대도, 이런 가정은 문제 해결에 아무런 도움이 되지 않을 것이다. 그때 난점은 어째서 이 작은 끈들이 철 막대기를 구부리려는 노력에 저항할까 하는 점을 아는 데 있다. 그러나 그 끈들이 휘어지지 않는다고 가정하지 않는다면 우리는 그 끈들이 분리불가능하다고도 생각할 수 없다. 이들 끈의 부분들이 한쪽에서 다른 쪽을 보았을 때 위치가 바뀔 수 있었다면, 그 부분들은 서로 분리불가능할 수 없으리라는 점이 명백하다. 한 부분이 다른 부분보다 약간 멀리 떨어진다면 완전히 멀리 떨어질 수 없을 이유가 없으니 말이다.

그러므로 휘어지지 않는 작은 끈들이 있다고 가정하든, 나뉠 수 없는 끈들이 있다고 가정하든 이런 방식으로는 문제를 해결할 수 없다. 그 끈들이 나뉠 수 없다고 가정하든, 분리불가능하다고 가정하든 그 끈을 끊기란 불가능할 테니 말이다. 철을 구성하는 작은 끈들은 서로 얽혀 있으므로 이 끈들을 벗겨내기란 불가능하다. 그러므로 명확하고 이론의 여지 없는 원칙들을 통해 난점을 해결하고, 이 작은 끈이 왜 서로 강력하게 결합된 이들 A와 B 부분들을 갖는지 살펴보도록 노력해 보자.

내 성찰의 주제를 부분들로 나눌 필요가 있음을 잘 알고 있다. 그래야 나는 그 주제를 정신 집중은 덜 하면서도 보다 정확히 검토하게 된다. 나는 우선 그저 단순히 관찰하는 것만으로는, 내가 할 수 있는 한 모든 주의를 집중하여 내가 구하고자 해왔던 것을 발견할 수 없었기 때문이다. 또 이것이 처음부터 내가 할 수 있었던 일이었다. 고려되는 주제들이 다소 감춰져 있다면 부분들로 나누어 검토하고, 요행히 마주칠 수 있으면 좋겠다는 거짓 희망으로 불필요한 수고를 하지 않는 것이 항상 가장 훌륭한 일이다.

내가 찾는 것은 A, B라는 작은 끈을 구성하는 작은 부분들 사이에 긴밀한 결합이 존재하는 원인이 무엇인지에 대한 것이다. 그런데 내가 찾고 있는 그 원인이 될 수 있다고 뚜렷이 이해하는 것은 다음의 셋뿐이다. 첫째 이 작은 끈의 부분들, 둘째 조물주의 의지, 셋째 이 작은 끈들을 둘러싼 보이지 않는 물체들이다.

또 나는 이 문제들의 원인으로 물체의 형식, 특질, 경도硬度 혹은 다른 신비한 특질, 동일한 유의 부분들 사이에서 존재하는 교감 등을 더 제시할 수도 있을 것이다. 그러나 직전에 지시한 이들 멋진 내용들과 뚜렷이 구분되는 관념을 찾지 못했으므로 나는 이런 내용들로는 내 추론을 뒷받침하도록 할 수 없으며, 그래서도 안 된다. 그래서 내가 갖고 있는 내용들과 뚜렷이 구분되는 관념에서 내가 찾고 있는 원인을 발견하지 못한다면 나는 논리학에서 사용되는 막연하고 개괄적이기만 한 이들 관념을 애써 숙고하는 수고를 들이지는 않고, 내가 이해하지 않은 것을 언급하려 들지 않을 것이다. 그렇지만 원인이 될 수 있는 첫 번째 것으로 이 작은 끈으로 대단히 강하게 결합하고 있는 작은 부분들, 즉 그 끈으로 구성된 작은 부분들을 원인으로 하는 것만을 검토해 보도록 하자.

단단한 물체들로 구성된 부분들만을 고려한다면 나는 다음과 같이 믿어 버리게 된다.

"이 끈의 부분들 자체와 그 부분들의 정지만이 이들 부분들을 결합해 주는 회반죽ciment 같은 것일 수 있다고 생각할 수 있다. 그것이 가질 수 있을 본성은 어떤 것일까? 그 자체로 존속하는 사물은 아닐 것이다. 이들 모든 작은 부분들이 실체들인데 그 부분들 자체 말고, 다른 실체를 통해 결합될 이유가 무엇일까? 그것은 정지와는 다른 특질 역시 아닐 것이니, 그 부분들 자체로 존재하는 정지 이상으로 이들 부분들을 분리할 수 있을 운동과 대립하는 특질은 없기 때문이다. 그런데 실체들과 실체들의 특질들 말고는 다른 유의 사물들이 존재한다는 점을 우리는 모른다."[3]

단단한 물체들을 이루는 부분들이 서로 나란히 정지해 있는 만큼 결

---

3 데카르트, 《철학의 원리》, 2부 55절.

합되어 있으며, 일단 그 부분들이 정지해 있을 때 가능한 만큼 그 자리에 계속 머물고자 한다는 점은 정말 사실이다. 그런데 그것은 내가 찾고 있는 문제가 아니다. 나는 방향을 틀어 다른 문제를 좇는다. 나는 단단한 물체를 이루는 부분들이 서로 나란히 정지해 있고, 이들을 움직이거나 분리할 목적으로 우리가 기울이는 노력에 저항하는 것은 어찌된 일인지 여기서 발견해 보고자 하는 것이다.

그러나 나는 각각의 물체가 존재하는 상태에 계속 머물기 위한 실제적 힘을 가졌고, 이 힘이 운동 상태와 정지 상태에서 서로 같다고 대답할 수 있을 것이다.[4] 그런데 단단한 물체를 이루는 부분들이 서로 나란히 정지 상태에 있도록 만들고,[5] 그 부분들을 분리하고 자극하는 데 수고가 드는 이유는 그 물체의 정지 상태에 저항하기 위한 충분한 운동을 사용하지 않기 때문이라고도 대답할 수 있다. 이 점은 사실임 직하다. 하지만 내가 찾는 것은 단지 사실임 직함이 아니라 가능하다면 확실성인 것이다. 나는 어떻게 각각의 물체가 지금 존재하는 상태에 머물기 위한 이런 힘을 가졌음을 확실하고 명백하게 알 수 있는가? 그것은 반대로 물체가 운동과 정지와는 무관해 보이고, 절대적으로 아무런 힘을 갖지 않아 보이기 때문이다.[6]

---

4 데카르트, 위의 책, 2부 43절.

5 데카르트, 위의 책, 2부 63절.

6 [옮긴이] 말브랑슈는 여기서 직접적으로 정지의 원리를 단단함에 적용하는 데카르트주의를 논박하고 있다. 그에 따르면 정지나 운동은 무관한 두 상태이다. "(물질의 어떤 부분이) 정지해 있다면 우리는 그것이 어떤 원인에 의해 움직여지지 않는데도 불구하고 움직이기 시작하게 되리라는 것을 결코 믿지 않는다. 만일 그것

그러므로 데카르트가 했듯이 창조주의 의지의 문제로 넘어가도록 하자. 창조주의 의지는 아마 물체가 자기 내부에 가진 것으로 보이는 힘일 것이다. 이것이 이미 언급된 저 작은 끈의 부분들을 보존할 수 있는 것이라고 앞에서 말했던 두 번째 문제이다.

확실히 신은 각각의 물체가 그것의 현재 상태에 머물고, 그의 의지가 물체의 부분들을 서로 나란히 결합하는 힘이기를 바란다고 할 수 있다. 게다가 나는 다른 곳에서 그것이 동력force mouvante이라는 신의 의지이며, 그것이 물체를 움직인다고 말했다. 물질은 그 자체로 움직일 수 없으므로 내가 보기에 나는 그것이 정신이라고 판단하고, 심지어 물질을 보존하고 운동하게 하는 존재라고까지 판단한다. 그는 단순한 의지로 그 물질을 여러 장소에 연속적으로 보존하는 것인데, 무한한 역량을 가진 존재는 도구를 통해 작용하는 것이 아니고, 결과들은 필연적으로 그의 의지를 따른다.

그러므로 나는 신은 각각의 사물이 계속 정지 중이든, 계속 운동 중이든 현재 상태에 머물기를 바라고, 이 의지는 물체들이 일단 있었던 상태에 머물기 위해 갖는 자연적 역량임7을 깨달았다. 만일 그렇다면,

---

이 움직이고 있다면, 우리가 무엇 때문에 그것이 어떤 것에 의해서도 방해받지 않음에도 불구하고 자발적으로 운동을 중단하게 될 것이라고 믿어야 하는지 그에 대한 어떠한 근거도 없다. 따라서 운동하고 있는 것은 자신에게 달려 있는 한 항상 운동한다는 결론을 내려야 한다."(《철학의 원리》, 2부 37절) 데카르트는 어떤 물체도 자신 안에 어떤 힘도 갖지 않고, 그 물체의 운동은 신에게서 왔다는 점을 인정한다. 이것이 말브랑슈가 모든 행동의 실질적 원인을 고려하는 이유이고, 데카르트가 주장하는 운동과 정지라는 대칭을 끊으려는 이유이다. 운동이 신의 긍정적 행동이라면 정지는 그것의 중단일 뿐이기 때문이다.

데카르트가 했던 것처럼 이 역량을 측정하고, 그 결과는 무엇이 될 것인지 결론을 내리고, 그런 식으로 상이한 물체들과 만날 때 이들 물체의 크기에 비례하여 운동의 힘과 전달의 법칙을 제시해야 할 것이다. 그것은 우리가 신의 불변하는 일반의지를 알 수 있을 수단이 물체들의 크기와 상이한 속도뿐이기 때문이다. 이 일반의지가 물체들이 서로 작용하고 저항하는 상이한 역량을 만들어 준다.

그러나 내게는 신이 적극적 의지로 물체들이 정지 상태에 머무르기를 바란다는 확실한 증거가 없다. 또 물질이 존재할 뿐 아니라 정지 상태로 존재하기 위해서는 신이 물질이 존재하기를 바라는 것으로 충분한 것 같다.

그런데 운동은 이와 같지 않다. 움직인 물체에 대한 관념은 확실히 물질과 관계해서 물질을 창조한 역량과 더욱이 물질을 작용시켰던 두 개의 역량 혹은 유효성을 포함하기 때문이다. 그러나 정지 중의 물질이라는 관념은 물질을 창조했던 역량의 관념만을 포함하며, 그 물질을 정지 상태에 두기 위한 다른 힘은 필요치 않다. 물질을 단순히 어떤 역량도 생각하지 않고 이해한다면 그것이 필연적으로 정지 상태에 있다고 생각할 것이다.

나는 이 문제들을 이렇게 생각한다. 나는 내 관념에 따라 물질에 대해 판단하는데, 내 관념에 따르면 정지는 단지 운동의 결여이다. 내 말은 이른바 정지를 이루게 하는 힘이라는 것은 그저 운동을 하게 만드는 힘의 부재일 뿐이라는 것이다. 내가 보기에 물체가 움직이지 않고

---

7 데카르트, 위의 책 2권 37절 및 45절 이하.

정지 상태에 놓이려면 신이 물체가 움직이기를 더 이상 바라지 않는 것으로 충분하다.

이성 및 수많은 경험들로써 나는 두 물체가 질량이 동일할 때 하나는 어느 정도의 속도로 움직이고, 다른 하나는 그것의 절반의 속도로 움직인다면, 먼젓번 것의 힘이 두 번째 힘의 두 배라는 점을 알고 있다. 뒤엣것이 먼젓번 것보다 사분의 일, 백분의 일, 백만분의 일이라면, 뒤엣것은 먼젓번 것의 힘의 사분의 일, 백분의 일, 백만분의 일일 것이다. 이로부터 뒤엣것의 속도가 무한히 작거나 정지 상태에서처럼 0이라면, 뒤엣것의 힘은 무한히 작거나, 정지 상태에 있다면 0이 될 것이다. 그래서 내가 보기에는 정지는 운동의 힘에 저항하는 힘이 0이라는 점이 명백해 보인다.

그러나 나는 대단한 양식을 갖춘 몇몇 사람들이[8] 운동은 정지의 결여이고, 정지는 운동의 결여로 보인다는 말을 들었던 기억이 난다. 심지어 어떤 사람은 내가 이해할 수 없었던 근거들을 제시하며 운동이 정지 이상으로 결여일 수 있으리라고 확신했다.

---

8 [옮긴이] 《운동의 법칙》(*Lois du mouvement*)에 주석을 붙인 P. 코타블(P. Costabel)에 따르면(OC., t. XVII-1, p. 203) 말브랑슈는 여기서 예수회 자연학자들, 특히 파르디 신부(P. Pardies)를 겨냥하고 있다고 한다. 파르디 신부는 《국소 운동론》〔*Discours du mouvement local, avec des remarques sur le mouvement de la lumière*, Paris, 2e éd., 1674 (말브랑슈는 장서에 이 책을 소장하고 있었다)〕에서 "정지가 '운동의 중단'이라고 불릴 수 있는 것처럼 운동은 '정지의 중단'이라고 불릴 수 있다"고 분명히 말했다. 이는 데카르트의 대칭을 보존하고 있는 것처럼 보이는 두 '상태'이다. 그러나 파르디 신부는 다음과 같이 덧붙인다. "정지가 항상 동일하게 보존된 확고함과 항상적인 현전인 것과 달리, 운동은 변화하고 일시적인 현전이다."

나는 그들이 끌어낸 근거들을 분명하게 기억하지는 못하지만, 그렇게 되면 내 생각이 틀리게 되지 않을까 우려했다. 대부분의 사람들은 중요하지 않아 보이는 주제들에 대해서는 자기 좋은 것을 말하지만, 내가 언급하는 사람들이 자기들이 생각한 것을 말하면서 즐거워한다고 믿을 만한 이유가 있다. 그러므로 나는 세심하게 내 생각을 검토해야 한다.

이는 내가 보기에는 의심할 수 없는 것 같다. 내가 언급하는 저 신사들은 물체를 움직이는 것은 신의 의지라는 점에 동의한다. 내가 굴러가는 것을 보는 이 공이 갖는 힘은 그 공이 굴러가게 하는 신의 의지인 것이다. 이제 신이 공을 멈추려면 어떻게 해야 하는가?[9] 신이 적극적 의지로 그 공이 정지 상태에 있기를 바라야 하는가, 아니면 그 공에 자극이 가해지기를 더 이상 바라지 않는 것으로 충분한가?

신이 그저 그 공에 자극이 가해지기를 바라지 않는다면 신의 의지의 중단은 공의 운동의 중단을 가져올 것이고, 그 결과 공은 정지할 것이다. 공을 움직인 힘으로서의 신의 의지가 더 이상 존재하지 않게 되면, 이 힘이 더 이상 존재하지 않으므로, 공은 더 이상 움직이지 않을 것이다. 그러므로 운동의 힘의 중단이 정지를 만들며, 그러므로 정지는 운동의 원인이 된 힘을 전혀 갖지 않는다. 그래서 신의 적극적 의지를 전제하지 않는 순수한 결여가 있을 뿐이다. 그런 식으로 물체에 정지를 계속 유지하려는 어떤 힘을 부여하는 것은 신이 이유 없고, 또 불필요한 적극적 의지를 갖는다는 점을 가정하는 일일 것이다.

---

9 나는 여기서 신, 나, 공밖에 없다고 가정한다.

그렇지만 가능하다면 이 논변을 뒤집어 보자. 이제 공이 운동하는 대신 정지해 있다고 가정하자. 신은 공에 자극을 가하기 위해 무엇을 해야 하는가? 공이 정지 상태에 있기를 더 이상 신이 바라지 않는 것으로 충분한가? 만일 그렇다면 나는 전혀 진전을 보지 못한 것이다. 정지가 운동의 결여인 것처럼 운동은 곧 정지의 결여일 것이니 말이다. 그러므로 나는 공이 더 이상 정지해 있기를 신이 바라지 않게 되었다고 가정한다. 그런데 이렇게 가정하더라도 나는 공이 움직인다는 것을 보지 못한다. 공이 움직인다고 생각하는 사람들이 있다면 어느 쪽으로 움직이는 것이며, 어느 정도의 운동 단계로 움직이는지 그들에게 듣고 싶다. 확실히 공이 움직이는 것은 불가능하며, 운동의 방향과 단계를 가지리라는 것도 불가능하다.

그저 이 점으로부터 출발한다면 신이 공이 정지 상태에 있기를 더 이상 원하지 않는다고 생각하게 된다. 공이 어느 정도의 운동 단계로 움직이는지 생각하는 것도 불가능하다. 운동은 정지와 사정이 다른 것이다. 운동은 무한한 방식으로 이루어지고, 가장 커질 수도 있고 가장 작아질 수도 있다. 그런데 정지는 무無이므로, 어떤 운동과 다른 운동이 구분되지 않는다. 일정 시간 동안 다른 공보다 두 배 더 빨리 움직이는 공은 일정 시간 동안 다른 공보다 두 배 더 큰 힘이나 운동을 갖는다. 그러나 우리는 똑같은 공이 일정 시간 동안 다른 공보다 두 배 더 큰 정지를 갖는다고는 말할 수 없다.

그러므로 공을 운동하게 만들거나, 공이 그런 힘을 갖고 스스로 움직이려면 신의 적극적 의지가 필요하다. 공이 더 이상 움직이지 않으려면, 그러니까 공이 정지 상태에 있으려면 신이 공이 움직이기를 더 이상 원하지 않는 것으로 충분한데, 이는 신이 세상을 창조하기 위해서는 세상이 존재하지 않기를 더 이상 바라지 않는 것으로 충분하지 않은 것과 마찬가지로, 신은 세상이 취해야 하는 방식을 적극적으로 의지할 필요가 있다. 그러나 세상을 소멸시키기 위해서 신이 세상이 존재하지 않기를 의지하는 것은 당연히 아니다. 신은 적극적 의지를 갖고 무를 의지할 수 없기 때문이다. 그저 신이 세상이 존재하기를 의욕하는 것을 중단하는 것으로 충분하다.

나는 이 자리에서 운동과 정지를 상대적 관계에 따라 고려하는 것이 아니다. 정지 상태의 몇몇 물체들이 운동 중인 몇몇 물체들만큼이나 주변의 물체들과 실재하는 관계를 갖는다는 점이 분명하다. 나는 단지 운동 중인 물체들에는 동력이 있지만 정지 상태에 있는 물체들에는 정지력이라는 것이 없다고만 이해한다. 움직인 물체들과 그것들 주변의 물체들의 관계는 항상 변화하므로, 이런 연속적 변화를 산출하기 위해서는 연속적 힘이 필요하다. 자연에 새로이 일어나는 모든 것은 바로 이러한 변화를 통해 이루어지지만, 아무 변화도 만들지 않기 위해서 힘은 전혀 필요 없다. 한 물체와 그 주변의 물체들의 관계가 항상 동일할 때는 아무 일도 일어나지 않는다. 이 관계가 그대로 보존된다는 것을 나는 이 관계를 보존하는 신의 의지의 행동이라고 보는데 이는 신체 자체를 보존하는 의지와 다른 것이 아니다.

내가 이해하는 대로 정지가 운동의 결여일 뿐임이 사실이라면, 최소 운동, 즉 가장 작은 물체를 자극하는 운동에는 가장 큰 물체의 정지 이상의 힘과 역량이 포함될 것이다. 그래서 최소의 결과, 혹은 진공에서10 대단히 거대하고 장대한 물체에 부딪혀 자극되었다고 생각하는 가장 작은 물체는 거대하고 장대한 물체를 약간 움직일 수 있을 것이다. 뒤엣것은 정지해 있으므로 자기와 충돌하는 그 작은 물체의 역량에 저항할 역량을 전혀 갖지 않을 것이니 말이다. 그래서 단단한 물체들이 각기 분리되지 않기 위해 저항할 때 그 저항은 필연적으로 정지와는 다른 어떤 것에서 오는 것이다.

그런데 감각 경험을 통해 우리가 방금 추상적 추론을 통해 입증한 것을 증명해야 우리의 관념이 우리가 대상으로부터 수용한 감각작용과의 일치 여부를 알게 된다. 그런 추론들이 종종 우리를 실수에 빠뜨리거나 적어도 그것으로는 다른 사람들을 설득할 수 없는 것이다. 그런 추론들은 종종 반대의 선입견에 사로잡혀 있다. 데카르트의 권위는 몇몇 사람들이 내세우는 근거에 엄청난 영향을 행사하므로 이 위대한 인물이 잘못 생각했음을 모든 방식으로 증명해야 그 사람들을 잘못에서 깨어나게 한다.

방금 내가 말한 것이 온통 반대 의견인 사람들의 정신에 바로 들어간다. 심지어 나조차 그들에게는 논박할 수 없어 보이는 문제들을 증명하는 데 지나치게 시간을 들이고 있다고 비난한다는 것을 잘 알고 있다. 그렇지만 데카르트주의자들은 그들을 만족시키기 위해 우리가 노력할 가치가 있는 이들이다. 그렇지 않고 다른 사람들이라면 자기들을 성가시게 하는 것은 그만 건너뛰어 버릴 수 있을 것이다.

이제 다음에 몇 가지 실험들을 들어 정지가 운동에 저항하는 어떤

---

10 나는 진공 속의 물체란 유체만큼의 강도를 가진 다른 물체들과 완전히 분리되어 운동의 전달을 돕지도 억제하지도 않는 물체로 이해한다.

역량도 갖지 않았음을 두말할 필요 없이 증명해 보고, 그 결과 조물주는 물체 각각이 지금 있는 상태를 유지하기 위해 그가 가진 힘과 역량을 다하므로, 그의 의지는 운동에만 관련되어 있고, 정지에는 관련되어 있지 않았음을 깨닫게 할 것이다. 물체들은 그 자체로는 아무런 힘도 갖지 않으니 말이다.

물에 떠다니는 대단히 큰 배가 거슬러오는 아주 작은 물체들에 부딪혀 자극받을 수 있다는 점은 경험으로 알 수 있다. 이로부터 데카르트와 데카르트주의자들은 모두 실패했지만 나는 이 거대한 물체가 진공 속에 있었다면 훨씬 더 쉽게 자극받을 수 있었으리라고 주장한다. 배가 물에서 움직이는 데 어떤 사소한 어려움을 받는다면 물에 새겨진 운동의 힘에 저항하기 때문인데, 진공에서는 이런 일이 일어나지 않을 테니 말이다. 또 배에 새겨진 운동에 물이 저항하는 것은 배가 일단 움직이고 난 다음 얼마간 자극을 멈추기 때문이다. 운동을 물로 전달하면서도 배의 속도가 전혀 느려지지 않았거나, 물이 배에 저항하지 않고 순순히 흘러갔고, 물로 인해 배에 운동이 가해졌다면 이런 일은 일어나지 않았을 테니 말이다.

그래서 물에서 배 한 척이 자극을 받을 때 조금씩 움직임을 멈추게 되므로, 데카르트의 주장에 따르면 이것이 물이 배의 운동을 수월하게 만드는 것이 아니라 그 운동에 저항한다는 의심의 여지없는 증거이다. 그 결과, 주변 물체 쪽에서 저항을 받지 않으므로 물에서보다 진공에서 커다란 물체를 자극하기가 무한히 더 쉬울 것이다. 그러므로 정지는 운동에 저항하는 힘을 갖지 않으며, 최소 운동이 가장 커다란 물체가 정지해 있을 때보다 더 큰 힘과 역량을 갖는다는 점이 명백하다. 그래서 운동 중이나 정지 중의 물체들의 크기에 비례해서 운동과 정지의 힘을 비교해서는 안 된다. 이는 데카르트가 말한 것이다.

배가 물에 떠 있을 때부터 배를 둘러싼 물을 구성하는 부분들에 연속적 변화가 일어나기 때문에 배는 자극을 받는다. 이 점이 데카르트와 몇몇 다른 사람들에게 이해시켜야 할 것인데 그것이 배를 밀어내, 물에서 배를 앞으로 나아가게 하는 유일한 힘이 아니고, 배 주변에서 배를 공히 똑같은 방향으로 밀어내는 유체의 모든 작은 부분들의 운동을 이미 많이 받았으므로 이 운동은 그것을 미는 새로운 운동에 의해 방향이 결정된다는 것이다. 그래서 물에서 어떤 물체를 자극하는 것이 진공에서는 그렇게 할 수 없을 것이다. 데카르트와 그의 생각에 동의하는 사람들은 이런 식으로 데카르트가 우리에게 제시한 운동 규칙을 옹호하는 것이다.

예를 들어 유체에 1피에 크기의 네모꼴 나무 조각을 가정해 보자. 유체의 모든 작은 부분들이 그 나무 조각에 작용하고 그것을 거슬러 움직이고 있다. B만큼이나 A쪽으로 모든 방향으로 공히 나무 조각을 밀어내므로, 이 나무 조각은 어느 쪽을 향해서도 앞으로 나갈 수 없다. 그러므로 내가 반半 피에 크기의 다른 나무 조각을 A쪽 첫 번째로 밀어내면 그것이 앞으로 나아가는 것이 보이니, 이로부터 나는 방금 말한 근거들을 통해 진공에서는 먼젓번 나무 조각이 밀어내는 힘보다 적은 힘으로 밀게 된다는 결론을 내리는 것이다.

그러나 내가 말하고 있는 사람들은 이 점을 부정한다. 그들은 작은 나무 조각이 커다란 나무 조각을 밀어내는 순간 후자가 앞으로 나아가게 된다고 대답한다. 그것은 작은 나무 조각은 큰 나무 조각 없이 혼자 있었다면 유체의 자극된 부분들 — 이 부분들이 나무 조각을 어느 쪽으로 밀어낼지 방향을 정하고 운동의 일부를 나무 조각에 전달한다 — 과 결합되어 버렸을 테니 큰 나무 조각을 밀 수 없는 까닭이다.

그러나 이 답변에 따르면 물은 B쪽보다 A쪽으로 더욱 나무 조각을 밀게 되어, 나무 조각은 계속 앞으로 나아가게 된다. 이 충격이 계속 되므로 운동 역시 계속 커지게 된다. 그러나 내가 이미 말했듯이 물이 끊임없이 나무 조각에 부딪혀 저항하는 운동을 촉진하기란, 물의 저항이 나무 조각을 계속 감소시키면서 결국 완전히 지각할 수 없는 상태가 되기란 어림도 없는 일이다.

이제 나무 조각 주위 물의 작은 부분들이 공히 밀어낸 그 나무 조각은, 물론 계속해서 즉각적으로 자리를 바꾸고, 그 주변의 물 표면은 상이한 시간에 계속 동일할 수 없기야 하지만, 자신을 움직일 수 있는 운동이나 힘을 전혀 갖고 있지 않다는 점을 증명해야 한다. 모든 방향으로 공히 밀려난 물체의 운동이란 이 나무 조각처럼 운동을 갖지 않는다면 자기에 부딪혀 운동을 전달한 외부의 힘일 뿐임이 의심할 여지없는 일이다. 물이 나무 조각에 저항하고, 심지어는 조금씩 그 나무 조각에 새겨진 운동을 사라지게 만들기도 하는데, 나무 조각은 조금씩 운동을 중단하기 때문이다.

그런데 다음이 명백해 보인다. 한 물체가 모든 방향으로 공히 밀리게 될 때 압축될 수 있지만 확실히 다른 곳으로 이동되는 것은 아니다. 어떤 힘에 똑같은 힘을 제거하면 0이 되기 때문이다.

내 말을 듣는 사람들은 자연에는 한순간에 다른 순간보다 더 많은 운동이 결코 존재하지 않으며, 정지 중인 물체들은 어떤 자극된 물체를 만나 운동을 전달받는 경우에만 움직인다고 주장한다. 이로부터 나는 물 한가운데에 완벽하게 정지해 있도록 창조되었다고 내가 가정하는 물체는 그것을 둘러싸고, 모든 쪽에서 똑같이 그 물체를 밀어낸다면 연속적으로 그 물체에 부딪히게 되는 물의 작은 부분들로부터 스스로 움직이기 위한 운동의 정도도, 힘의 정도도 수용하지 않으리라는 것이다. 모든 쪽에서 똑같이 물체에 부딪히게 되는 이 모든 작은 부분들이 온 힘을 다해 튀어 오르므로 그 물체에 운동을 전달하지 않는다. 그 결과 이 물체는 계속 표면이 바뀌기는 하지만 그대로 정지 상태에 있고, 어떤 동력도 갖지 않는다고 간주되어야 한다.

그런데 이 작은 부분들이 이런 식으로 온 힘을 다해 튀어 오른다는 주장에 대한 내 증거는 사태를 다른 식으로 생각할 수 없다는 점 외에도 이 물체를 자극하는 물이 대단히 차가워지고 심지어 얼어 버릴 수 있으며, 표면이 거의 나무처럼 단단해질 것이라는 점에 있다. 물의 부분들의 운동은 주위의 물체들의 작은 부분들 속에 똑같이 퍼지게 될 것임에 틀림없으니 말이다.

그런데 데카르트의 생각의 옹호자들에게 내 입장을 맞추기 위해 나는 물에 떠있는 배를 정지 상태로 간주해서는 안 된다는 점을 승인하고 싶다. 또 나는 배 주변의 물의 모든 부분들이 모두 뱃사공이 새기는 새로운 운동에 일치되어야 한다는 점을 말하고 싶다. 배의 운동이 감소하면서 이 새로운 운동이 너무나도 눈에 띄기는 해도 말이다. 그리고 물의 모든 부분들이 배가 밀렸던 쪽보다 배가 나아가게 될 쪽에서 배에 더욱 저항한다는 점도 잊지 말아야 한다. 그러나 이렇게 가정하고 내가 말하는 것은 데카르트의 의견에 따라, 강물의 모든 부분에서 배가 밀려온 쪽의 배를 즉각적으로 자극하고, 배의 운동을 도울 수 있을 부분들밖에는 존재하지 않는다는 점이다.

이 철학자에 따르면 "물은 유체이므로, 물을 구성하는 모든 부분들 전체는 우리가 움직이고자 하는 물체에 역행하지 않는다. 그 물체를 자극하면서 그것에 동시에 의존하는 부분들뿐인 것이다."[11]

그런데 배에 동시에 의존하는 부분들이며 뱃사공까지 포함해도 배 전체보다 백 배는 더 작다. 그러므로 데카르트가 우리 손에 들린 못을 부러뜨리는 일이 어렵다는 점을 논한 항목에서 제시한 설명을 통해[12] 본다면 어떤 작은 물체가 자기보다 훨씬 더 큰 물체를 자극할 수 있음이 확실하다.[13] 결국 우리 손은 물만큼이나 유체는 아닌 것이다. 못을 부러뜨리고자 할 때 동시에 작용하는 서로 결합된 부분은 물속보다 우리 손에 더 많다.

---

11 63절.

12 《철학의 원리》 2부 63절을 참조.

13 [옮긴이] "크지는 않지만 매우 단단한 물체인 쇠못이 무엇 때문에 우리 손의 힘으로 두 조각날 수 없는지 그 이유가 분명치 않아 보인다. 그 못의 반은 각각 하나의 물체로 간주될 수 있고 우리 손보다 작기 때문에 우리 손의 힘에 의해 나누어져 서로 떨어질 수 있어야만 할 것 같기 때문이다. 그러나 (…) 우리 손은 매우 무르고, 딱딱한 사물보다는 유체에 더 가깝다. 이 때문에 물체를 움직이는 데 있어서 우리 손은 모두 동시에 작용하는 것이 아니라, 단지 그 물체와 닿는 부분만이 그 물체에 힘을 가하게 된다. 쇠못의 반이 나머지 반과 나누어져야 각각 하나의 물체가 되듯이 그보다 더 작은 그것에 직접 닿는 부분은 손의 다른 부분들과 떨어져야 다른 물체가 된다. 손의 그 부분이 나머지 부분과 떨어지는 것이 못의 반이 나머지 반과 떨어지는 것보다 더 쉽고 그것은 고통 없이 일어날 수 없기 때문에 쇠못을 손으로만 부러뜨릴 수는 없다."(《철학의 원리》, 2부 63절)

그런데 다음 실험이 더욱 분명하다. 아주 고른 인쇄용 판대, 혹은 엄청나게 단단한 어떤 판을 취해 못을 반쯤 박아 넣고, 판을 약간 경사지게 한다. 이 못 1~2푸스(약 2.7~5.4cm — 옮긴이) 위로 그 못보다 10만 배 더 굵은 쇠막대를 두어 그것이 못을 스쳐 지나가도록 둔다. 그러나 그 못은 부러지지 않을 것이다.[14]

그런데 데카르트를 따라서[15] 그 쇠막대의 모든 부분들은 그 못을 동시에 누르고 그 위에 작용한다는 점에 주목해야 하는데, 이 쇠막대는 단단하고 견고하기 때문이다. 그러므로 못의 "부분들을 결합하는 데 정지라는 유일한 회반죽이 없었다"면 데카르트의 다섯 번째 규칙[16]에 따라, 또 이성에 따라 쇠막대는 그것이 충격을 주게 될 못, 즉 그 못을 부러뜨리고 지나쳐 가게 될 못의 부분에 자신의 운동을 다소 전달할 것임에 틀림없다. 이 쇠막대가 대단히 느리게 운동하며 지나쳐 버릴지라도 말이다.

그래서 물체를 부러뜨리고자 할 때 물체를 단단하게 하거나, 우리가 가하는 힘에 저항할 수 있게끔 하려면 부분들이 운동에 저항할 힘이

---

14 63절.

15 50절.

16 [옮긴이] "다섯째로, 정지해 있는 물체 C가 물체 B보다 작으면 B가 아무리 느린 속도로 C쪽으로 움직인다 하더라도 B는 C로 하여금 자신과 함께 움직이도록 만들 것이다. 이때 B는 C에게 자신의 운동량 중 일부를, 즉 충돌 후 그 둘이 동일한 속도로 움직이게 될 만큼의 운동량을 전달할 것이다. B가 C보다 두 배 크면 B는 C에게 자기 운동량의 3분의 1이 야기하는 C의 속도와 C보다 두 배 큰 B가 남아 있는 운동량으로 내는 속도는 같기 때문이다. 따라서 B는 C와 충돌한 후 충돌 전보다 3분의 1 느리게 운동할 것이다."(《철학의 원리》, 2권 50절)

전혀 없는 정지와는 다른 원인을 찾아야 한다. 또 나는 이 실험들이 우리가 제시했던 추상적 증거들이 거짓이 아님을 충분히 알려 준다고 생각한다.

그러므로 우리가 앞에서 말한 단단한 물체들의 부분들을 밀접하게 결합하는 원인, 즉 그 물체들 주변의 보이지 않는 물질일 수 있다고 말했던 세 번째 문제를 검토해야 한다. 우리가 이러한 결합의 원인이라고 생각할 수 있는 두 가지 다른 것이 실질적으로는 우리가 방금 본 것과는 같지 않기 때문이다. 나는 철 조각이 깨지지 않으려는 저항력을 발견했고 이 저항력이 철에서 온 것도, 신의 의지에서 온 것도 아님을 앞에서 입증했다. 그러니 그 저항력은 필연적으로 어떤 비가시적 물질에서 왔음이 틀림없는데, 그 물질은 그것을 즉각적으로 둘러싸고 압축하고 있는 것과 다른 것이 아니다. 나는 이 생각을 설명하고 입증하겠다.17

금속으로 된 공 하나를 취해 그 내부를 파고 두 개의 반구半球로 자른다. 이 두 반구를 접착 부분에 밀랍을 띠 모양으로 발라 서로 붙이고 그 안의 공기를 모두 뺀다. 그러면 이 두 반구를 말 여러 마리를 하나는 이쪽으로 다른 하나는 반대쪽으로 고리쇠로 묶어 매고 끌어도 이 둘을 분리할 수 없음이 경험으로 알려져 있다.18 이 반구들의 크기와 말의

---

17 오토 폰 게리케(Otto von Guericke)의 마그데부르크(Magdeburg) 실험들을 보라. liv. III.

18 [옮긴이] 마그데부르크의 놀라운 반구(半球)들의 실험을 말한다. 여러 말이 이 반구를 분리하려고 했으나 실패했다. 이는 이미 G. Schott, *Techinca curiosa sine Mirabile, Nuremberg*, 1664, p. 36에서 제시된 것으로, O. de Guericke, *Expermimenta*

수가 비례 관계에 있다고 가정했을 때 말이다. 그러나 여기에 공기가 들어가면 한 사람이라도 어렵지 않게 반구들을 분리할 수 있다.

이 실험으로부터 쉽게 끌어낼 수 있는 결론은 이 두 반구를 서로 아주 강력하게 결합하는 것은 이 둘을 둘러싼 공기가 이들의 볼록한 외부 표면을 압축하고 있으니 이 둘의 안쪽의 오목한 표면에 동시에 압축되어 있지 않은 것에서 왔다는 점이다. 그래서 양쪽에서 두 반구를 끌었던 말들의 작용은 이 둘을 압착하면서 저항했던 공기의 무한히 작은 부분들의 힘을 넘어설 수 없었다. 그렇지만 이 청동 구 안에 공기가 들어가서 오목한 안쪽 표면을 밀어낼 때 아주 작은 힘으로도 이 둘을 분리할 수 있다. 외부 공기는 볼록한 외부 표면을 압착하니 말이다.

반대로 잉어의 방광을 하나 취해 그것을 공기를 뺀 단지에 넣는다면, 방광은 공기로 가득 차서 결국 터지고 찢어질 것이다. 내부에 존재하는 공기에 저항하지만 방광 외부에는 공기가 없는 까닭이다. 유리판이나 대리석으로 된 두 판이 마멸되어 결합하는 것 또한 이런 이유에서이다. 그래서 한 방향으로 이들을 분리할 때 저항이 느껴지는 것이다. 대리석의 이 두 부분이 그것을 둘러싼 외부 공기에 압착되고 압축되며, 내부에서는 대단히 강한 힘으로 밀어내지 않는 까닭이다.

나는 굵은 공기가 주변의 물체들을 눌러 그것의 부분들을 강력하게 결합한다는 것을 입증해 주는 무한히 많은 다른 실험들도 제시할 수 있을 것이다. 그러나 내가 했던 말만으로도 현재 논의 중인 문제에 대

---

nova, ni vocantur, Magdeburgica, de vacuo spatio, Amsterdam, 1672, liv. III, chap. XXIII~XXIV, pp. 104~107에 기술되어 있다.

한 내 생각을 충분히 분명하게 설명할 수 있다.

그러므로 나는 단단한 물체들을 이루는 부분들과 내가 앞에서 말했던 저 작은 끈들이 서로 대단히 강하게 결합할 수 있도록 만들어 주는 것은 우리가 호흡하는 굵은 공기 이상으로 무한히 자극된 다른 작은 물체들이 외부에 존재하여 이들 물체를 밀고 압축하고 있기 때문이며, 이들을 분리하는 데 어려움을 겪게 되는 것은 이 부분들이 정지해 있어서가 아니라, 이들을 둘러싸고 압착하는 이들 작은 물체들이 동요해서라고 말하는 것이다.[19] 그래서 운동에 저항하는 것은 운동의 결여일 뿐인 정지가 아니다. 정지는 그 자체로 어떤 힘도 갖지 않지만 저항해야 하는 역逆운동이다.

내 생각을 이렇게 단순히 제시하는 것이 아마 합리적일 것이다. 그렇지만 여러 사람들은 내 생각에 동의하는 데 대단히 어려움을 겪을 것이라고 나는 예상한다. 단단한 물체들은 우리를 자극하거나, 그 물체들을 깨뜨리기 위해 노력할 때 우리 감각에 대단히 커다란 자극을 가하게 된다. 그래서 우리는 그 물체들의 부분들이 실제 그런 것보다 대단히 밀접하게 결합되어 있다고 믿는 경향이 있다.

또 이와는 반대로 내가 그들 주변을 둘러싸고 있다고 말했던 작은 물체들에 나는 우리 감각에 어떤 자극도 주지 않으면서 이 결합의 원인이 될 수 있는 힘을 가지고 있다고 보았는데 그 물체들이 그렇게 뚜렷한 결과를 산출하기에는 지나치게 약해 보인다.

---

19 16번째 주해의 마지막 부분을 참조. 나는 이 주해에서 미세한 물질의 소용돌이의 원심력을 따져보았다.

그러나 이 편견은 우리 감각의 자극이며, 우리가 매일 보는 것들보다 더 작고 더 동요된 물체들을 상상하는 어려움에만 기반하고 있을 뿐이다. 이 편견을 무너뜨리려면 물체들의 단단함의 정도를 언제나 다르게 파악하는 나의 손이나 우리가 기울일 수 있는 힘과 비교해서 측정해서는 안 된다는 점에 주목해야 한다. 결국 사람들이 발현할 수 있는 가장 큰 힘조차도 미세한 물질의 힘과 비교했을 때 아무것도 아닌 것이나 마찬가지라면, 우리가 다이아몬드와 그보다 단단할 수 없는 돌들이 단단한 원인은 그들 주변의 대단히 자극된 작은 물체들의 압력에 있지 않다고 믿는 것은 커다란 오류일 것이다.

그런데 사람들이 신체를 수많은 방식으로 움직일 수 있는 역량은 오직 피의 매우 적은 발효에서 나온다는 점을 고려한다면 사람들의 힘이란 정말 보잘것없다는 점을 뚜렷이 알게 될 것이다. 그 발효로 피의 작은 부분들이 동요되고 그런 식으로 동물정기가 생산된다. 우리 신체의 힘을 만들고 우리가 그런 노력을 기울일 수 있는 역량을 마련해 주는 것은 바로 정기의 동요이다. 그런데 우리는 아무런 이유 없이 이를 대단히 강하고 대단한 역량을 가진 무엇으로 간주한다.

그런데 피의 이러한 발효는 우리가 방금 말했던 미세한 물질의 운동이 대단히 조금 전달되는 것에 불과하다는 점에 주목해야 한다. 가시적 물체들의 발효란 그저 비가시적 물체들의 운동이 전달되는 것에 불과한데, 무슨 물체든 어떤 다른 물체로부터 동요를 수용하는 까닭이다. 그러므로 우리 힘이 우리가 수용하는 바로 그 미세한 물질의 힘만큼 크지 않다고 해도 놀라서는 안 된다.

하지만 화약에 불을 댕길 때 발효하고 동요하는 만큼 피는 심장에서 대단히 강하게 발효한다. 즉 화약이 수용한 것만큼 미세한 물질의 거대한 운동의 전달을 피가 수용했다면 철을 쪼개고 집을 무너뜨리는 등의 보기 드문 일을 아주 쉽게 행할 수 있을 것이다. 물론 이런 식으로 자극된 피와 우리의 팔다리 사이에 적절한 균형이 이루어졌다는 점이 전제되어야 한다. 그러므로 우리는 편견을 벗어나, 감각 인상에 따라 단단한 물체들을 이루는 부분들은 우리가 그것을 깨뜨리기 어렵다는 이유로 서로 대단히 강력하게 결합되어 있다고 상상해서는 안 된다.

더욱이 광산, 물체의 무게, 자연의 여러 다른 결과들에서 불이 만들어 내는 결과들을 고려했다고 해보자. 이 결과들은 비가시적 물체들의 동요만을 원인으로 하고 있으며, 데카르트는 여러 곳에서 이 점을 입증했다. 그랬다면 단단한 물체들을 이루는 부분들을 실제만큼 강력하게 결합하고 압축하는 힘을 넘어서는 것이 아님을 명백히 깨닫게 될 것이다. 결국 나는 대단히 기이한 굴곡으로 날아가는 포탄이 그것을 둘러싼 미세한 물질의 운동의 백분의 일, 아마 천분의 일조차 수용하지 못하리라는 점을 주저 없이 말하는 것이다.

첫째, 화약이 전부 타지 않고, 동시에 타지 않는다는 점을 고려한다면, 둘째, 화약이 전부 그리고 동시에 탈 때 화약은 미세한 물질 속에서 대단히 짧은 시간 동안 유영한다고 내가 개진한 내용을 누구도 의심하지 않을 것이다. 그런데 다른 물체들 속에서 대단히 짧은 시간 동안 유영하는 물체들은 많은 운동을 수용할 수 없다. 우리는 물의 흐름에 따라 흘러가는 배들에서 이 점을 볼 수 있었다. 이때 배들은 조금씩만 운동을 수용할 뿐이다. 셋째, 이는 가장 중요한 것인데 화약의 각각의 부분은 미세한 물질이 허용하는 운동만을 수용할 수 있다. 물은 모든 부분들에 공통적인 순행順行만을 배에 전달하는데, 이 운동은 흔히 다른 운동들과 비교해서 대단히 작으니 말이다.

나는 또한 데카르트의 원칙들을 수용하는 사람들에게 지구의 운동과 물체들의 무게를 통해서 미세한 물질의 운동의 크기를 입증할 수 있을 것이며, 또한 나는 이로부터 대단히 확실하고 대단히 정확한 증거들을 끌어낼 수도 있겠지만 이 점은 내 주제에 꼭 필요한 것은 아니다. 데카르트의 책을 읽지 않고서 미세한 물질이 동요한다는 충분한 증거를 가지기만 하면 되고, 나는 이 증거를 물체들이 단단하다는 원인으로 삼는다. 내가 이미 제 4권 2장 5절에서 말했던 것과, 더 정확히 말하자면 16번째 주해의 11절에서 마지막 부분까지 언급할 내용을 자세히 읽는 것으로 충분하다고 말하는 것이다.

그러므로 이제 우리가 힘찬 노력을 경주하고, 단단한 물체들 주변에 존재하고 이를 압축하는 미세한 물질의 힘은 대단히 약하다고 믿도록 하는 편견들에서 이제 벗어났으며, 더욱이 내가 화약에 대해 말한 문제를 통해 이 물질이 강렬한 동요를 겪는다는 점을 확신했으니 그 물질이 단단하다거나 우리가 그것을 깨뜨리고자 노력할 때 느끼게 되는 저항력의 원인임에 틀림없음을 아는 일은 어려운 일이 아닐 것이다.

그런데 단단한 구멍으로 들어와서 그 속을 순환하는 이 비가시적 물질에 항상 많은 부분들이 존재하는 것처럼, 그 부분들은 그 구멍을 단단하게 만들 뿐인 것은 아니다. 이는 우리가 방금 설명한 것이다. 이에 더해 어떤 것들은 처음의 상태를 되찾고 자세를 바로 하고, 다른 것들은 휘어진 채로 있고, 또 다른 것들은 유체이자 액체로 있게 되는 원인이다.20 마지막으로 그 부분들은 단단한 물체들을 이루는 부분들이 서로 연이어 머물게 되는 힘일 뿐 아니라, 유체의 부분들이 그로부터 분리되는 힘의 원인이기도 하다. 즉 그것은 어떤 물체는 단단하게, 어떤 다른 물체는 유체로 만드는 것이다. 그 부분들이 즉각 서로 이어져 있을 때 단단한 물체가 되고, 그 부분들이 서로 전혀 이어져 있지 않아서 미세한 물질이 그 사이로 미끄러져 들어갈 때 유체가 된다.

내가 방금 확립한 사실에 반反할 수 있으리라 예상하는 대단히 많은 난점들을 해결하지 않고 그냥 지나가겠다. 그렇게 반대하는 사람들이 진정한 자연학 지식이 없는 사람들이라면 나는 그들을 납득은커녕 계속해서 그들의 화를 돋우고 분노를 자아낼 것이다. 하지만 양식을 갖춘 사람들이라면 그들의 반박은 강력할 것이니 나는 무수한 문채文彩와 기나긴 담화로써야 답변할 수 있을 뿐이다.

그래서 나는 방금 말한 문제들에서 어떤 난점을 발견할 사람들에게 본 장과 16번째 주해를 더 세심하게 다시 읽어 주십사 부탁드려야 한다고 생각한다. 나는 그들이 그 부분을 읽고 올바로 성찰할 때 그들의 모든 반박이 사라져 버리기를 바란다. 그런데 그들이 내 바람을 불편하게 받아들인다면 그대로 두도록 하자. 물체의 단단함의 원인을 모른다는 것이 대단히 위험한 일은 아니기 때문이다.

나는 여기서 '인접성'에 대해서는 말하지 않을 텐데, 인접한 사물들은 거의 이어지지 않아서, 많은 미세한 물질이 계속 그들 사이를 지나가 버리며 직선 운동을 계속하고자 하면서 사물들의 결합을 막기 때문

---

20 16번째 주해 14절 및 이하에서 미세한 물질의 본성과 결과들에 대해 말한 것을 읽어야 내가 방금 말한 바를 분명히 이해할 수 있다.

이다.

서로 겹쳐 놓인 매끈한 두 대리석 사이의 '결합'은 이미 설명했고, 이 두 부분이 아무리 고르다 해도 미세한 물질은 계속 두 대리석 사이를 통과하고 그런 식으로 그 물질의 무게로 압축하고, 대리석의 이 두 부분을 서로 겹쳐 누르고, 이 둘을 비뚜로 지나가게 하지 않는다면 이들을 떼어놓는 데 힘을 들이게 만든다는 것은 쉽게 알 수 있다.

이 모든 점으로부터 두 대리석의 연속성, 인접성, 결합은 진공 속에서 동일할 뿐임이 명백하다. 우리는 그 점에 대해 가진 관념이 서로 다르지 않다. 그래서 관념을 절대적으로 상이하게 만드는 것은 그 주변의 물체와 관련해서가 아니라, 자기가 이해 못하는 것을 말하기 때문이다.

다음에 데카르트의 생각과 그가 범한 오류의 기원에 대한 몇 가지 성찰을 싣는다. 나는 그의 생각이 오류라고 했는데, 그가 운동의 규칙 및 그의《철학의 원리》2부 말미의 여러 곳에서 물체의 단단함의 원인에 관해 했던 말을 변호할 어떤 수단도 발견하지 못한 반면, 그의 말과 반대되는 생각이 진리라는 점에 대해서는 충분히 증명했다고 보기 때문이다. 나는 경험이 확증하는 운동의 규칙 및 이 규칙들의 근거를 제시하고자 한다.

저 위대한 인물은 물질은 스스로 움직일 수 없고, 모든 물체들의 자연적 동력은 조물주의 일반의지와 다르지 않고, 그런 식으로 물체들이 서로 마주칠 때 물체들의 운동의 전달은 이 동일한 의지의 소산일 뿐임을 대단히 분명히 이해했기에, 신의 의도와 의지를 꿰뚫어 보기란 불가능하므로 서로 충돌하는 물체들의 상이한 크기의 비율이 아니고서는 운동의 다양한 전달의 규칙을 마련할 수 없다는 생각을 그저 따르고 말았다. 그리고 모든 사물은 정지 상태에 있든, 운동 상태에 있든, 의지로써 이 힘을 마련하는 신은 항상 동일한 방식으로 작용하므로, 과거의 상태에 머무르려면 힘이 필요하다고 판단했다. 그가 내린 결론은 정지는 운동만큼 힘을 갖고 있다는 점이다. 그래서 그는 정지 중의 물체의 크기를 통해 정지의 힘의 결과를 측정했다. 운동의 힘의 결과를 측정하듯 말이다. 그는 이것으로 그의 원칙인 운동 전달의 규칙들 및 물체들의 단단함의 원인을 제시했던 것이고, 내가 논박하고자 했던 것이 이것이다.

데카르트와 똑같은 측면에서 검토하거나 주의를 집중하지 않을 때 그의 의견에 굴복하지 않기란 정말 어렵다. 운동만큼이나 정지에의 적극적이고 효과적인 의지가 신 내부에 존재함이 틀림없을지라도 정지를 만드는 의지와 운동을 산출하게 될 의지가 동일하다는 결론이 나오지는 않는다. 신은 운동의 의지에 정지의 의지를 종속시킬 수 있었고, 전자가 항상 후자를 따르기를 바랄 수도 있었으니 말이다.

그러므로 나는 데카르트가 이렇게 생각했다는 점에 놀라지 않는다. 모든 것을 사유하기란 어려우니 말이다. 그런데 내가 놀란 점은 그저 데카르트가 자기 생각을 수정하지 않았다는 점이다. 그는 자기 지식을 좀 더 멀리 밀고 나갔을 때 물체들을 둘러싸고 있는 미세한 물질의 존재 방식과 몇몇 결과들을 깨닫게 되었는데도 말이다.

데카르트는《철학의 원리》4부 132절에서 미세한 물질이 어떤 물체들이 다시 원래대로 펴는 힘[21]을 갖는다고 하면서 자신의 의견을 수정했으며, 2부 55절[22]과 43절[23] 및 다른 곳에서 미세한 물질에는 물체들을 우리가 휘게 하고 부러뜨리고자 노력할 때 생겨나는 물체들의 저항이 없고, 그저 그 물체들을 이루는 부분들의 정지만 있다고 말했다. 나는 이 내용을 놀란 눈으로 바라본다. 어떤 물체들을 다시 펴고 단단하게 만드는 원인은 그 물체들을 깨뜨리고자 할 때 저항력을 생기게 하는 원인과 동일하다는 것이 내게 명백하게 보인다. 결국 강철을 부러뜨리는 데 쓰는 힘과, 그것을 부러지기 직전 상태가 될 때까지 휘게 하는 힘은 눈에 띄지 않는다는 점만 다르지 결국 같은 것이니 말이다.

나는 여기서 이 문제들을 입증하기 위해 들 수 있는 많은 근거들을 제시하고 싶지 않으며, 눈에 띄게 처음의 상태로 돌아가지 않고, 휘게 만들기 어려운 단단한 물체들에 존재하는 것에 제기될 수 있는 몇몇 난점들에 답변하고 싶지 않다. 이 난점들을 날려 버리려면 유리에서나 담금질된 강철에서처럼 미세한 물질을 휠 때 부서지는 물체들에서 새로운 길을 쉽게 마련할 수 없고, 무성한 가지처럼 되어 있고, 금이나 납

---

21 [옮긴이] 탄성력을 가리킨다. "작은 가지들로 짜여져서 결합된 것이 아니라 직접적인 접촉에 의해 결합된 작은 부분들로 이루어진 모든 딱딱한 물체들은 일반적으로 탄성을 지니고 있다."(《철학의 원리》, 4부 132절)

22 [옮긴이] "딱딱한 물체의 작은 부분들을 결합시키는 데 있어서 그 물체의 작은 부분들이 정지해 있다는 것보다 더 좋은 접착제를 우리는 생각할 수 없다. (…) 그 접착제는 정지와는 다른 어떤 양태도 아니다. 그 작은 부분들이 정지해 있다는 것보다 그 작은 부분들을 분리시키려는 운동에 대해 더 강하게 저항할 수 있는 것은 아무것도 없다."(《철학의 원리》, 2부 55절)

23 [옮긴이] "정지해 있는 것은 정지해 있는 상태를 유지하기 위한 힘을 적잖이 지니고 있으며, 결국 정지해 있는 상태를 변화시킬 수 있는 모든 것에 저항하는 힘을 적잖이 지니고 있다."(《철학의 원리》, 2부 43절)

에서처럼 깨지기 쉽지 않은 물체들에서는 더 쉽게 길을 낼 수 있고, 단단한 물체 중에 처음 상태로 다소 돌아가지 않는 것이 없음을 고려하는 것으로 충분하다.

데카르트가 단단함의 원인과 처음 상태로 돌아가게 하는 원인이 다르다고 적극적으로 믿었음을 확신하기란 대단히 어렵다. 그리고 더욱 사실임 직해 보이는 것은 그가 이 주제에 대해서는 충분히 성찰하지 않았다는 점이다. 어떤 주제에 대해 오래 성찰했고, 알고자 했던 문제들에 대해 만족했을 때 종종 그 주제에 대해 더 이상 생각하지 않곤 한다. 예전에 했던 사유들은 더 검토해 볼 필요도 없는 이의를 제기할 수 없는 진리라고들 믿는다. 그러나 그 사람에게는 정신은 필경 만족했을지라도 항상 진리에 대해 잘 알게 되지 않은 것만큼 그가 열의를 바치는 데 혐오를 느끼게 하고, 지나치게 성급하게 동의하게 되고, 오류에 빠지기 쉽게 만드는 수많은 문제들이 있다.

데카르트도 우리와 같은 인간이었으나, 그의 책에서 나타는 것 이상의 견고함, 정확함, 폭, 정신의 통찰력을 본 적이 없다. 나는 이 점을 인정한다. 그러나 그가 항상 틀리지 않는 것은 아니다. 그래서 그는 자기 생각에 대단히 확신을 가져서 성찰도 하지 않고 자기 생각에 반反하는 원칙들에서 나온 결과 중 어떤 것을 그대로 확신해 버렸다. 그는 그것을 겉만 그럴싸하고 대단히 사실임 직한 근거들을 들어 뒷받침했다. 그러나 뒷받침된 근거들을 따르지 않을 수 없는 것은 아닌 그런 근거들이다. 그는 다시 판단을 중지할 수 있었고, 결과적으로 그렇게 했어야 했다. 단단한 물체에서 그것을 그렇게 단단하게 만들 수 있게 하는 것을 검토하는 것으로는 충분하지 않았다. 그는 또한 그 물체를 그렇게 만들 수 있을 비가시적 물체들도 생각했어야 했다. 그가 그런 비가시적 물체들도 탄성을 원인으로 갖는다고 했던《철학의 원리》의 말미에서처럼 말이다.

정확하게 구분도 해야 했다. 그 구분에는 물체를 단단하게 하는 데 이바지하는 모든 것이 포함되어 있다. 물체가 단단해지는 원인을 일반적으로 신의 의지에서 찾아보는 것으로는 충분치 않다. 신은 자신의 의지로 정지와 운동을 모두 만들고 물체의 운동을 만드는 의지를 정지를 만드는 의지 앞에 둘 수 있다.

더욱이 물체들을 둘러싼 미세한 물질을 생각했어야 했다. 미세한 물질이 극단적으로 자극되었을 때 그 물질의 존재 방식이 비록 물질의 단단함에 관해 언급하고 있는《철학의 원리》의 해당 부분에서 아직 입증되지는 않았더라도, 이 미세한 물질이 존재한다는 것까지 거부된 것은 아니었다. 그러므로 그는 자신의 판단을 중지하고 단단함의 원인과 운동의 규칙들에 대해 쓴 내용을 완전히 새로 수정해야 했음을 잘 기억하고 있었음이 틀림없다. 그렇지 않다면 그는 자신은 대단히 쉽게 깨닫게 되었지만, 자연학의 중차대한 문제의 실질적 근거를 충분히 고려하지 않았다. 이 점을 설명하겠다.

데카르트는 아마 그가 의심할 수 없었던 진리로부터 자기 체계를 뒷받침하기 위해 거대한 물체들은 항상 자기 운동의 일부를 그 물체들이 마주치게 되는 작은 물체들에게 전달하며, 작은 물체들은 대단히 거대한 물체들과 마주치면서 자신의 운동을 똑같이 상실하는 일 없이 튀어오르게 되는 것임에 틀림없다고 믿었을 것이다. 그렇지 않다면 첫 번째 요소는 그 위에 두 번째 요소를 갖고, 두 번째 요소는 그 위에 세 번째 요소를 틀림없이 갖게 되는 운동 전체를 갖지 못할 것이고, 그의 체계 전체는 그의 체계를 다소 깊이 성찰했던 사람들이 충분히 알고 있듯이 완전히 틀렸을 것이다.

그러나 정지가 운동에 저항하는 힘을 갖고, 정지 상태에 있는 커다란 물체는 자기보다 작은 물체와 난폭하게 동요하며 부딪혔더라도 이로 인해 운동할 수 없다고 가정한다면 대단히 큰 물체들은 체적은 동일하지만 자기보다 작은 물체들보다 훨씬 적은 운동을 한다는 것이 틀림없다. 이 가정에 따르면 큰 물체들은 자기 힘을 항상 전달할 수 있지만 자기보다 작은 물체들을 항상 수용할 수 있는 것은 아니니 말이다.

그래서 이 가정은 데카르트가《철학의 원리》의 첫 부분부터 그가 운동의 원인을 확립했을 때까지 그곳에서 그가 말한 바와 전혀 모순되지 않으며,《철학의 원리》의 이후 내용에 대단히 잘 부합하므로, 그가 증명했다고 생각했던 운동의 규칙들이 다시금 결과를 통해 충분히 확고해졌다고 믿은 것이다.

나는 거대한 물체들은 작은 물체들보다 더 쉽게 운동을 전달하고, 그래서 첫 번째 요소는 두 번째 요소보다 더 동요하고, 두 번째 요소는 세 번째 요소보다 더 동요한다는 점에서 데카르트에게 깊이 동의한다. 그러나 그가 내린 가정을 굳이 고려하지 않고도 원인은 분명하다. 작은 물체들과 유체들, 물, 공기 등이 거대한 물체들에 전달하는 것은 고작해야 단일하고 모든 부분들에 공통된 것뿐이다.

강물이 배에 전달하는 것은 물을 구성 요소로 하는 모든 작은 부분들에 공통된 하강의 운동뿐이다. 이들 작은 부분들 하나하나는 이런 공통된 운동 외에도 무한히 많은 개별 운동들 또한 갖고 있다. 그래서 이러한 근거를 통해, 예를 들면 배 한 척은 물을 이루는 것과 동일한 체적만큼 운동을 전달하지 못하는데, 배는 물을 구성하는 모든 부분에 공통적 순행 운동만을 수용할 수 있기 때문이다. 예를 들어 배가 떠 있는 한 유체의 스무 부분은 그만큼 배의 다른 부분을 밀어낸다. 그러므로 그 배는 움직이지 않은 채로 머물고, 배가 유영하는 유체의 모든 작은 부분은 자기 운동을 전혀 잃지 않으면서 튀어 오른다. 그래서 모든 부분이 서로 결합되어 있는 굵은 물체들은 그 주변의 미세한 물질이 이루는 소용돌이의 단일하고 순환적인 운동만을 수용하게 된다.

내가 보기에 굵은 물체들이 작은 물체들만큼 동요하지 않으며, 이 문제를 설명하기 위해 정지가 운동에 저항하는 데 어떤 힘을 반드시 가져야 한다고 가정할 필요가 없음을 이해시키기 위해서는 이 근거로 충분하다. 그러므로 데카르트의 철학의 원리들이 갖는 확실성을 운동 규칙들을 옹호하는 증거로 사용할 수 없다. 데카르트 자신이 선입견을 갖지 않고, 내가 말했던 근거들과 유사한 근거들을 검토하면서 자기가 제시한 원칙들을 다시금 검토했다면, 그는 자연의 결과들이 지연의 규칙들을 확인해 준다고 믿지 않을 것이고, 물체가 단단한 것은 그 물체의 부분들이 정지해 있는 까닭이고, 그것이 최초의 자리로 돌아오는 것은 미세한 물질의 힘에 따른 것이라고 주장하면서 모순에 빠지지 않았어도 되었을 것이다.

게다가 데카르트의 자연학을 가장 못 쓰게 만드는 것은 정지가 힘을 가지고 있다는 잘못된 원리에 있음을 지적해야 한다고 나는 생각한다. 이로부터 데카르트는 잘못된 운동 규칙을 끌어내었고, 이로부터 그가 내린 결론은 그의 두 번째 원소들인 공들이 그 자체로 단단했으며, 이로부터 빛의 전달과 색의 다양성, 불의 발생의 거짓 원인들을 끌어내어, 무게의 대단히 불완전한 근거들을 제시한 것이다. 한마디로 말해서 정지도 힘을 갖는다는 거짓된 원리는 데카르트보다 앞서 등장했던 모든 철학자보다 그의 우월한 천재의 흔적이 드러나는 그의 거의 전체 체계에 영향을 미친다. 내 희망은 이 책 말미의 열여섯 번째 주해를 다 읽고 올바로 이해할 때 이 점에 동의들을 하리라는 것이다. 그렇지만 나는 데카르트 및 그의 철학하는 방식에서 그의 것과는 다른 생각을 가질 수 있게 되었고, 대담하게도 그를 비판할 수 있게 되었음을 인정한다.

후반부 세 권의 결론

나는 제 4권과 제 5권에서 우리들은 자연적 성향들과 인간의 정념들로 인해 자주 오류를 범한다는 점을 충분히 보여 주었다고 생각한다. 이 성향과 정념들 때문에 우리는 사물들을 세심하게 판단하지 못하고 또 그만큼 성급히 판단하는 경향이 있기 때문이다.

나는 제 4권에서 보편선普遍善에 대한 성향 때문에 의지가 불안을 겪게 되고, 의지가 불안을 겪으면 정신이 끊임없는 동요 상태에 놓이고, 끊임없이 동요 상태에 놓인 정신은 다소 숨겨진 진리를 발견하는 데 완전히 무능하고, 우리는 새롭고 기이한 사물들을 사랑하게 되기에 종종 그 사물들에 유리한 선입견을 갖게 되고, 무한의 성격을 가진 모든 것은 우리의 상상력을 청맹과니로 만들고 그릇된 길로 이끌 수 있다는 점을 보여 주었다.

또 나는 우리가 위대함이며, 고양이며, 자족이며 하는 것에 이끌리는 성향 때문에 어떻게 부지불식간에 거짓 박학이며, 우리 내면의 오만을 부추기는 허황하고 불필요한 저 모든 학문들에 발을 들여놓는지 설명했다. 그런 학문들을 연구할 때 우리는 보통 사람들의 찬탄을 받기 때문이다. 아울러 나는 즐거움에 이끌리는 성향 때문에 정신의 시선이 끊임없이 가장 단순하고 가장 풍요로운 진리인 추상적 진리들로부터 멀어지게 되고, 즐거움에 대한 성향에 이끌릴 때 올바른 판단을 내리는 데 충분한 주의력과 무사무욕을 견지하면서 사물을 판단하게 될 수 없고, 즐거움이란 우리 영혼의 존재 방식이므로 필연적으로 정신의 능력을 분할하게 되고, 그렇게 분할된 정신으로서는 상당한 폭을 가진 것을 완전히 포함할 수 없음을 보여 주었다.

마지막으로 나는 우리가 함께 살아가는 모든 사람과 자연적 관계를 맺고 자연적으로 결합하게 될 때 우리는 많은 오류들을 범하게 되며, 또 다른 사람들이 범한 오류가 우리에게 전염되듯이 우리가 범한 오류들도 다른 사람들에게 전염된다는 점을 보여 주었다.

제 5권에서는 정념을 어느 정도 개념화하고자 노력했다. 그러면서 정념은 우리를 모든 감각적 사물들과 결합시키고, 우리가 그 사물들을 보존하고 우리를 보존하는 데 필요한 배치를 갖추게끔 하도록 마련되었던 것임을 충분히 보여 주었다고 생각한다. 우리가 감각을 통해 신체와 결합하고, 감각은 신체를 구성하는 모든 부분 속으로, 말하자면 영혼을 퍼뜨리는 것과 마찬가지로, 그런 식으로 우리가 동요하면 제 자신을 주체할 수 없게 되어 우리 주변의 모든 것으로 우리를 주체할 수 없이 퍼뜨리는 것이다. 정념들로 우리에게 재현되는 사물들은 진리를 판단하기 위해 그 사물들이 그 자체로 갖고 있는 것에 따라서가 아니라, 우리 존재 및 본성으로든 의지로든 우리와 결합된 사람들의 보존에 유용한 판단을 내리기 위해 우리가 그 사물들과 맺는 관계를 따르는 것이다.

오류를 그 오류의 원인에서 찾으려고 하고 정신이 쉽게 빠지는 편견을 벗어나도록 노력한 뒤, 이제 정신을 진리 탐구에 맞게끔 준비시킬 때가 되었다고 믿었다. 그래서 나는 제 6권에서 정신을 더욱 집중시키고 정신의 폭을 확장하기 위해 가장 자연스럽게 보이는 방법들을 설명했다. 그러면서 감각, 정념, 상상력의 용례를 보여 주면서 가질 수 있는 최대한의 힘과 통찰력을 정신이 갖추도록 했다. 그다음에 나는 어떤 진리가 됐든 진리를 발견하는 데 반드시 준수해야 하는 몇 가지 규칙들을 세웠다. 몇 가지 예를 들어 규칙들을 설명하여, 그 규칙들이 더욱 분명해지도록 했으며, 가장 유용해 보이거나, 더 일반적이고 더 얻는 것이 많은 예를 골라서, 독자들로 하여금 이 부분을 더 열심히 읽게 하여 그들이 이를 더욱 분명히 이해하고 더욱 친숙해지도록 했다.

아마 이렇게 방법을 시도함으로써 명확하고 명백한 관념에 대해서만 추론해야 할 필요성 및 모든 나라에서 이 점에 동의하고 있음을 마음속에서 확신할 필요성은 물론, 복합적 문제들로 넘어가기 전에 반드시 그것이 의존하는 단순한 문제들을 충분히 검토해야 할 필요성이 인정될 것이다.

아리스토텔레스와 그의 신봉자들이 내가 설명한 규칙들을 전혀 지키지 않았음을 고려해 보자. 아리스토텔레스의 가장 열성적인 옹호자들의 의견을 아는 만큼 내가 제시했던 증거들을 통해서 이 점이 납득된다. 아마 자기들이 이해하지 못하는 말들을 듣고 도취에 사로잡힌 사람들로부터 우리가 얻게 되는 유리한 모든 자극들도 있겠지만 결국 모두들 아리스토텔레스의 교의를 무시하게 될 것이다.

그러나 데카르트가 철학하는 방식을 신중하게 고려한다면 그가 취한 방식의 견고성을 의심할 수 없을 것이다. 나는 데카르트가 명확하고 명백한 관념들만을 대상으로 추론했으며, 가장 단순한 사물들로부터 시작해서 그 사물들에 의존하는 가장 복합적인 사물들로 넘어갔음을 충분히 보여 주었으니 말이다. 저 학문이 깊은 분의 책을 읽게 될 독자들은 그 책을 이해하는 데 반드시 필요한 열의를 갖추고 읽는다면 내가 그분에게 한 말을 충분히 납득할 것이다.

그러면 그 독자들은 진리를 배우기 위해 한 학자를, 더 정확히 말하자면 우리가 진리를 배울 준비를 갖추게 할 만큼 충실한 스승을 찾고자 이교도들 사이에서 보낸 지난 모든 세기를 훑거나 지구의 끝에서 살아가는 야만인들이나 외국인들에게 가야 할 수고를 덜어줄 정도로 충분히 행복한 나라에서, 또 충분히 행복한 세기에 태어났다는 기쁨을 마음속에서 느낄 것이다.

그럼에도 사람들이 진리를 발견할 수 있으리라는 점을 납득할지라도 그들의 의견을 알고자 굳이 애쓸 필요가 없으므로 이 자리에서 데카르트에 보여준 존경의 마음이 그분에게 유리하도록 사람들에게 선입견을 주거나, 진리의 빛으로 훤히 밝혀지리라는 생각을 하지 않고 다들 그분의 의견을 읽고 기억하는 것으로 만족한다면 나로서는 대단히 유감스러울 것이다. 깊은 명상을 통해 우리에게 답변하고 우리 모두를 훤히 밝히는 존재에게 수고스럽게 물으려 하지 않으려 한다면 그것은 신보다 인간을 선호하는 일이 될 것이고, 신 대신 인간에게 듣는 일이 될 것이고, 우리를 훤히 밝히지도 못하는 한 철학자의 모호한 대답으로 만족하는 일이 될 것이다.

어떤 분파가 되었더라도 그 분파의 일원이 되어 그 분파의 저자들이 결코 오류라고는 범하지 않기라도 했던 것처럼 생각하는 것은 부당한 일이다. 그래서 데카르트는 사람들을 자기 생각을 고집스럽게 추종하는 분파 원들이 되기보다는 진리의 학생으로 만들고자 하면서 특히 다음과 같이 말했다.

"그가 쓴 내용에 더해 신념을 가져서는 안 되며, 이성의 힘과 명백성에 따라 믿지 않을 수 없는 것들만을 받아들여야 한다."[1]

데카르트는 자기 말이면 고스란히 믿어 버리는 철학자들을 원치 않았다. 그는 자신이 인간이며, 성찰을 통해서만 빛을 퍼뜨릴 수 있기에 자기와 같이 양식을 갖추고자 바라는 사람들의 정신을 지고한 이성의 방향을 향해 돌려놓아야 한다는 점을 항상 기억했다. 사람들은 지성이라는 선물을 받았으니 그 지고한 이성만이 그들을 더 완전하게 할 수 있다.

연구에 전념함으로써 얻을 수 있는 가장 중요한 유용성은 정신을 더욱 정의롭고, 더욱 환히 비추고, 더욱 통찰력을 갖추고, 알고자 하는 모든 진리들을 발견하는 데 더욱 적합하게 한다는 데 있다. 그런데 철학자들의 책을 그들의 의견을 기억하고 다른 사람들에게 가르치기 위해 읽는 사람들은 영혼의 생명과 양식인 이에게 결코 다가가지 못한다. 그들을 훤히 비추지도 강화할 수도 없는 사람들과 교류하면서 나약해지고 청맹과니가 되는 것이다. 그들을 짓누르는 거짓 박학으로 자신을 채우며 거기서 나오는 광채로 눈이 멀게 된다. 고대 철학자들의

1 《철학의 원리》 마지막 부분.

의견을 머릿속에 가득 욱여넣으면서 스스로 대단한 학자가 되었다고 생각하면서 자기들이 사도 바울이 말하기를 "스스로 지혜있다 하나 어리석게 되었Dicentes se esse sapientes stulti facti sunt"[2]다는 이들의 제자가 되어 버렸음을 깊이 생각하지 않는 것이다.

내가 제시한 방법은 이성을 사용하고자 하거나, 신이 올바로 질문할 줄 아는 모든 사람들에 주시는 답변을 듣고자 하는 사람들에게 대단히 도움이 될 수 있다고 나는 생각한다. 정신 집중을 강화하고 인도할 수 있는 주요한 문제들을 이미 말했다고 믿기 때문이다. 그 집중은 모든 사람들의 진정한 주님에게 가르침을 얻기 위해 드리는 자연스러운 간청이다.

그러나 진리 탐구를 위해 걷는 이런 자연스러운 길이 대단히 고생스러운 데다, 보통 거의 사용되지 않는 문제들이나 해결하는 데 유용할 뿐이며, 그것의 지식은 우리 정신을 완전하게 하는 것 이상으로 종종 우리의 오만을 부추기는 데 쓰이므로, 나는 진리를 탐구하고 가능한 가장 순수하고 가장 완벽한 방식으로 신과 결합하는 가장 짧고 가장 확실한 방법은 진정한 기독교인으로 살아가는 것임을 반드시 말해야 한다고 믿는다. 그 방법은 우리가 오로지 영원한 진리와 재결합할 목적으로 이미 우리와 결합해 있는 영원한 진리의 계율을 엄밀하게 따르는 일이며, 우리 이성보다는 우리 신앙에 귀 기울이는 일이며, 원죄 이후 잃어버린 우리가 가졌던 자연적 힘을 통해서가 아니라, 오직 신만이 우리가 처한 어둠 전체를 날려 버릴 진리의 저 거대한 빛으로 우리

---

2 [옮긴이] 〈로마서〉 1장 22절.

를 이끄는 신앙의 도움으로 신에게 다가가는 일이다. 결국 덕을 갖춘 사람들처럼 여러 해를 어떤 문제들을 완전히 모른 채 보내다가 한순간 영원한 빛으로 영원히 환해졌음을 깨닫게 되는 것이, 자연적 길들을 엄청난 노력과 수고를 들이면서 걸어감으로 인해 대단히 불완전한데 다, 우리를 영원히 무지에 남겨두게 될 학문을 얻는 것보다 훨씬 더 나은 일이다. (끝)

찾아보기

지은이 · 옮긴이 소개

지은이 | **니콜라 말브랑슈** (Nicolas Malebranche, 1638~1715)

17세기 프랑스 철학자이자 신학자로, 데카르트 철학을 아우구스티누스 신학의 사유 안에서 재해석한 독자적 인식론을 전개했다. 파리의 부르주아 가문에서 태어나 가정교육을 받았고, 파리의 콜레주 드 라 마르슈에서 철학을, 소르본대학에서 신학을 공부했다. 이후 베륄이 창시한 오라토리오회에 입회해 1664년 사제로 서품되었다. 《인간론》을 계기로 데카르트 철학에 천착하였고, 그 사유의 결실이 1674~1675년에 걸쳐 출간된 그의 대표작《진리의 탐구》이다. 말브랑슈는 생애 말년까지 이 책을 지속적으로 수정·보완해 1712년에 결정판을 완성했다. 말브랑슈는 성 아우구스티누스의 신학 전통을 계승하면서도 데카르트의 방법론을 적극적으로 수용해, 신학의 진리를 근대 이성의 언어로 재구성한 사상가로 평가된다. 대표 저서로는《기독교 대화》,《자연과 은총의 논고》,《기독교 성찰과 형이상학》,《도덕론》,《기독교 철학자와 중국인 철학자의 대담》 등이 있다.

옮긴이 | **이충훈**

서강대학교 불어불문학과를 졸업하고 같은 학교 대학원에서 불문학을 공부했다. 프랑스 파리 제 4대학에서《단순성과 구성: 루소와 디드로의 언어와 음악론 연구》로 문학박사 학위를 받았다. 현재 한양대학교 글로벌문화통상대학 교수이다. 디드로의《미의 기원과 본성》,《백과사전》,《듣고 말하는 사람들을 위한 농아에 대한 편지》,《자연의 해석에 대한 단상》, 라 메트리의《인간기계론 / 인간식물론》, 장 스타로뱅스키의《장 자크 루소. 투명성과 장애물》,《자유의 발명 1700~1789 / 1789 이성의 상징》, 사드의《규방철학》, 모페르튀의《자연의 비너스》, 장 자크 루소의《정치경제론·사회계약론 초고》, 필립 피넬의《정신이상 혹은 조광증의 의학철학 논고》 등을 번역했고, 저서로《자연의 위반에서 자연의 유희로》 등이 있다.